本书系国家社科基金一般项目"生态文明视野中聚落走向问题研究"(13BZX030)最终成果

国家社科基金丛书
GUOJIA SHEKE JIJIN CONGSHU

生态文明视野中
聚落走向问题研究

Research on the Trend of Settlements from
the Perspective of Ecological Civilization

计彤 著

人民出版社

目　　录

引　言

　　人居聚落是承载人类生存的空间载体,记录着人类生存繁衍的历史变迁。对聚落空间的选址与规划是人类亘古不变的追求。聚落最基本的形式就是城市与乡村。在现代化进程中,城市聚落的发展是人类以物的依赖性为基础,为实现人的独立性提供的最优途径,所以人类寄希望于城市及城市化的发展。在工业革命后,由于社会分工越来越细,劳动力向城市聚集,促成了城市、大城市及城市群和城市带等的城市化趋势。但事与愿违,聚落的城市化发展趋势并没有如人们所期望的那样,而是"形成了单向度的社会,单向度的人和单向度的思想",从而使人类的精神家园枯萎,陷入更深刻的孤独之中。这不得不让人们再度审视聚落发展是否要继续城市化模式问题。

　　随着城市化的不断蔓延,人们逐渐形成了城市等同于财富等同于发展的心理定式。发展中国家共识,只有走城市化道路才能"追随"着发达国家实现现代化。发达国家虽然看到城市化道路的问题,但为了自身的利益,也在鼓吹城市化道路是走向富强的唯一之路。

　　城市发展到城市化阶段,形成了极大的吸纳能力,产生吸盘效应,可以吸纳周围全部的可控、可用资源。近城市资源带的有限性与城市扩张的无限性所构成的矛盾,成为城市解构的外源性动力,而发展观的差异则是聚落发展道路的根源性要素。正如阿马蒂亚·森(Amartya Sen)在《以自由看待发展》中所指出的,发展并不是单纯地指经济和财富的增长,发展不能仅仅依靠"国民生产总值(GNP)增长、或个人收入提高、或工业化、或技术进步、或社会现代化"①。亚里士多德在《尼各马可伦理学》一书的开头写道:"财富显然不是我们追求的东西;因为它只是有用,而且是因为其他事物而有用。"②城市化是工业化的产物,在创造财富的同时将人类不断地推向深渊。事实证明,财富仅仅是人类获得发展的一种手段而已。城市是文明的同义语,城市在文明中产生也成为文明最基本的载体。在人居聚落城市化进程受到资源环境有限性制约的历史阶段,城市聚落特别是聚落城市化进入高速发展时期,各大城市聚落群普遍爆发了城市病,促使深信聚落城市化是解决人类社会物质匮乏现状最优路径的发展主张受到质疑,因此寻求更适宜栖居之所,消除城市化困境产生的原因,成为学界研究的热点。

党的十九大报告指出:"必须坚持节约优先、保护优先、自然恢复为主的方针,形成节约资源和保护环境的空间格局、产业结构、生产方式、生活方式,还自然以宁静、和谐、美丽。"③党的十九大报告提出"乡村振兴战略",旨在加快推进农业农村现代化;同时,报告还提出要实施区域协调发展战略,发展以城市群为主体构建大中小城市和小城镇协调发展的城镇格局。这是在我国建设中国特色社会主义道路的新时代提出的重要战略,它将对进一步实现美丽中国奠定坚实的社会、经济、文化和生态基础。在决胜全面建成小康社会的新时代,如何实现城乡协调发展这一命题显得愈发重要。④ 城市与乡村是两种最成熟的聚落模式,记录着人类文明快速发展的历程,事实上成为人类文明发

---

① [印度]阿马蒂亚·森:《以自由看待发展》,任赜、于真译,中国人民大学出版社2002年版,第1页。

② Aristotle, *The Nicomachean Ethics*, translated by D. Rass(Oxford:Oxford University Press, revised edition,1980), book 1, section 5, p.7.

③ 光明网:《党的十九大报告中的十大关键词》,《环境与发展》2017年第11期。

④ 李阳:《从马克思城市观的视角看新形势下我国城乡发展——学习领会党的十九大报告精神》,《克拉玛依学刊》2018年第6期。

展的重要载体,生态问题成为博弈的焦点。

马克思指出:"现代的历史是乡村城市化,而不象在古代那样,是城市乡村化。"①城市从乡村中产生,并因乡村人口的迁移形成。"城市化作为一种社会历史过程,有它的内在必然性,是社会发展的一条客观历史规律,是城乡对立运动的必然归宿。社会主义条件下的乡村城市化必然可以缩小城乡差别,工农差别,甚至消灭这种差别。"②然而,乡村城市化的障碍不仅仅是政治经济、科学教育的差异问题,更重要的是聚落居住者的心理差异问题。城市聚落心理是城市发展的内在动力,是聚落中最活跃的因素。因为聚落心理是人类一切需求和需求满足与否的尺度。

城乡冲突的缓和与消解一直以来都是人类社会发展的重要议题,更是新时代中国特色社会主义进程中以人民为中心发展思想的核心内容。城市与乡村是人类聚落中生产力得到最大发挥的聚落形态。解决城乡冲突问题的路径,从现行的经济、政治、制度中寻求,但一直没有取得实质性的突破,因此研究域逐渐转向文化与社会心理的关联性上。

从聚落主体的群体心理去寻求人居聚落发展的走向问题,成为本书的基本切入点。选题缘由依赖于实践与理论的需要。本书通过实证分析发现,在聚落心理的政治心理方面,在乡村圣贤期待心理占优势,而在城市则是独立自主意识占优势;在聚落心理的群体交往心理方面,乡村是多神崇拜,以礼代法,而城市则是无神危机和有法无"天"的心理差异;在聚落心理的价值取向方面,乡村更重视自然的感受,而城市则更关注人的需要;在聚落心理的幸福度方面,纵观幸福感的获得与幸福的体悟指数,城市聚落与乡村聚落的主体差异巨大。

聚落变迁是一个自然历史过程,城市化阶段的聚落发展,使得聚落的物质实体与聚落主体的心理要素之间产生的矛盾发生了激化。这个矛盾的辩证运

---

① 《马克思恩格斯全集》第 46 卷(上册),人民出版社 1979 年版,第 480 页。

② 王建民:《城市管理学》,上海人民出版社 1987 年版,第 4 页。

动规律,揭示了人类聚落及其发展的内在动力是多元化的互动过程。

回顾历史,在聚落的发展及对它的研究过程中,心理因素一直被忽视。聚落从产生到发展,以及多样化形态的出现,正是聚落心理多样性的体现。所以考察聚落心理在聚落形态中的发生效应,对于聚落自身的发展和走向是一个非常重要的环节。城市与乡村是聚落仅有的两种模式,简单的模式却以丰富的多样性记录着人类社会的发展。聚落形态体现着聚落心理。聚落形态的发展变化为聚落心理提供了养分与基础,当然聚落心理也引导着聚落形态的发展。

聚落变迁的历史轨迹与社会心理的发展,经历了从分散到集中再到分散的过程,只是它们的轨迹不是一一对应的关系。通过对历史的考察,我们不难发现,聚落的产生和发展,依赖于社会心理的作用。虽然社会心理是隐性因素,但其作用巨大,与社会心理相悖的聚落模式选择,一定会消失。所以聚落变迁进入了理性的时代,它的选取要以社会心理为尺度,才能实现可持续发展,因为可持续发展正是社会心理需求的最终目标。

第一章　聚落演化的人文意蕴

　　"聚落"指人类居住的场所,是一定的人群聚集于某一场所,进行相关的生产与生活活动而形成共同的生活居住状态。聚落(settlement),"英文的意思是栖居或定居,它包括人类活动留在地表的所有栖居痕迹,包括从狩猎采集者临时营地到都市城址在内的所有形态"①。中文的"聚落"主要是指村落与聚居点。戈登·威利是当代考古学的重要代表人物,根据威利在《维鲁河谷》一书中所下的定义指出,聚落是"人类在他们栖居环境里安置自身的方式。它是指住宅和其他排列方式,以及与社群生活相关的其他建筑物的性质与安置"②,形成人们生存和聚居的场所,承载着人类全部的自然与社会生活,构成人类生活的全部舞台。传统聚落的历史久远,是人类定居以来最基本的生存空间形式。多样化的聚落模式是人与自然环境相互作用的产物,融汇着时间的长久沉淀以及人们随着生存的需要和环境变化对聚落不断改造的成果。

---

　　① [美]戈登·威利:《聚落与历史重建设——秘鲁维鲁河谷的史前聚落形态》,谢银玲等译,上海古籍出版社2018年版,第2页。
　　② [美]戈登·威利:《聚落与历史重建设——秘鲁维鲁河谷的史前聚落形态》,谢银玲等译,上海古籍出版社2018年版,第2页。

一、聚落演化的历史进程分解

聚落演化是人类历史进程中的空间维度,由早期的聚居点扩展为人类聚居的场所。《史记·武帝本纪》中说:"一年而居成聚,二年成邑,三年成都。"①人类由游居到定居的过程中,逐渐形成了人居聚落的基本形态,大都呈现出顺自然之势与聚人为之力的特征。聚落是人类智慧与自然融合的结晶,承载着原始生命的生成与早期文明的萌发,是人与自然抗争的集体性成就。聚落形态各异,但早期聚落形态都很简单,包含了人类住居的自然智慧、生存的生态秩序以及发展的基本法则。通过考古学对人类早期聚落形态的考察,我们可以清晰完整地看到人类延续的自然肌理与居住方式的生态痕迹,住居形式的构成以生态环境为模本,学习运用自然生态智慧寻求更有利于聚落主体生存的空间,使聚落主体的多样性得到实现。

聚落(Settlement Patterns)是人类聚居和生活的场所,聚落环境是人类有意识开发利用和改造自然而创造出来的生存环境。聚落的形态与位置反映出自然环境、建造者所拥有的技术水平,维系其文化的社会互动及控制制度,最常见的聚落形式就是乡村和城市。聚落类型的研究最早见于 1841 年 J.G.科尔的《人类交通居住与地形的关系》一书,但后来的研究者并没有沿着此线索继续进行。

乡村聚落,历史久远,形态与功能各不相同,学界对此大体上按照经济型聚落、地理型聚落、功能型聚落来划分。如果根据经济活动方式的差异,可以分为农、林、牧、渔型;如果根据地形地貌以及乡村聚落的功能,可以从点、线、面、体的思路进行划分,有散村,也就是聚落成员分散而居,属自然形成,有路(街、河、山),沿平缓地势依某自然地理状况而居,还有依密集程度而形成的

---

① 司马迁:《史记》卷一,中华书局 2016 年版,第 1 页。

集、团、块等聚落。相对而言，城市聚落的形式比较单一，特别是现代城市聚落更是以功能为主，特别是在工业革命以后，城市在聚合劳动力方面呈现出前所未有的力量，此后城市成为人居聚落的优选形态，一直是最先进生产力的承载空间，直到生态危机的出现，对于城市聚落未来的质疑才日渐凸显。从城市聚落发展的历史来看，城市也可以根据形态、职能以及功能等类别进行区分。

1. 聚落概念探源

"聚落"一词是从生物群落的概念中衍生出来的，主要用以说明人类定居的居所，其中包括居住地、居住方式与各种居住物。从社会学角度而言，聚落形态体现为乡村与城市，特别是随着城市化的全球化趋势，城市聚落成为承载先进生产力的空间器具，吸引了众多学者的关注，成为理论与实践领域的研究焦点。从历史学角度而言，聚落的发展演化又是个历史演进的过程，城市（包括现代化城市）最早都起源于乡村，特别是规模较小或者相对孤立的村庄。从游居到定居，实现了空间的固化过程，早期的定居点逐渐形成，人类对美好居所的追求也从理想走向现实了。聚落就是以游居为起点，在定居的基础上扩展为人类聚落的空间场域的。家庭正是基于人口的聚集集合而逐渐产生的。

聚落的形成，为人类社会提供了生存的空间方式，是人与自然通达的基本途径。人居聚落体现着自然中的主体空间取向，也是人类社会在生态环境中的主体选择。不同的聚落形态与模式以系统性呈现着聚落主体的生存、生活以及发展的空间条件，随着人口数量的增长，聚落形态逐渐分化，在大类别上可以分为乡村与城市，但从过程性上来讲，还可以做很多细节划分。乡村聚落主要以农业经济为主体，由农民与农村构成，聚居地相对固定，演化时间相对较漫长，是人类社会成长的主要空间载体，也构成了人类文化中最核心的部分。

相对而言，城市聚落的起源有多种的考古学论证。其一，乡村与城市的起源相差无几,几乎同时出现。其二,是经济角度,劳动分工的出现,劳动产品有了剩余,剩余产品的交换促使"市"出现,防御功能的需要又促使"城"出现,两种力量融合,形成了城市。聚落起源说则更复杂中,我们可以梳理出两条研究脉络。一条是地理学、民族学(俗)、建筑学视角实证主义研究;另一条则是从人类学、文化学、社会学与心理学视角的文化社会研究。

第一条路径,从聚落的实体层面进行研究,主要包括三个部分,即地理环境、聚落主体以及居所的发展,对应形成地理学研究、民族(俗)学研究、建筑学等研究。首先,地理学视角。地理学研究主要从人地关系的角度进行。聚落是地理学名词,是人类在自然生态环境中打下的第一个群体性行为标志。地理学中的聚落内涵就体现在人地关系上,其中最直观的就是当前通行理解的含义,也就是聚落作为一个聚居点,体现着人与环境的关系,主要是环境对人的制约。"聚落"一词其实最广泛被大家所知就是在中学的课本中,以聚居地与自然地形地貌的关联性,展示出最基本的人地关系。通过研究发现,早期的人地关系来自聚落主体对自然地形地貌的适应程度。随着人类聚居能力的提升,聚落主体在自然生态环境中体现出越来越强大的利用与改造自然地理环境的能力,从地理决定论走向"非地理决定论"。比较有代表性的案例就是以色列以环保技术实现水的高效利用,不仅克服自身生存的水资源匮乏,而且由于农产品丰富,自给自足的同时还可以出口,被称为欧洲的"大花园""大菜篮"。综合地看,地理学视角中的聚落内涵,是从不同的深度与广度表达人地关系的和谐。聚落空间在地理学上的变化基本表现为言说与论证的关节点,从空间状况转向主体需要的呈现过程。学界通常将村落、村落社会、村落的宏观结构与微观结构作为研究的切入点。其次,民族学视角。民族学研究侧重于人与人的关系形态上,而且突出不同的空间载体所带来的文化差异,人与人的交往是一个约定俗成的过程,也是与空间载体磨合为整体的过程,因此民族学研究也很重视挖掘聚落形成的内在规律。如早期聚落中心场地通常都有着明显的向心性,生活与生产区域分离,生活区域随生产力的提升不断地迁移。

以中国为代表的东方学者主要集中于此角度的研究,特别重视血缘、组织模式、地缘等内容。还有就是,聚落主体精神的空间归属研究,即"祭祀圈"的研究。宗教学对聚落的研究主要是从聚落起源的角度入手发展起来的。在远古时代,人类主要过着居无定所的游猎生活,正是因为对死去同胞的纪念、对神的祈祷,人类才逐渐意识到固定居所的意义。事实上,在民族学的研究中,最关注人口、语言以及风俗,聚落人口也是聚落地理学关注的重中之重,多呈现出流动的状态,即现代性视角下的移民问题。在全球化与城市化进程中,移民社会一直是学界关心的热点话题,移民在中国传统聚居历史中备受关注,最为典型的就是客家文化、汉文化以及蒙古文化三种。"祭祀圈"是宗教地理学中聚落的组织形式。以乡村聚落为主的聚落表达出主体的地缘性关系,通常有共同的图腾信仰与祭祀单位。地缘连接使聚落主体形成地缘共同体,他们有相同的精神特征、信仰诉求、劳动产品与消费需要之间的交流以及婚姻的择偶范围。第三,建筑学视角。通过对聚落的考古来完成,以张光直《谈聚落形态考》为代表,首次将考古学引入聚落研究,形成"第二条交互圈"理论与"地域共同传统"理论,以评价西方研究为基础,针对聚落形态,遵从民族学与地理学的研究特色展开研究。研究的基本思路从聚落形态中聚落的形成依赖于聚落所处的地理境况到聚落的选择与布局,最后关注聚落中具体建筑物的特征。聚落形态中包含着自然生境、社会形态以及生活模式,可以统称为生活圈,充分体现出聚落空间承载力与系统性。民族学领域的聚落研究转向于关注聚落主体的行为方式,呈现出聚落研究从实证地理学向人文地理学的发展趋势,研究成果多集中于聚落演进的历史学考量与社会学考察。同时,聚落研究逐渐兼顾静态与动态两条线索,特别是在聚落变迁问题上,更加关注聚落演变的动力与过程,人文地理学的综合化趋势愈发明显。从20世纪80年代开始,聚落中的建筑物也逐渐进入研究者的视野,映射主体需求的人造建筑物成为研究的重点之一。此后,聚落研究的建筑学视角渐丰,一方面较多地关注聚落中具体居所的建造过程。具体的建筑物是聚落空间布局的一部分,是聚落构成的客体元素。在聚落构成的主客体及中介三部分中,建筑物属于连接人与自然环境的中间环节,必须既要适应自然境况,又要满足与表达主体需要。聚落问题研究中的建筑学视角开始于对城、镇聚落的演化研究。从表象式的静态分析转向形态个体与整体地域形态的研究,最终转向生态环境的考察。但是这里的生态环境主要指的是风水。另一方面是从动态变化过程的角度,关注某聚落中的建筑物的形态变化,挖掘其背后人为因素所形成的聚落走向问题。研究表明,聚落建筑形态的变迁正是聚落中主体的社会、经济、政治等层面变迁的一种形式化的固化过程,如客家的围屋、雅典的神庙、北京的故宫,都表达着聚落主体的多维需要。建筑学领域的聚落研究,反映了聚落形态的多样性状态,同时表达着聚落主体需求的多样性。

第二条研究路径更加关注聚落主体的精神需要,可以分为人类文化学、生态文化学、社会学以及社会心理学等方面。首先,人类学关于聚落问题的研究,是将建筑学中的各部分的要素综合起来,以人的独特性为出发点,以群居的聚落主体呈现出的地域性与整体性为研究的主要内容。特别突出聚落主体的集聚效应,因为聚落以空间载体的形式参与人类的生存与发展,所以影响聚落的因素也具有系统性特征。聚落是人化的自然空间,成为文化组成的核心部分,因此基于聚落的文化讨论也逐渐成为重要的研究主题,包括文化与亚文化研究,住屋、地景、聚落系统结构研究,聚落构型的理性与非理性的交织研究,宇宙性定位研究,以及血缘和地缘研究,文化与文明融合等方面的研究。其次,生态学关于聚落问题的研究。作为人造物的聚落是生物圈重要成员的栖居之所,与一般的动物性聚居场所不同,它既要适应自然环境又要满足主体的空间需要,因此对聚落问题的研究很快脱离了生物学的考量,而进入了生态学的视野,成为生态文化研究中的重要问题。人类是生物圈中的思维主体,人与自然环境最直观的连接媒介必须依赖于人居聚落。所以聚落是生态学中群落的延伸,相当于生物存在的空间载体。每个聚落都是一个生态系统,只不过群落有生命而无意识,而聚落则因为它是人的居住点,所以它有了意识,有了自我的选择。虽然如此,但它并不可与生态学的基本法则相矛盾,否则就不能长期存在。目前人类所面临的不可持续的困境,究其根源就是违背了生态系统中的法则。再次,聚落问题的社会学研究。人居聚落进入社会学研究视角成为一种必然,它承载着人类的生存方式与生活形式,伴生着人类社会的产生与繁衍,见证着人类社会从无到有的历程,顺应与反叛着人类社会与自然之间的和谐与矛盾。从"聚""邑""都"不同规模的聚落与不同阶段的社会形态相匹配,聚落自然村(hamlet)、村庄(village)、镇(town),到城市(city)、大都市(metropolis)、大都市区(metropolitan area)、集群城市或城市群(conurbation)和城市带或城市连绵区(megalopolis),人居聚落的从无到有、从小到大、从简约自然到繁杂社会,就是人类社会的发展史,或者说就是以生存空间为线索的一部人类社会发展史,展现着人类社会从原始走向现代的社会进步历程。

我们通过文献综述可以看出,聚落问题不再是孤立的聚居问题,而是人类发展历史的重要维度。特别是在多元跨界研究过程中呈现出众多全新的视角,随着现代化、全球化、城市化、生态化等问题的出现,研究视角集中于对生态文明问题的探索,人居聚落从发展中的不变量成为众多研究领域中的重要变量。从研究结果分析也不难看出,众多研究还是在实证层面的分析与厘定的过程中,深入挖掘城市化困境的根源,但大多还停留在经济与数据的搜集与分析上。要真正发掘解决聚落发展困难的根源,就有必要从理性的角度进行哲学反思,反思的切入点应该深植于人的内心世界,探寻聚落主体的真需求。因此,关注聚落主体的心理,特别是聚落主体的社会心理学研究,应该是破解大城市病、生态问题的突破口,特别是研究聚落走向问题的心理路径。

事实上,从聚集的角度来看,聚落的形成是社会产生的开端,呈现出一定空间中聚集人口的生产生活状态。聚落是体现心理与实体的综合体,具有载体与被承载的关系。"聚"本身是人的一种需要,是人心理的满足,而"落"是一种空间形式,聚落正是容纳了心理与空间的共同体。聚落是为了应对人类对自然界的恐惧和对封闭空间的渴望而产生的。原始人从游猎到定居,栖居于山洞,形成聚落的雏形。满足心理需要也是聚落的多维功能之一,遗憾的是,因为心理因素的隐性特征以及心理学成熟相对较晚,一直是空间问题特别是聚落研究中的处女地,鲜有学者涉足。科学史研究表明,问题的真伪往往呈现出边缘中心化的特征,也就是越是被忽视的问题,最终越有可能成为问题解决的关键节点。聚落问题研究也一样,无论就个体还是群体而言,空间的需要是共同的,"人是一切社会关系的总和"。人的自然属性要求结群而居,单个人不能脱离群体而生存,不仅仅是物质生产的需要,也是一种基本的心理需求。正如荀子所言"人之生也,不能无群"①,亚里士多德在《政治学》中也说过:"人本质上讲是一种社会性动物,那些生来离群索居的个体,要么不值得我们关注,要么不是人类。"②博物学家达尔文认为:"生活在比他自己的家庭更大的群体之中,就使我们看到了这一点,独自一人的禁闭是可以施加于一个人的最为严厉的刑罚的一种。"③按照马克思主义人学的观点,群体生活是社会的本质,社会是"人们交互作用的产物",这足以说明社会生产需要聚落主体的聚集生活,群体关系的空间载体就是聚落。随着人类社会发展的需要,聚集形式在不断地变化,聚落的形态也发生相应的转化。

通过剥离式分析,可见聚落问题在各领域中都占有一席之地,通过对聚落相关方面的厘清,可以实现对人居聚落框架式的认知。纵观人居聚落的研究,可以发现其中关于聚落中的主体因素一直以隐性要素存在于聚落研究系统中,特别是关于聚落主体的群体性心理在聚落演化中的作用一直没有引起学界的关注,但事实上,在人居聚落的内涵中最重要的部分应属于心理因素,它是稳定的聚落形态中连续而缓慢聚集而成的变量因素。聚落是人类社会发展的物质空间承载,存在于其中的主体心理合力必然反映聚落主体的空间诉求,

---

① 梁启雄:《荀子简释》,中华书局1983年版,第122页。
② [美]E.阿伦森:《社会性动物》,邢占军译,华东师范大学出版社2007年版,第12页。
③ [英]达尔文:《人类的由来》,商务印书馆1983年版,第163页。

因此在人居聚落走向问题研究上,社会心理因素成为推动聚落变迁稳步增长的内在动力。正如普列汉诺夫所说:"整个社会的一定的结构……它的性质将一般地反映于人们的全部心理之上,反映于他们的一切习惯、道德、感觉、观点、意图和理想之上……适应人们的生活样式……社会的心理永远顺从它的经济目的,永远适合于它,永远为它所决定。"①

2. 聚落形态变迁的历史考证

纵观人居聚落的演化,可谓"聚""散"两依依。聚落是人们选择定居的结果。在"聚"的物质与心理的共同需要驱动之下形成群体性行为。人类之所以选择聚居的居住方式,力求增强在自然中求生存的能力,通过集体的力量更好地利用生产资源与生活资料,其基本目的在于寻求在自然中更适宜的生存方式。

"散"是原始聚落的基本空间特征。用"散"来描述原始人类的居住形式相对比较准确。聚落产生之初,通过考古学研究可知,最初的人类基本是游动而居的。生物群体性集聚是一种普遍现象,群居是生物的基本生存方式,人类也有类同于其他社会性生物的动物性需求。在分散游居的过程中,人类与自然的相处并不和谐,面对茫然浩瀚的自然,人类显得幼稚而手足无措。由于对自然规律的不解,任何的自然现象对于人的生命都会产生直接的威胁。此时人类的生存环境用险象环生来描述一点不为过。人类饱受原始自然力的奴役,生存能力显得极其微弱。在与自然相处的过程中,在不断寻求更有利于本物种生存下去的可行性方式中,定居成为首选方案,这样既有利于了解周围的自然环境,摸索与自然的相处之道,也可以解决生存困境问题。正如刘易斯·芒福德在《城市发展史》一书中所谈到的,定居栖息是动物物种天然的要求,原始人类也保持了动物的这种特性,生存依赖于贮藏与定居。定居与聚集是人类的基本需求,既是生存需要也是心理需要。按考古学分析,人类的定居开

---

① 《普列汉诺夫哲学著作选集》第一卷,生活·读书·新知三联书店1959年版,第715页。

始于新石器时代,最早出现了以农业生产为基础的固定的居住地。"从散居人口到聚居人口,有时存在着精神状态和心理状态上的深刻差异"①,定居标志人类进入聚落时代,人与自然相处的方式开启新的历史篇章。

早期原始村落,以"集"为主要特征。"直至中石器时代,大约距今15000年以前,人类才首次获得了较为充足、稳定的石料供应……考古学家才在从印度到波罗的海沿岸的广大范围内开始普遍发现了人类永久性聚落的确切证据。"②较大的游牧部落,随着剩余食物的相对丰富,人口增长相对较快,逐渐开始出现部分定居的生存方式。由于居住方式的改变,人与自然的关系也随之发生了重大改变。人类已经具备与自然相处的初级技能,可以在一定的自然环境中,获得较容易采集到的食物,开始在实践中积累渔猎、农业、牧业等方面的经验性技能,逐渐建立相对充足的食物储备,形成比较成熟的物资供给链条。

村落是乡村聚落最早期的形式,也是人类最早的定居形式,是人类固定的永久性居所的开端。早期的聚落基本都是封闭性的,中心有建筑物,其他建筑都以此为核心,形成层层包围的状态,中国客家族的围屋就是典型的代表。不仅是结构上的稳定,更反映出人类早期力量上的薄弱,层围的固定居所通常带有防护性功能,封闭性是其最主要的特点。通过对传统聚落的研究,发现聚落通常是空间共同体,能够稳定发展下来,其内部的向心力发挥着重大的作用,确定聚落领域范围是住居的重要因素。"半坡、姜寨居住区外围都设有宽、深各5—6米的壕堑拦护。这一防御性的措施,兼作雨水的排故沟……实际上是一座相当高的围墙。在发明夯筑技术之前,这是一种有效的防御设施。"③在

---

① [法]阿·德芒戎:《农村居住形式地理》,《人文地理学问题》,葛以德译,商务印书馆1993年版,第192页。

② [美]刘易斯·芒福德:《城市发展史——起源、演变和前景》,宋俊岭、倪文彦译,中国建筑工业出版社1989年版,第11页。

③ 杨鸿勋:《中国早期建筑的发展》,见中国建筑学会历史学术委员会编:《建筑历史与理论(第一辑)》,江苏人民出版社1981年版,第112—135页。

中国的传统聚落中,这是最有代表性的。

据考古学的发现,早期村落大约处于母系氏族时期,由于血缘与氏族关系是村落中关系的主体模式,因此形成相对稳定的"聚"合力。从"散"到"聚"的空间模式转换,承载了原始自然经济的有效空间,形成了人类社会基本的住居单位。乡村聚落有密集型与分散型两类,密集型聚落通常集聚,住宅彼此相连,以某地点或某建筑物为中心,形成强烈的内聚向心性特征。[①] 分散型则是住宅星罗棋布,呈分散状态。早期村落的集与散主要表现在居所之间的距离,以及所依赖的山、水、林、田、湖、草之间是聚集还是离散,在早期聚落生成过程中自然因素是更具有决定性的主导力量。

多"聚"成"邑"。"邑"是多个"聚"合的居住点综合体。《尔雅》中记载:"邑外为之郊,郊外为之牧,牧外为之野,野外为之林"[②],勾勒出"邑"与周边环境之间的关系。"邑"成为人类独立定居的基本单位,完善了人类独立生存能力的聚落空间形式,中国传统的客家族围屋就是在"邑"的基础上形成的。聚落选址通常以地形地貌上有利于向心性为主,此外重要的就是,选取生态环境优美、水系发达、生产生活资源特别丰裕的地方。从居住地向外,是郊、郊与耕地,耕地之外是牧场,再外围则是荒地,最外就是森林了,"邑"的向心性景观特色就很明显地呈现出来了,从形态上看已经包括了后来的乡村聚落与城市聚落的基本功能与特征。功能区分清晰,生产区域与居住区明确分开。在生产区域也进行明确的划分,不同类的生产可以同时进行,这明确地促进了有效的社会生产分工,所有的生产活动都以明确区域进行划分,既相分离又相对集中,农耕及渔猪畜牧活动,以及制作陶器等活动几乎同时进行。聚落的"邑"也体现着明确的层次性,从其整体选址到结构布局,都是从住区到生产区域逐层向外扩张,以中心居住区或中心居室为主,最中心的居住区域、居室

---

① 田银生:《原始聚落与初始城市——聚落的结构、形态及其内制因素》,《城市规划汇刊》2001 年第 2 期。

② 贺业钜:《中国古代城市规划史》,中国建筑工业出版社 1996 年版,第 3 页。

也带有明确的权利与地位标识。这种划分满足着聚落群体中的个人起居需要与处理公众事务的便利需要,另外这些还附有相应的储存食物和豢养家畜的设施。整体上就是以居住区为核心,各部分组成居住团,连接中心广场形成层次性特性。聚落的"邑"最直观的特色就是向心性。从现代性的视角看,"邑"的向心性包括安全的要素,满足聚落主体的"恐惧"心理。它的向心封闭性,是早期人类为了应对自然环境所需要的心理抚慰,层级依赖与包裹性需求。同心封闭性体现出聚落主体要借助于这种外在辅助来支撑和改变心理的恐惧。有证可考,通常被称为"邑"的聚落结构可呈现出,"城墙也可能是从古代村庄用以防御野兽侵袭的栅栏或土岗演变而来的"①。均质性也是"邑"的特点之一。聚落内部各宗族之间的规模相差无几,包括整个聚落的等级结构、建筑规格,以及公众认同与宗族权威。聚落的"邑"中包括了经济聚落中的基本模式,一个继续保持比较集中的乡村模式,另一个则走向新路径,这就是城和市的形成与发展。

关于城市聚落的起源,说法众多。"城"与"市"。从功能论角度看,城与市是两种不同功能的聚落,城以军事目标为主,而市以物品(早期还不能称为商品)交换为主,形成的聚落主体不同,其中的聚落心理也各具特色。"城"的起源在东、西方有明显的差别,西方人认为"城"是"城堡",中国人的"城"则是以国为标志。早期"城"的目的是为了防御,包括自然环境、野兽直至敌人。"城"从它有了防御外敌的功能时起,就有了政治的意义和功能。这主要是阶级产生的一种地域上的表现结果。也就是说,统治阶级必须有与之相匹配的土地,这也是"城"最早产生的原因。首先,军事的需要。聚落在发展到以防御性功能为主的阶段,更关注聚落与聚落之间的关系,逐渐产生以利益为纽带的聚落体,不再依赖血缘、亲缘关系。权利、利益与政治成为聚落体的核心。②

---

① [美]刘易斯·芒福德:《城市发展史——起源、演变和前景》,宋俊岭、倪文彦译,中国建筑工业出版社 1989 年版,第 9 页。

② 《商君书·画策》,上海古籍出版社 1989 年版,第 34 页。

其次,政治的需要。"城"以人与人的关系来体现人与自然的关系,成为人的社会性的主要载体。特别是社会生产的发展,实现社会分工新的分化。事实上,"城"出现后,社会建制不再依赖于传统乡村聚落中的个人威望与家庭权威,而是制度化的等级关系。社会呈现出由低级到高级的等级结构。[①] 以中国的"国"为例,可以指战国七雄那样的强国,也可以把地封给领主的区域称为国。在《战国策》的《赵策·襄文王》中有"古者四海之内分为万国,城虽大无过三百丈者,人虽众无过三千家者"[②]。可见,中国的万国,指的就是人口相对集中的城,这样的城才是真正的城,并不等同于现代语境中的国家。"市"是集中买卖货物的固定场所,也是一种空间过程。俗称日中而市,是商品交易的场所。为了交易的便利,"市"通常为城的中心,或者聚居点的中心,或者取水处。因此,有日中而市或市井的称谓。随着城中人口的相对集中、交通的便利及其所具有的一定的安全性,"市"逐渐进入城中,成为城中的重要部分,演化为集市。城与市开始融合。

聚落中的"城市"。城市(city)是由有了政治功能和经济功能的"城"和"市"的相结合,而共同发展形成的,这是目前国内外学者比较通行的观点。因此,"城市"与"城"和"市"具有发生学上的密切联系。"所谓城市,系指一种新型号的具有象征意义的世界,它不仅代表了当地的人民,还代表了城市的守护神祇,以及整个井然有序的空间。"[③]

城市是相对于乡村而言的一种具有相对永久性的大型聚落。按照历史线索,城市聚落的历史可以分为早期城市、中世纪城市、近代城市以及现代城市(城市化)的时期。关于城市的起源,主要观点集中于城市的经济功能上,即

　　① 田银生:《原始聚落与初始城市——聚落的结构、形态及其内制因素》,《城市规划汇刊》2001 年第 2 期。

　　② [日]宫崎市定:《中国聚落形态变迁》,张学锋等译,上海古籍出版社 2018 年版,第4 页。

　　③ [美]刘易斯·芒福德:《城市发展史——起源、演变和前景》,宋俊岭、倪文彦译,中国建筑工业出版社 1989 年版,第 27 页。

生产力的发展、剩余产品的交换,自然社会条件导致城市的产生。早期城市分布于地中海沿岸与印度河之间的两河流域,尼罗河流域的埃及王朝,苏美尔地区、印度河流域的哈拉帕文化。相应地,中国也在公元前 2500 年出现了城市的雏形,美洲与非洲城市出现得相对略晚。到了中世纪,世界各国都有了封建制度下的城市,在公元 10—12 世纪欧洲发生了一次城市化运动,在关隘等交通要道、寺庙周边及罗马旧城等地方,不断形成城市。在这个过程中,欧洲城市的功能完成了由防御性为主转向以商品交换为主的转变。中国封建城市,由秦统一六国开始,建立了城市系统,形成当时世界上最大的城市。汉代时,城市快速发展,中国东部地区的城市轮廓基本确定,到了魏晋南北朝时期,"政治中心在北方,经济中心在南方"的局面形成。到了隋唐宋,中国城市进入高速发展期,兴修运河,促进城市兴起,"四大都市"都兴起于这个时期。北宋时,中国城市发生转向,从内陆向沿海发展。元明清,特别是明清时期,中国封建城市发展到了顶峰时期,从封建城市向近代城市过渡。东西方封建城市的特点各不相同,中国城市通常是政治中心,承担行政与军事职能,西欧城市主要是工商业城市,承担经济功能。

近代以来,在工业革命的背景下,西方出现了新一批的经济中心城市,城市化趋势开始萌芽。中国城市发展进程与西方正好相反,近代以来由于生产力水平没有得到必要的工业化发展,城市发展也受到经济模式的制约,甚至出现了反城市化的发展趋势。现代城市进入城市化发展时期,一批世界级城市出现,中国的城市化也走上了发展的道路。按照共识性线索,从城市聚落所生产的不同地形地貌之上,城市的功能各有差异,由小型的聚落点到亿万人口的大城市带,城市包括了跨度极大的空间尺度。从城市的功能上看,在大尺度上城市具有传承文明、聚集人口、创造财富的功能。特别是城市的经济功能,为商品的交换提供场所,为工业化发展集聚劳动力,在城市聚落中实现了物质财富前所未有的丰富。马克思在"劳动分工与制造"一章中写道:"得到极大发展并由商品的交换所带来的每一劳动分工的基础,是城镇与乡村的分离。"①"古典古代的历史是城市的历史……现代的历史是乡村城市化,而不象在古代那样,是城市乡村化。"②

在工业革命后,聚落进入了"城市化"过程。城市化就是城市聚落空间迅速成长的过程,包括空间生产与人口生产两个方面。城市化是世界经济发展进程中的空间支撑,没有城市化就没有现代经济的发展,聚落城市化程度是国家或地区经济状况的衡量指标。产业与分工一直是经济学家所关注的重点,古典经济学的威廉·配第(Willina Petty)已经有关于各产业比重变化对城市与经济影响的研究,特别指出工业化发展会带来对服务业的需要,会促进城市聚落的扩张。③ 1940 年,柯林·克拉克(Colin Clark)继承和发展了威廉·配第的思想,提出配第-克拉克命题。④ 通过对四十多个国家和地区劳动力和劳动资料进行分析和总结,得出了劳动力转移会出现向第三产业转移的结论。持此种观点的经济学家还有法国的萨伊(Jean-Baptiste Say),他们的主要关注点集中于人口的流向问题上,把"城市化"的增长焦点归结于人口的增长与流动,但并没有分析人口流动的原因。国内对城市化的定义……强调人口的城域转移……认为城市化是生产力发展引起人口向城市地域集中。⑤

在第二次世界大战后,伴随着发展中国家的发展,从人口数量与密度的视角看,城市化正是吸收农业劳动力集中于城市中,转化为城市人口(工业劳动力)的过程。人口因生产力发展的需要而进入城市,引发城市化进程。从生存方式视角看,城市化是人类生产方式和生活方式由乡村型向城市型转化的历史过程,表现为乡村人口向城市人口转化及城市不断发展和完善的过程,它

---

①　[美]艾拉·卡茨纳尔逊:《马克思主义与城市》,王爱松译,江苏教育出版社 2013 年版,第 31 页。

②　《马克思恩格斯全集》第 46 卷(上册),人民出版社 1979 年版,第 480 页。

③　[美]杰拉尔德·迈耶等:《发展经济学的先驱》,谭崇台译,经济科学出版社 1988 年版,第 70 页。

④　Colin Clark, *The Conditions of Economic Progress*, London, Macmillan & Co.; Ltd., 1940.

⑤　何卫东、赵彬:《关于城市化问题的几点思考》,《山东社会科学》2002 年第 1 期。

要解决的根本问题是缩小乃至消除城乡生活条件的差别,实现城乡融合。从城市空间发展来说,城市化既表现在城市和城市人口数量的增加上,更应表现在城市质量的提高上,包括城市结构的调整(产业、经济、社会、空间),效率的提高,功能的增强,环境的改善,传统文化的继承与发扬,以及资源集约和合理使用,等等。蔡孝箴指出,城市化是"一种世界性的社会经济现象,是乡村分散的人口,劳动力和非农业经济活动不断进行空间上的聚集而逐渐转化为城市的主要要素,城市相应地成长为经济发展的主要动力的过程"①。也就是说,城市化是指农村人口转化为城市人口的过程,或是指农业人口转化为非农业人口的过程。但这种转化以及非农业经济活动必须在空间上聚集,并逐渐转化为城市的主要要素。其本质是指农村人口转化为城市人口,是人口从分散到集中的过程。伴随着这一过程,城市数量增加,城市规模扩大,城市产业逐步壮大、升级,城市质量得到提高,城市进一步发展,同时,城市物质文明、生产方式、生活方式向农村扩散。农村人口向城市转移是城市化的核心所在。

聚落"城镇化"进程。城镇化与城市化是否具有同一性,学术界至今对此仍有争议,但它们的共通性是不容置疑的。争论焦点在于小城镇是否纳入城市的范围,事实上,城市化与城镇化不是先后的关系,而是并列的关系,从某种意义上讲,是聚落发展形态的两条路径。马克思指出:"古典古代的历史是城市的历史,不过这是以土地财产和农业为基础的城市;亚细亚的历史是城市和乡村无差别的统一(真正的大城市在这里只能干脆看作王公的营垒,看作真正的经济结构上的赘疣);中世纪(日耳曼时代)是从乡村这个历史的舞台出发的。"②工业化革命以来,城市聚落得到了极大的发展,工业化生产需要大量的劳动力,与之相配合的服务性行业随之兴起。城市聚落特别是某种商品交换所需要的集散聚落产生,主要目的就是用于商品的交换。在世界各国,都出现了一批相应的小型城市聚落。最近一百年世界进入高速城市化时期,但仍

---

① 蔡孝箴主编:《社会主义城市经济学》,南开大学出版社1990年版,第20页。
② 《马克思恩格斯全集》第46卷(上册),人民出版社1979年版,第480页。

能看到早期小城镇作为商品交换的市场留下的印迹。大城市与超大城市的规模"主要包括人口规模与城市地域规模两种指标,人口规模通常是衡量城市规模的决定性指标。"①虽然,中国历史上以商品交换为主体的大城市屈指可数,但每一个的规模都很可观,可以说都是当时时代的世界级城市。

综上所述,聚落从早期居住点直到城市化,不仅仅是生产力发展所带来的聚落变化。人类栖居的进程,从居住点分化为乡村聚落和城市聚落,当人居聚落进入到城市化发展进程时,聚落再次实现乡村与城市的融合。人类聚居方式的演进表达着人对美好居所与环境的追求。事实上在聚落形态转换后,往往在刚刚开始的时候,主体的需要可以得到一定的满足,但随着新的需要产生,聚落自身的不足再次出现,将主体已有的满足感完全消解。

3. 聚落形态变迁的动力因素研究

探索与寻找聚落发生、发展的动力也是聚落研究的重要课题,从聚落变迁的过程中挖掘其演化的动力因素,是研究聚落问题的关键问题之一。正如马克思所说:"一切人类生存的第一个前提,也就是一切历史的第一个前提,这个前提是:人们为了能够'创造历史',必须能够生活。……因此第一个历史活动就是……生产物质生活本身。"②

聚落的形态相对稳定,居于其内的人,对其的研究与反思往往出现滞后现象,通常是在聚落发展出现影响生存的危机时才出现。人地关系是聚落发生变迁的主要因素,也是显性因素。与此同时,生活于其中的人类自身也会因生存境况的压力产生心理矛盾,表现为人的居住环境的相对稳定与人对居住环境的满意度不断发展之间的矛盾。

人地关系的矛盾是自从人类诞生以来就一直存在的,是人与自然之间最

---

① 潘家华主编:《中国城市发展报告-No.7——聚焦特大城市治理》,社会科学文献出版社2014年版,第12页。

② 《马克思恩格斯选集》第1卷,人民出版社2012年版,第158页。

基本的矛盾表现形式。聚落形态不断的变迁,正是由人地关系的矛盾作用推动的。聚落变迁既是人地关系的社会后果,又是人地关系的经济后果,从基本意义上说,它还是人地关系的直接后果。因为,在人地关系发生矛盾时,人口压力下的人类有多种应对压力的反应,其中较为直观的反应就是迁移,因而迁移可以看作是人地关系矛盾发展的一种直接后果。城市化虽然是聚落变迁的现代表现形式,但是严格来说,也是迁移的一种形式,它是行政区内迁移的特殊形式,与其他迁移不同的是,它不是发生在一般区域之间而是发生在乡村与城市这两个特定含义的区域之间。变迁作为人类应对人口压力的一种反应方式,是与人类历史相伴随的,因此是任何历史时期都存在的。与人地关系矛盾最密切的迁移,可以称为生态性迁移,这也是古已有之的一种迁移,其迁移者通常也被称为生态难民。这种生态性迁移意味着,在一个地区,由人地关系矛盾引起的竭泽而渔的生产方式,导致了生态环境的破坏,最终定居者不得不迁出该地区。当然,这样的生态性迁移并不多见,且多发生在人类社会早期。

在频繁发生的迁移行为中,有一个分支是从乡村迁入城市。这种迁移导致了城市的产生和发展,也导致了城市化的兴起。但是,对于中国历史上的城市化来说,其发生和发展,与西方工业化进程中的城市化历史有着根本不同。首先,中国城市的起源甚早,而且早在西汉时代就形成了人口规模达几十万人的大城市,东晋以后已形成了人口达百万的特大城市。这在当时,是没有任何国家可以比拟的。但是,与这种大城市的兴起和发展同时,并未兴起城市化,城市人口极端地集中于少数几个大城市中,城市人口占全国人口的比重始终很低,直到明清时期,城市人口始终没有超过总人口的10%。并且,这种城市化,并不是工业化的结果,其原因不在于经济发展,而在于政治和军事的需要。

在西方,工业化过程中兴起的城市化曾经发挥了吸纳农村过剩人口的作用。马克思的理解,交往的社会性主要是与物质生产、精神生产和人自身的生产密切相关的,并且,存在于这三种生产关系中人所结成的社会关系,构成了人的社会性的全部样貌,贯穿于交往过程中,反映着人与人交往的根源。交往行为发生的根源,取决于人对物质、情感以及信息等方面的需要,同时需要的满足又以人与其环境,以及人与人的社会关系为必要条件。马克思曾在评费尔巴哈唯物论时,把人的本质表述为:"在其实现性上,它是一切社会关系的总和。"①马克思从人的本质属性的角度来看人与人交往的需要,认为这种需要是人类独有的真正需要。

社会存在与社会意识是历史唯物主义中的核心概念。恩格斯就在强调物质生活条件重要性的同时,充分肯定了社会意识的反作用,物质存在方式虽然是始因,但是这并不排斥思想领域反过来对物质存在方式起作用,然而是第二性的作用。② 恩格斯明确了社会意识的作用与意义,虽然社会意识依赖于社会存在,不同的物质基础包括经济、社会、地理环境与空间特征等,必然会产生不同的社会意识形态,而且社会意识形态一旦形成,势必固化在每个社会成员的思想意识中,成为社会成员通行的行为规则与伦理规范。我们在聚落人类学与文化研究中都可以看到这样的现象聚落形成后,在聚落中就会形成相对稳定的风俗、心理、价值观与世界观,形成比较共识性的审美观等,这些无形的观念所构成的意识形态反映在聚落的形成发展的历史进程中。立足于当下,意识形态历史性依然具有强大的作用,更加印证了恩格斯所思考的"社会存在与社会意识"之间交互作用思想的前瞻性与历史价值。

聚落是人的居住形式,是人与人交往的物质空间载体。作为交往的物质载体,它可以使人在其中得到应有的满足感。主体的满足感(获得感)具有历史性,"……是人们对所需要的物质生活条件和精神生活条件等等满意程度的一种主观感受。具体而言,这个生活条件包括物质的、精神的、人际关系的,以及预期的目标达到的程度,也就是成就的问题。它不是空的,很实在,是对

①　《马克思恩格斯选集》第1卷,人民出版社2012年版,第135页。
②　《马克思恩格斯选集》第4卷,人民出版社2012年版,第598页。

一些具体东西的感受"①。关于人的需要问题,人本主义哲学家马斯洛在《动机与人格》中将人类动机论发展到极致,按照由低级到高级的递进关系把人的需要分为生理、安全、归属、爱与自尊以及自我实现的需要。"人的需要形成一个阶梯,在较高需要产生之前,必须先满足较低需要。"②马斯洛晚年还对人的需要进行了区分,将其分为成长性需要与缺失性需要。人的缺失性需要来自外部客观世界,成长性需要则依靠于人的内在世界的认同。两种需要发展的方式也有明显的差异,缺失性需要是间断性,可以满足的;而成长性需要是没有极限的,这也是人类社会不断持续发展的根源性动力。马克思主义认为,"由于人类自然发展的规律,一旦满足了某一范围的需要,又会游离出、创造出新的需要"③。人的需求(社会需求)是不断向更高阶段发展的。事实上,马克思的经典论述正说明了人的两类需要之间的关系,即缺失性需要与成长性需要之间正体现了人的需要与人的存在之间的有限性与无限性的博弈。恰恰如此,人类无限的成长性需要与有限的缺失性需要之间的张力,促使人类社会进步的脚步永不停滞。

在人居聚落的选择上,从早期聚居点、乡村聚落、城市聚落的缺失需要到聚落城市化、大城市以及世界级城市,正是从缺失空间需要转向空间成长需要的发展过程。所以对聚落形态也有了主体性的选择,在满足了基本需要时,还会有更多的需要,体现出人居聚落从简单、单一、数量型向复杂、多元、质量型转变的发展过程,特别地表达出人的需要更多地从缺失性需要转向成长性需要的过程。

在人类社会的早期,生存和繁衍是人类自发的缺失性需要,而且是最重要的(或者说是第一位的),既是基本需求也是初级需求。人类在成为自然中有

---

① 魏爱云:《解读幸福指数 求证幸福方程·如何理解"农村居民幸福感强于城镇居民"?——访社会心理学家、中国人民大学教授沙莲香》,《人民论坛》2005年第1期。
② [美]布恩:《心理学原理和应用》,知识出版社1986年版,第272页。
③ 《马克思恩格斯全集》第47卷,人民出版社1979年版,第260页。

主体意识的成员后,其初级需要是从无到有的需要,现在看来那是极其简单、粗陋与低级的,自然中被人类所认识和可利用的部分,都成为最直接的生活资料来源。在早期聚落中的原始农业社会,聚落主体除了基本的缺失性需要,也存在精神需求,只是精神需求相对于缺失性需要显得十分弱小而已。早期聚落中比较盛行宗教意识——图腾、鬼神、迷信等。神秘主义信仰是原始聚落应对自然环境的无奈之举,面对未知的对象性世界无力应对,只得求助于超自然神力的支持,以获得相对更充足的生活资料。原始农业的成败依赖于自然气候,但自然气象对于聚落主体而言几乎完全未知,因此期盼超自然神力可以减少自然灾害,尽可能保证丰收。基于原始聚落空间中的农业生产完全依赖于自然力和对自然力的认识与利用,形成了人类早期的原始经济价值观。

从原始经济向农业经济时代转型,以至于全部的农业经济时代,聚落主体的缺失性需要中最主要的就是生存需要,是最急需满足的部分。农业经济的生产过程,完全依赖于自然力的惩罚与馈赠。人类在自然更替与资源循环的过程中,寻求生存的空间与可能,并在与自然相处的过程中,积累经验性知识,逐步实现农业生产的自觉。自然资源的丰裕并不被早期农耕时代的聚落主体所认识,相对于工业时代,人类对自然现象的认识非常有限。事实上,满足聚落主体的物质需要必须实现将自然力与人力相结合,实现聚落主体的生存需要,这种需要体现在具体物品及使用价值的占有和享受上。自给自足的生产方式限制了人的多样性享用及其发展,个体需求的差异性基本上是不存在的。

聚落主体对聚落环境也没有选择的能力,只能是适应性的选择。由史料可知,农业聚落中聚落主体的生产力极低,满足生存和发展必须依赖于自然条件,包括部落、村庄、宗族以及聚落中的群体。聚落中的每个成员只能也必须服从于聚落的群体意志,这是以聚落中的血缘关系为基础形成的,也是聚落权力核心能够集中的主要原因,形成典型的以地缘关系为基础的血亲联系。聚落主体不能自由运用与发挥个体性的自我意志和独立能力。原始聚落与乡村聚落中人的需求往往体现为可以延续自身及子代的生存即可,具有明显的狭隘性、简单性和直接性的特征。

人类进入工业革命以后就开启了工业经济时代,机器工业生产首要的成果就是丰富了人类的物质生活,创造出尽可能多的物质产品以满足人类日益增长的缺失性需要,实现"物"的满足。工业革命以后人类社会的经济模式以商品的生产、消费、交换和分配为主体,但由于商品生产能力不足与分配机制的不够合理,聚落内部出现商品供给与消费严重不均衡的问题。工业化生产打破地缘主导模型,人的需求异化为对货币的需要,对利润的无限追求,通过货币实现缺失性需要中的享受性需要。工业社会以来,密集型劳动集聚了大量的农业剩余劳动人口,通过精细化分工、技术的融入,实现了劳动能力的增长,逐渐突破自然力局限,解放农业经济中劳动力的个体能力,每个工业劳动者既是独立的商品生产者也是商品的一部分。庞大而精细的社会分工协作结构,实现工业生产中个体的独立意识与主体诉求,形成丰富的社会需求结构,"旧的、靠本国产品来满足的需要,被新的、要靠极其遥远的国家和地带的产品来满足的需要所代替了"①。在商品社会中,因为交易的复杂性,货币成为财富的统一符号,它的交换功能,更加有利于生产的专门化与分工的精心化,通过货币的交换生产专项产品并不影响人的生存状态,从根本上改变了农业社会中的自给自足的小农经济特征,人的缺失性需要与成长性需要都转化为统一的货币符号化需要。以机器为主体的社会分工体系,彻底改变了生产者对聚落共同体的依赖,使其成为工业化生产链条的一个环节,所有环节都依赖于机器,而并非依附于其他空间的劳动者,促使生产者依赖机器工厂公共的聚落空间成为工业化生产的空间特点之一。工业分工精细化程度越来越高,每个劳动者都是机器生产链条的组成部分,其他的部分在生产过程中都是多余的,迫使整个生命个体被分割成生产需要的部分与非需要的部分,人的全面性被消解,只是机器生产中的一个部分或者是零件。而"物"转化为一切社会关

---

① 马克思、恩格斯:《共产党宣言》,人民出版社 1997 年版,第 31 页。

系的中间环节,对"物"的追求成为高于个体之上的盲目力量,人的个性被完全消除,刚刚从主客二分的世界观中获得了主体性认识,此时又将完全失去、被异化,彻底成为商品的附庸。人虽然有了独立个性,但同时是被物的个性所包围,人成了"单面人"。一方面,生产资料的占有者为追求利润,尽可能地扩大生产,生产出新的需求。另一方面,利润与工资是成反比的,为攫取更多利润,生产资料的占有者把工资压到最低限度,降低了人的消费能力,限制了个人需求的满足。在这样的情况之下,唯一满足需求的方式便是拥有足够的货币、金钱。工业化追逐利润的过程,从"物"的生产转向货币的积累,这也成为人的追求目标。工业化时期人的信仰被极度弱化,至高无上的追求就是对物的积累与追逐,对货币的信仰也是至高无上的,以至于人们可以不惜牺牲人本身真正的需求。物以人的贬值为代价得到了极大的繁荣,而物的增长却与人的增值呈现出二律背反的局面。

二、"以栖居为目的"的聚落演化

"当我们在处理聚居问题的过程中,在过度专业化的道路上越走越远的时候,我们丢掉了建设聚居的主要目的……因为我们的专业越分得细,越无法从总体上理解聚居问题,也就越忘记了组合的必要性。"①聚落(settlement)是人类栖居的基本形式,它以一种稳定的居住状态,承载了聚落主体的生存与发展,聚落以自然地形地貌记载了主体发生与发展的文化过程以及文明内涵。以"栖居为目的"的聚落,主要是从乡村到城市的过程,比较常见的人居聚落通常都具有较大规模的大型聚落。从乡村聚落到城市聚落,以及所熟知的聚落城市化都是随着生产方式的演进与聚落主体整体性的变化而变化的。

人居聚落一般的发展脉络就是从村落到自然村落(冲、寨、社),然后就是

---

① C.A.Doxiadis, *Ekistics:An Introduction to the Science of Human Settlement*, London, Oxford University Press, 1968, p.47.

村庄,由村庄再发展到村镇,由村镇再到集镇,由集镇再到镇(市镇),从镇到城市,由城市再发展到城市群(城市化过程)。人居聚落作为稳定的人类聚居单位,具有自然性特征与社会性特征。相比较而言,早期的自然性相对比较突出,乡村聚落最为典型,"都市聚落"则是具有充分自组织特性的理想城市聚居模式。

1. 乡村聚落的发展沿革分析

聚落的发展是人类历史中的空间维度,以稳定性承载着人类的社会生活,展现着人与自然相处的过程。

1.1 乡村聚落发展的历史状况

"聚"是人类早期生存的基本方式与心理需要,乡村聚落正是为满足主体需要而逐渐产生、形成与成熟起来的。"从《易经》《道德经》到康有为的《大同书》,从《太阳城》《田园城市》到道萨亚迪斯的人类聚居学,人类从来没有停止过对理想生活与住所的积极探索与追求。"①乡村聚落的形态过程大致上经历了萌芽阶段、形成阶段与成熟阶段三个时期。

在历经百万年的时间跨度后,人类终于实现了从穴居野外到筑室成居。人类早期面对未知而陌生的对象性世界,聚居是使用群体合力,彼此互利协作的最好生存方式。在防御外侵、获得食物与基本生存资料,繁衍后代等方面都比游居更容易实现,因此,聚居的进程在人类进化的过程中起到不容忽视的作用,展现出人与自然相处的深度与广度,体现着生存竞争的胜利果实。早期乡村聚落是临时的、移动的,形式基本是随时变化的。在第一次社会大分工农业与畜牧业分离后,乡村聚落出现。初期由于生产资料的不足,通常是迁移与游牧聚落为主,随着生产技术水平的提高,农业越来越发达,乡村聚落才最终稳

① Huang Guangyu (eds.) : "Ecopolis : Concept and Criteria", in *Earth Summit : The Global Forum*, Brazil, Riode Janeiro, 1992.

定下来。在生产发展与生活方式的进步中,固定的、集合式的聚居形式越来越发达,逐渐成为主导性聚落模式,被越来越多的聚落主体所认同。

萌芽时期的乡村聚落,人们"上古穴居而野处,后世圣人易之以宫室,上栋下宇,以待风雨,盖取诸大壮"①,"昔者先王未有宫室,冬则居营窟,夏则居(橧)巢"②,可以认为,此时的聚落还是流动的。进入新石器时期以后,人们以土为依,进行畜牧和农耕等活动③,形成了由定居的生活方式所带来的固定的乡村聚落。氏族社会中母系社会与父系社会的乡村聚落特征迥异。

乡村聚落的外部形态与环境,通常是顺势而为,顺应自然的地形地貌,以最大限度地满足主体的自然需要。考古学研究发现,早期的乡村聚落形态各异,有带状、多边形态,无规则形态,似乎找不到任何规律,如果结合聚落周边的自然地貌就可以一目了然。聚落定居的过程不但要受到自然环境的局限,还要同时最大限度地满足聚落主体的基本需要,比如,环境要有安全感,早期乡村聚落一般要背山面水,山水环抱,具有良好的小气候、安全、防灾、土地、水源与山林,也就是中国建筑传统中典型的"马蹄型"风水宝地。这种选择特别体现了聚落主体的"领地感",自然要素的最佳组合构成相对游居而言良好的生存环境,这便是风水说认为的"有生机"的地方。正如俞孔坚在《景观》一书中的描绘,马蹄状的地形是比较理想的风水,通常指三面是山,核心的中心位置在主山峰脚下,山势走向往往被想象成某种有生命的物种样态,在中心点前一般有一片开阔的水面,"河流溪水似金带环抱,穴地本身干燥高爽,方位自然是朝阳——不难想象,具备这样一种条件的自然环境,对人的生存来说当然是十分理想的"④。由考古学可见,较原始的聚落景观呈现出共性特征就是农舍、畜棚圈、仓库场院、道路、水渠、宅旁绿地,以及特定环境和专业化生产条件

① 南怀瑾:《易经系传别讲》,复旦大学出版社 2002 年版,第 416—417 页。
② 陈戍国校注:《礼记校注》,岳麓书社 2004 年版,第 153 页。
③ 丁俊清:《中国居住文化》,同济大学出版社 1997 年版,第 31 页。
④ 王勇:《园林建筑与风水和谐》,《2008 易学与建筑文化高层研讨会论文集》,2008 年,第 159 页。

下的附属设施。中国古代聚落大体可以分为两种,即内聚平等聚落与等级分化聚落。聚落不同的功能通过差异性的结构与规模来实现,所以对聚落类型也可以进行更为细致的划分。内聚平等型聚落也有氏族式和部落式的区别,等级分化型聚落则有普通式和中心式的区别聚落,如果细分起来中心式内部还有中心散居和中心集聚的差别。①

　　乡村聚落主要以从事农业生产为主,大体出现于 1 万年以前,生产需要成为聚落建构的主要依据,从构造到选址都以其他生物为学习对象,模仿动物的生态取向,以此保证人类可以维护相对优化的生态状态。早期人类居住聚落都有以自然界为生存范本的特征,景观学者就曾经举过北美的金花鼠选址的例子,并且称赞它为"城市规划师"。观察发现动物在选择居住点时,首要原则是易获食物,金花鼠的洞穴离谷物比较近,而且洞穴附近能够找到水源,鼠洞会选择河或溪的南坡,土壤疏松且草水丰美,但也会避开风险、天敌经常出现地方的一些,如树林特别是柳树林,还有石堆等地带;其次,由于洞穴位置与朝向等其他生存环境也有较密切的关系,南向通常可以实现冬暖夏凉的舒服生存要求。"面对恶劣的自然生境,克服生存的艰难、躲避灾难疾病的困扰,产生自然崇拜与拜物主义思想。"②向自然界与动物学习生存的方法,形成经验性成果,成就人类的聚居方式,体现出偶然灵性的光芒。聚落考古学从遗址中发现,早期聚落通常都会建在山坡上,而且一般会选择离水系比较近的地方,或是河流源头,或是泉眼附近,这种选择显然考虑到了生活与生产的需要。除了选择建造地址以外,聚落内部的构造也可以基本上表达聚落主体的共同需要,所有的建筑呈现出有中心且向心性的格局。以共同选取的中心场地为核心,其他居所建筑物依次环绕。中国传统聚落居所都是坐北向南而建,共同留有一面出口,有利于接受良好的自然条件,主要是阳光和通风,也有利于共

---

　　① 王鲁民、韦峰:《从中国的聚落形态演进看里坊的产生》,《城市规划汇刊》2002 年第 2 期。

　　② 计彤:《聚落演变中的社会心理研究》,《自然辩证法研究》2008 年第 7 期。

同御敌。

　　自然生态环境是影响和制约原始乡村聚落的主要因素。原始农业开始于六千年前的母系氏族社会，因为种植业的实践与畜牧业的发展都要求选择在固定的区域生活生产，由此形成了早期的氏族公社社会。考古学发现，早期聚落形态通常是中心圈层形态，居住区与生产区域相结合的模式，最核心区域为居住区。居住区通常是一簇一簇的大小错落，围绕较大的空地向心聚团而成。然后向外的圈层就是生产区域，又可以分为农业与畜牧渔猎两部分。由于农业生产刚刚从自发的状态向经验性转型，生产力水平极其低下，农业生产完全依靠自然力并依附与顺应自然而为之。在乡村聚落的选址与功能分布上只能被动地顺应自然条件，因此乡村聚落早期用地一般规模相对较大。所以考虑水源临近的高地、丘陵和平原，更有利于获取水资源进行农业耕种，也有利于豢养家畜。

　　乡村聚落的第一次发展始于公元前三千年左右的父系氏族社会，聚落族人之间的血缘关系的主导发生分化，聚落中的人口数量激增，生产力有了相对于母系氏族社会更大的发展。随着生产力的发展，食物与生产生活资料有了剩余，私有制出现，人与人之间平等的血缘关系逐渐发生分化，聚落内部与聚落间，为了保护各种不同的利益，开始出现聚落成员或聚落与聚落的结盟，亲缘与地缘关系的作用在聚落构成中显示了越来越重要的地位。聚落主体的新需要影响着聚落的结构与功能，按照功能与规模的不同需要聚落逐渐形成分化为"城、市、镇"的趋势，以此来满足聚落主体产生的政治、经济与军事的各种新需求，其中最核心的功能还是集聚性的住居。

　　相比较而言，这两个阶段的聚落并没有太大的实质性变化，大部分都是在原有的基础上进行改建而成。生产力水平的提高，对劳动力数量的需求也有所提升，相应的繁衍能力也有所增强，由此在自然环境相对宽裕的地方，人口增长也加快，生产规模更大，聚落分布与区域规模都呈现出前所未有的扩大。生活居住区房屋的密度较前有明显的增加，这足以说明人口在大量的增长。

生产区域的"规划"形态基本上是顺着地形地貌的规则向外呈网状延展。从整体上看,乡村聚落呈现出从短期暂时居住分散无规则形态向长期稳定居所的中心团形式转变,体现人类住居从无序到有序的动态发展格局;从局部上来看,聚落主体的居住意愿也发生了相应的变化,住宅形式必然随之变化,比如住宅的位置、大小、与其他住宅的相关性都逐渐开始具有表达社会关系的功能,必然也体现出社会关系的差异性。乡村聚落的功能从基本满足聚落主体生存需要的层面,开始具有制度、权利与信仰等更多的共性需求,空间的变化反映了社会制度、生产力等诸多方面的进化与发展。

乡村聚落通过空间形式表达人居聚落早期的基本状态,在日益深化的生产与生活实践中探索性地学习生态法则,以此为基础形成的经验性认识上建立起来的,是人类早期智慧的经验结晶,表达着聚落主体的生存与居住愿望,会通过聚落主体的群体性心理表达出来。聚落主体的社会心理已经基本萌芽,具有原始崇拜心理、生态选择心理与顺应自然心理,更充分地说明了聚落模式体现着聚落主体对自然的依附心理。

乡村聚落心理产生于聚落主体对自然的原始崇拜,在人类对自然环境初识的蒙昧阶段,将自然事物和自然力量本身看成有意志的对象加以崇拜,由敬畏自然进而崇拜自然。在原始人群中普遍存在自然崇拜、鬼魂崇拜、灵物崇拜以及占卜、巫术等,使聚落主体依附于住居,同时更加自然地将自身的存在以及存在方式置于自然法则之下。由于对自然的崇拜,所以最初聚落格局的构建显示出明确的生态学特征。① 乡村聚落主体的生态选择心理特征尤其突出,原始聚落是人类因生存需要,寻求与自然和谐共处的基本方式,是在聚落主体与自然的相处中优选的结果。早期聚落的建造过程自发地践行了"物竞天择,适者生存"的生态法则,对自然法则的探索、认知与模仿也是朴素生态心理的表现。另外,原始聚落的形成体现着顺应自然的被动心理。原始技术

---

① 计彤:《聚落演变中的社会心理研究》,《自然辩证法研究》2008 年第 7 期。

水平低下,建造能力也很低,建造粗糙简单,只能处理和加工简单的建筑材料,大部分可以说是自然天成的。聚落建造的目的一方面是为对抗自然环境的压力,另一方面是寻找庇护恐惧心理的空间载体。仰韶文化时期,房屋有长和圆两种,屋内一般有中心支撑,有核心一根周围数根,外墙和屋顶也是木架、枝条加泥合成的做法,内有生火取暖的"火塘,屋顶设排烟口"①。由于建筑手段的限制,聚落主体只能被动地接受居所形态。当然,我们也要看到"工具作为一种技术因素,加入到人的系统中,成为一个极其重要的组成部分,并发挥越来越重要的作用"②,也对聚落主体群体性心理的形成和发展起到支柱性的作用。在这个阶段,人类的生存融入了自然界有序的运动规律中,所产生的一切后果还完全可以通过环境的自净能力来协调。人类利用的自然资源还很少,可以使用一些可再生的自然资源,人类活动能力有限,决定人类只能以生产活动和自我生理代谢过程与环境进行物质和能量的交换。这时人类同环境之间的矛盾不突出,主要体现在人对自然的适应能力上,当然人类努力的目标还仅是适应环境、利用环境,很少有意识地改造环境,所以人类活动对生态环境的影响微乎其微。当人类意识到自身力量对于广袤而丰富的自然界太微不足道时,就开启了新的历程。与自然的抗争成为人类生存的最大诉求,人居聚落的形态表现为走向封闭与团契,而集聚的目的就是集聚人类的微弱力量形成合力与自然展开抗争。从古代文明发源地——古埃及、美索不达米亚、印度以及我国黄河不难看出当时的生态环境状况——"茂密的森林,碧绿的草地,富饶的田畴,宜人的环境,遍地流淌着牛奶和蜂蜜……","一幅多么和谐,令人向往的自然景观图"。③

形成时期的乡村聚落已经走过早期的自然生长过程,逐渐呈现出异型同

---

① 《中国建筑史》编写组:《中国建筑史》,中国建筑工业出版社1986年版,第3—4页。
② 赵之枫:《乡村聚落人地关系的演化及其可持续发展研究》,《北京工业大学学报》2004年第3期。
③ 何谋军:《透析人地关系思想的演进与生态环境》,《贵州师范大学学报》(社会科学版)2002年第3期。

构的特征。乡村聚落形成的主要因素包括生产力水平、社会心理与对外防御等方面。乡村聚落经过母系社会、父系社会的积累,其生产力水平有了一定的提升,但整体水平还比较低下,聚落主体认识与改造自然的能力仍非常低下。乡村聚落以自然生态为主要特征,对自然环境与生态环境的依赖度仍然非常高。社会心理因素则是影响聚落发展的隐性因素。聚落成员处于协同生产与共同生活的状态,彼此之间的交流与沟通越来越频繁,以群体性心理表达着对聚落功能的需要。由于各种社会心理因素在不断完善和发展的社会意识形态中的作用越来越强,在乡村聚落的发展过程中社会因素的作用不断加大,自然因素作用使各地的乡村聚落表现为异形的趋向,而聚落中的社会心理以及群体性的心理合力,促使乡村聚落表现为同构的特征。聚落生产受自然条件的限制,构成形态中带有明确的地形地貌特征。同时,聚落主体的需求通常具有很大的共性,要求聚落具有满足主体需要的基本结构,因此就形成了乡村聚落异形同构的特点。所以世界各地几乎在同一历史时期出现了相应的乡村聚落,虽形态各异,但功能基本上大同小异。

在封建时期乡村聚落成为主要聚落形态,从形态到景观日趋完善,标志聚落的乡村形态进入成熟发展时期。漫长的封建时期,经济模式以内向型为主,以自给自足的家庭结构为基本细胞;经济活动以农耕为主,以村庄为核心的空间构成了传统乡村生态环境系统中的"斑块"。家庭结构由单一家族或多家族聚居而成,血缘亲缘关系与宗族制度形成乡村聚落中的主要纽带。乡村聚落中心从早期的团组空地转为宗族祠堂,以固态建筑房屋宗祠或"祖屋"为核心形成居住地块,每个居住地块彼此相连组成整个村落,以全宗族的宗族祠堂建筑为整个聚落的礼制中心。① 它既是乡村聚落中的活动中心,同时承载了聚落主体的精神寄托与心理抚慰。异形同构的乡村聚落在封建社会中逐渐成为以亲缘宗族关系连接形成的社会有机体。而且乡村聚落的形态也在发生变

---

① 张松:《作为人居形式的传统村落及其整体性保护》,《城市规划学刊》2017 年第 2 期。

化,随着乡村聚落中人口数量的增长与生产力水平的大幅度提高,聚落社会空间也呈现出丰富多样的状态,超越了封闭内向的经济活动阈限,反映了人与人之间进行交流的空间需要,形成以聚落为边界的丰富文化生活。至此,乡村聚落的空间呈现出由分散走向有限集聚的结构特征,社会活动以及群体性心理在乡村聚落空间中的作用已经初露端倪。

乡村聚落伴随着人类的成长,反映了以土地为媒介的人际关联,乡村聚落从物质空间的成长到精神空间的发展镌刻着农耕文化的印记。与城市相比,乡村聚落更多地体现了人与自然和谐相处的关系,以土地为关联,在人与自然的关系中表达着人与人的关系,而城市聚落中的主体则是以人的精神来厘定人与人的关系,实际上城市聚落早期是以弱化人与自然的关系来凸显城市的精神文化功能。

1.2 中国乡村聚落历史的研究轨迹

乡村聚落一直是中国社会中的主要空间载体,是乡村地理学的一个重要研究领域。乡村聚落是承载农村居民与周围自然、经济、社会和文化环境互相作用的现象与过程的空间载体。① 据 2021 年第七次全国人口普查数据,城镇人口占比为 63.89%,从新中国成立时的 10% 直到 2017 年才超过 50%。在中国五千多年的悠久历史进程中,中国绝大多数人口都是乡村人口,聚居形态一直以乡村聚落为主。

直至 20 世纪初期才迎来中国乡村问题的首个研究热潮。聚落问题成为政治学、社会学、区域经济学等领域关注的研究焦点。如吴景超认为,中国当时的乡土社会发展走城市工业化的道路,从缓解人口压力的角度分解一部分农民进入工业化生产部门,促进整个国家走实业化道路,通过城市工业化改变乡村农业经济的落后状态,实现乡村依赖城市工业的转化(1937 年《第四种国

---

① 金其铭:《我国农村聚落地理研究历史及近今趋向》,《地理学报》1988 年第 55 期。

家出路》)。梁漱溟与吴景超处于同时代,但观点正好相反,梁漱溟认为应该更强调乡村自身发展的重要性,他把乡村看成是独立抽象的整体,认为乡村的发展需要靠自身的力量,走自救之路,同时,他还指出,中国的城市和工业只有随着农业的复兴而得到发展。他的思想主要体现在其著作《乡村建设理论》(1939)中。费孝通从社会学视角出发,提出小城镇对乡村发展意义重大的结论,特别研究了乡村贫困与落后的原因,认为小城镇有利于解决人口分布的问题,成为解决城乡二元结构矛盾,化解城市化问题的重要手段(1936年《江村中国》)。许仕廉在《中国人口问题》一文中认为,人口、土地、生活程度和社会文明是社会的四大要素,而人口又是其他三个要素的根本,控制人口成为主要观点,而其他关于乡村发展的观点也都包含了人口的因素。还有林超、陈述彭等老一辈地理学家开始了乡村聚落的研究,其研究主要集中在聚落与地理环境之间关系方面。[1] 国外研究者中,以施雅坚的地理决定论最有代表性,他关注到中国社会的特殊性,在《中华帝国晚清的城市》中,他把"地方亚区与大区设想为以土地为基础的社会经济体系的'自然'容器———一种'空'的容器,只有在其间为中国人的聚落所'充满'时,才能实现其模塑并整合人类间的交互影响的潜力"[2],对中国四川平原和长江中下游的调查,列举翔实信息进行数据归纳,结中国当时的文化与区域特色,分析居民点与城镇分布模式。此研究引起各界学者的积极回应,中国学界如朱炳海、严钦尚,以及李旭旦等学者,对乡村社会以聚落为代表的物质空间表现进行了多方面的探讨,在《西康山地村落之研究》以及已故地理学家李旭旦的《白龙江中游地区乡村聚落和人口分布》等[3]著作中进行了讨论。

---

① 朱晓翔等:《国内乡村聚落研究进展与展望》,《人文地理》2016年第1期。

② [美]施坚雅主编:《中华帝国晚期的城市》,叶光庭等译,中华书局2000年版,第12—13页。

③ 郭焕成、冯万德:《我国乡村地理学研究的回顾与展望》,《人文地理》1991年第1期。

　　国外乡村聚落研究经历了四个阶段,从研究自然环境与聚落关系①开始。20世纪20至60年代发展起来,关注聚落的发生学研究,侧重于聚落的形态、类型与形成等几个焦点问题的研究,形成了比较成熟的理论。② 此后聚落问题进入定量化研究阶段,特别是研究方法上进入"计量变革"时期,突破定性研究的方法局限,运用科学方法与技术手段,研究乡村聚落分布、结构与形态受人行为的影响。③ 此后,乡村聚落的研究又发生了新的转变,从定量性认识转向对聚落文化的关注上来,特别是城市化进程中的城乡土地博弈、城市与乡村中的文化互动、文化解构成为乡村聚落研究的新内容,几乎涉及所有学科领域,成为学界关注的重点。④

　　20世纪60年代后,关于乡村聚落的研究迎来第二次热潮。由于城市化的兴起,规划成为学界研究的新热点,相应的村镇规划也随之兴起,吸引了相当数量的地理研究者,如吴传钧对聚落等级进行了研究,提出"市镇度"概念并使用这个概念衡量聚落的发展程度。⑤ 20世纪80年代,发达国家进入城市化快速发展期,关注乡村聚落的力量明显减弱,但中国的城市进程刚刚起步,如何对待城乡土地博弈问题,如何破解农业人口城市化问题等,国内学界再次将乡村聚落纳入研究视野,形成以中国为核心的乡村聚落研究,呈现出视角更宽广、学科综合度更高的研究特点,集中于经济领域与环境问题的讨论上。

　　从经济角度研究乡村聚落,最常见于宏观研究与微观研究:宏观层面以费孝通为代表以及中国科学院国情研究所进行的系列研究,关注中国的乡村与

---

　　① 韩非、蔡建明:《我国半城市化地区乡村聚落的形态演变与重建》,《地理研究》2011年第7期。

　　② 韩非、蔡建明:《我国半城市化地区乡村聚落的形态演变与重建》,《地理研究》2011年第7期。

　　③ 赵思敏:《基于城乡统筹的农村聚落体系重构研究》,西北大学博士学位论文,2013年。

　　④ 朱晓翔等:《国内乡村聚落研究进展与展望》,《人文地理》2016年第1期。

　　⑤ 《吴传钧文集》,学苑出版社1998年版,第61—64页。

城市关系,乡村、城市与资源环境之间的关系等问题,发表众多影响社会决策与学者研思的著作成果,如《小城镇大问题》、关注中国城乡矛盾与协调发展研究的《城市与乡村》以及关注中国中长期发展的《生存与发展》的研究报告。微观层面则从地理学视角关注乡村聚落,以乡村聚落的形态、类型和模式为研究的切入点,以新中国乡村聚落特别是改革开放以后快速城市化的历史时段为研究对象,论述新的城乡空间、乡村社会生活、城乡文化交融与冲突等问题,成果丰富,如《城市地理学》(周一星)、《中国城镇发展研究》(崔功豪)以及《农村城市化研究》(郑弘毅)。针对乡村社会生活,大部分著作是在工业化的背景下,对城市中乡村人口的心理文化等进行分析,如黄平对当代中国农村外出人口的社偿研究《寻求生存》,周晓虹的实证性的对江浙农民的社会心理进行考量的《传统与变迁》,等等。

1980 年以后,正值中国高速发展的历史时期,以城市化发展为特征。相应的乡村聚落由于急速发展的城市化进程引发了空间生产与社会转型次生问题。究其过程研究可以分为三个方面:乡村如何保持乡村的风貌;城市中乡村如何成为城市以及乡村在与城市的博弈中如何胜出。三种研究进路体现了描述乡村聚落变化发展的社会经济视角。特别是城市化高速发展以来,学界的研究更多地集中于乡村经济与自然生态环境的协调发展问题,成果愈发丰富起来。因土地为城乡共有资源,乡村聚落的状况直接影响着城市化的发展,但城市化以来城市侵蚀乡村以及相关联生境之间的矛盾问题比比皆是,乡村聚落再次成为关注的焦点。当然还包括乡村聚落的生态保护、乡村聚落与城市发展权的博弈等内容。其中,较早的有华南理工大学的柯少派硕士的《珠江三角洲地区乡村住宅空间合理布局与合理规模研究》(1987)和林学辉硕士的《乡土文化及农村住屋形式的研究》(1987)。前者根据珠江三角洲地区的社会现状和发展目标,分析了乡村住宅空间设计的发展方向并探讨了一般乡村住宅空间的构成。后者则主要反映改革开放以来,农村社会文化观念上的变化对农民的居住观念及居住行为的影响。随后,长江三角洲地区也成为乡村住宅研究的热点。同济大学姜都硕士的《我国快速城市化地区乡村住宅模式发展研究》(1999),分析了在我国快速城市化地区乡村住宅模式的变化。王雅娟博士的《城市化进程中江南地区居住形态发展研究》(1999),则探讨了在不同历史背景下乡村居住形态的发展特征。

同时,"非农非城"也是中国以及其他农业国工业化发展中所出现的现象,成为学界的另一关注热点。如加拿大学者麦基就展开了对"农工混杂""城乡融合"的灰色地带的类型和形成过程的探讨。[①] 至此,对于乡村聚落的研究依然集中于经济学视角,城市聚落的加速发展,乡村聚落日趋成为非现代、经济落后、影响与阻碍城市发展的聚落形态。从各国整体住居规划的过程看,都经过了忽略乡村聚落的时期,但随着城市问题、城市化困境的凸显,乡村聚落的作用意义再次成为关注点,而这个过程恰恰是聚落主体倒逼的态势形成的,究其原因正是当乡村聚落与城市聚落都陷入生态困境时,聚落主体的心理合力所形成的优势选择。

2. 从城市到城市化的发展历程

城市是人居聚落的重要形式之一,承载着人类的现代性生活,在广义聚落的含义中被称为城市聚落。马克思说:"城市已经表明了人口、生产工具、资本、享乐和需求的集中这个事实;而在乡村则是完全相反的情况,隔绝和分散。"[②]列宁指出:"城市是经济、政治和人民精神生活的中心是前进的主要动力。"[③]城市聚落是聚落中的重要成员,由于其复杂的空间构成,成为现代性空间的代言人。伴随着现代性的发展,城市空间的层次性也日趋复杂起来,层次性表示城市聚落因规模的不同、空间形式的不同以及结构程度的不同呈现出复杂的多样性。

---

① 郑弘毅主编:《农村城市化研究》,南京大学出版社 1998 年版,第 12—13 页。
② 《马克思恩格斯选集》第 1 卷,人民出版社 2012 年版,第 184 页。
③ 《列宁全集》第 27 卷,人民出版社 2017 年版,第 358 页。

　　早期城市兴起是从美索不达米亚、埃及、印度河峡谷、中国北方以及中美洲五个城市文明的发源地展开的。"在文明的早期……虽然学者们对城市起源的地点、原因等并没有一个统一、公认的理论。以芒福德为代表的现代城市学者都认为,城市与文明具有同步性,文明的诞生往往以城市为场域、载体与标志。"①人类经过漫长的聚居历史,城市与乡村聚落形成的时间差不多是十比一的差距,相对于乡村聚落的一万年历史,城市聚落却只有千年的历史。在人类社会发展的历史进程中,城市是最年轻的聚落模式,却以惊人的速度创造了人类前所未有的文明成果,为人类进入物质文明时代提供适宜的空间载体,同时在物质文明丰富的过程中,生产也展现了人类智慧的伟大与辉煌。激进的城市学者与文明论者甚至认为:"人类所有伟大的文化都是由城市产生的。第二代优秀人类,是擅长建造城市的动物。这就是世界史的世纪标准,这个标准不同于人类史的标准;世界史就是人类的城市时代史。国家、政府、政治、宗教等等,无不是从人类生存的这一基本形式——城市——中发展起来并附着其上的。"②

　　西语中对城市的理解,从词源入手就可见一斑,"在现代英语和俄语中表示城市的词(town 和 город),原意都是'围子'。"③从空间的功能角度看,城市是在"城"和"市"的基础上,应军事与商品交换的不同需要逐渐生成城市。事实上,"城市"与"市"是体现不同空间意义的概念,时间上"城"的产生要早于"市"。维护传统聚落的安全,采取与当时生产能力水平相当的安全措施,促使围子从雏形形成而来,成为人类早期城市的基本特征,为城市功能起源说的政治与军事视角提供了有力的证据。在从分散的村落经济向高度组织化的城市经济进化的过程中,最重要的参变因素是国王,或者说,是王权制度。我们

---

　　① [美]芒福德:《城市文化》,宋俊岭、倪文彦译,中国建筑工业出版社 2009 年版,第1—12 页。

　　② [美]帕克等:《城市社会学》,华夏出版社 1987 年版,第 2 页。

　　③ [比利时]亨利·皮雷纳:《中世纪的城市》,商务印书馆 1985 年版,第 36 页。

现今所熟知的与城市发展密切相关的工业化和商业化,在几个世纪的时间里都还只是一种附属现象。① "建立城市的政治需要早于经济需要。中世纪新城市初建时简陋,军事上的考虑从来都置于首位。"②

在中国的传统文化中,无论是文字还是语言,都着重体现了城市的功能特征。如果说城市最早是王权统治的空间载体,那么汉文字中的"国"字的演变从甲骨文中就以象形特征,即"国"字的外形上,就可以明确地看到城墙的四个边,呈现出"城"的防御功能,"城"通常都拥有大规模的永久性防御设施,"城"是应经济发展和防御需要而产生的以土、木、石墙或沟池相围而成的大规模城堡,表达了人类原初时代在"城"创立上的共性需求。③ "城市"是由"城"与"市"这两个事物、两个功能要素结合为一的产物,两个单字词的组合,中文典集中最早出现于战国时期,表述为"是故大臣之禄虽大,不得藉威城市"。在通行语言中的"城市"落后于现实,城市一词出现于文字中落后于口语化的言传进程。"市"表征的是具有贸易、交换功能的概念,指代商品交换的空间场所。中国"市"的萌芽可以回溯至龙山文化,大约发生于从石器时代向青铜时代转变的过渡时期,此时的社会结构从氏族发展为家族结构,国家与阶级逐渐诞生,聚合的力量产生了生产力的增长,有了相对的剩余产品,私有财产出现,贫富分化也随之开始了,至此经济社会的雏形初现,以家庭为单位的经济活动成为社会经济的基本单元。劳动产品的剩余,同时产品生产的品类不足与需求多样化,交换成为解决不足与过剩的最优选择。交换成为互通有无的手段,初期是从物物易货开始,逐渐建立了固定的交换地点,通常在城中的聚居区,围绕着"水井"而形成的,每家每户都以固定的时间、固定的地点从井中取水,且取水都有生活习惯所形成的固定时间。井旁便成为居民经常

---

① ［美］刘易斯·芒福德:《城市发展史——起源、演变和前景》,宋俊岭、倪文彦译,中国建筑工业出版社1989年版,第201页。

② ［美］刘易斯·芒福德:《城市发展史——起源、演变和前景》,宋俊岭、倪文彦译,中国建筑工业出版社1989年版,第203页。

③ 郑也夫:《古代中西城市与民间社团的比较》,《北京社会科学》2001年第1期。

见面的地方,也自然地成为交换物品之地。(北京等地的"胡同"是蒙语中的"井"的发音)

随着现代化进程,城市化成为空间承载的最优模型,由此从"城""市"到"城市"的演进,更是学界一直关注的热点问题。中国学界通常较为共识性的认识有五个方面,即有城市无市,城市中有市,城即是市,城在市中与有市无城。由考古学发现的器具表征可知,在时间维度上"城"与"市"处于两个不同的阶段,从功能角度上看"城"与"市"分属于两类不同的空间载体,"市"是人类社会中以物物交换为基础的商品经济交换的空间表现。早期的"城"只有空间的范围,内部没有市以及商品交换。大约两千年以后出现了"市"。"按照马克思主义历史观,原始城市的产生是古代文明进步的一个重大标志。"[①]随着经济的进一步发展和家庭私有权的扩大,家族、家庭间交换的次数、交换物品的种类与数量,以及交换的对象,都在不断地增加,交换的形式变得复杂多样,交换过程中人和物的中介应运而生。这个产业的载体和这个阶层固定的活动地方便是"市",也就是市区与市场。随着交换的发展,城中之市从无到有,市在城中作用从小到大,其地位从低到高,"市"场自我扩散的力量是不可阻挡的,如果把聚落比喻成一条长河,村、城也许就是这条河的河床,而"市"则是这条河床中奔流而过的河水,按照聚落主体的物质与精神需求,自然生发流淌,可以击碎障碍,水到渠成,"先是在一个被市垣围起来的范围之内,继则跳出市垣跑遍全城,又跳过城墙跑到城外,把城包围起来。从蜷缩在城的边缘到位于城的中心,由城的附属物变成城的主体"[②]。西方研究者对"市"起源的讨论是从经济学开始的,《经济通史》中就曾叙述了市场发展演化的过程,并认为市场的发展是自组织的生成过程,特别指出剩余产品的私有是市场自发产生的结果。这种观点以亚当·斯密(Adam Smith)、卡尔·门格尔(Carl Menger)以及哈耶克为代表。从文化视角看,在西方世界的市场体系内

---

① 李学勤:《中国古代文明十讲》,复旦大学出版社2005年版,第44页。
② 赵德馨:《中国历史上城与市的关系》,《中国经济史研究》2011年第4期。

部产生刚性产权结构是有其历史必然性的。三位代表性人物均从自身的视角解读了市场机制。马克斯·韦伯是西方文化体系中的重要人物，他从社会学视角将现代化的合理性述之于洞鉴古今的经济史学框架中，将市场机制完全理解为社会自发的结果，将以个性理性设计为根基的建构主义完全排除在外。哈耶克的自发社会秩序生成论和诺思的产权设计建构论都是在对马克斯·韦伯的《经济通史》中的思想进一步的发展而产生的。①

　　上述事实表明，"城"与"市"是产生于不同历史阶段的两个不同的事物。《说文解字》："城，以盛民地。""市，买卖之所也。"自城中有了市区，盛民之地与买卖之所结合为一，成为城市，城市由此诞生。现代城市的规模，一般取决于三个指标，即人口数量、人口密度和非农业活动人口数量。从城市功能的角度看，城市是聚集非农业人口的聚落。城市是以人为标志的空间特指，从社会学的角度来讲，城市意味着：一个地方，即一个不是房子相互邻接的聚居点。它是广泛的相互关联的定居点，缺乏邻里团体特有的那种居民个人间的相互认识。按照此种看法，只有大的地方才是城市，地方要多大，才开始有这个特征，这取决于一般的文化条件。② 马克斯·韦伯城市概念的核心是社会成员是陌生的。对比而言，乡村聚落则是熟人的社会，乡村聚落主体构成以血缘和地缘关系为主的社会结构。城市是陌生人构成的社会，城市人生活在陌生与匿名中。这不是成员个体的性格问题，而是城市规模使然。③

　　无论是"城"、"市"以及城市都从空间上促进了人的交往，陌生人因各种新型的城市关联使交往速度得到指数级的提升。城市集聚了人类社会中零散的物质产品与文化成果，并促成了这些物质产品与文化成果的存储与复制。城市聚落中集聚的大量人口，建造各种功能性建筑物，并赋予其地域性的伦理功能，将人类的物质与文化精华以建筑物、书籍、碑文、档案等形式保存，实现

---

① ［德］马克斯·韦伯：《经济通史》，姚曾廙译，上海三联书店 2007 年版，第 5—6 页。

② ［德］马克斯·韦伯：《经济与社会》，商务印书馆 1987 年版，第 567 页。

③ 周毅：《城市化释义》，《锦州师范学报》2003 年第 9 期。

文化的代际传承。城市空间集合了各种经验性成果,集中体现了城市聚落中的智慧和力量。以各种中心为特征的城市空间,成为聚落主体交往的主要场所,也成就了人类文化交流与文明成果的累积与传承。

原始城市聚落起源的共同特征都有这样三个方面,即政治、经济、军事功能。这只是显性的特征。其深层意义则是它的文化功能和精神寄托。正如芒福德所说:"这些地点是先具备磁体功能,而后才具备容器功能的。"说明城市的特点,只是在原始时期体现得不充分,事实证明在工业革命以后,容器成为城市与城市化发展的主要功能。

按照城市聚落与乡村聚落并行发生的观点,早期的古代人类聚落一般都是具有神圣朝拜纪念意义的地点。古代人类在游居过程中会定期回到有回忆、历史意义的地点聚会,城市就是从这些聚会点上成长为永久固定的居住地的。这里生长了人类早期的仪式性的行为规范。从城市的精神功能角度看,城市从产生之时就具有把非本地居住者吸引进来的特征,城市聚落不同于乡村聚落的主要特征就是"聚"。城市聚落具有集聚、组织和辐射等特征,集聚效应成为城市最突出的特点。随着生产力水平的提高和社会经济的发展,重要的产业和大量的人口不断向城市集中,城市化趋势成为必然。城市化的效应则是通过物质生产进而促进聚落主体的精神生产与情感交流,特别是以物质生产为支撑的经济活动。城市的活力也正是它所承载的物质生产与精神生产共同作用的结果。城市聚落具有明显的开放性与现代性的特征,与乡村聚落的内向性、传统性与内敛性完全相反。城市聚落的最突出的功能不是自然地理环境,而是运用强大的吸引力促使乡村聚落人口因其强大的引力而集聚在城市中。城市聚落的集聚效应最初可能是源于精神性或超自然力,但当工业化实现机器工厂化生产时就出现了因追求物质生产而引发的逐利与淘金地集聚现象,使城市聚落具有了远远超越乡村聚落的持久稳定增长的动力。

城市聚落的产生、形成与发展,为一直以隐含在物质生产过程中的人类精神生产提供了独有的空间承载。在城市化发展进程中,早在公元 10 世纪到

12 世纪的中世纪欧洲就出现了人类发展史上的第一次城市化,为人类精神生活提供了更具完整性的、有序的空间承载。波罗尼亚大学于 1088 年建成于意大利的波罗尼亚城市,为近代科学的兴起提供了空间载体。中世纪的城市为"知识分子"与自由民的产生提供了空间与思想交流的可能。可见,城市不仅仅是工业化大生产的实践基础,更较早地为工业化的产生提供了精神滋养,提供了生长空间。

早在西方学者描述古代和中世纪城市的发展时,就使用过"城市化"一词,西方学者将城市的出现就看作城市化的开始。城市化(urbanization 或 ur-ban)具有都市和城市的意义,以 ization 由 iz(e)+ation 就是表示"……化"的过程。"它建立了现代化的大工业城市——它们的出现如雨后春笋——来代替自然形成的城市。凡是它深入的地方,它就破坏了手工业和工业的一切旧阶段。它使城市最终战胜了乡村。"①"城市化"的概念最早是由西班牙人 A.塞尔达(A.Serda)在《城市化基本原理》中提出的。"城市化主要强调人口的地域性集中,认为城市化是生产力的发展而引起的人口向城市地域集中和乡村地域转化为城市地域的过程。"②关于"城市化"概念的阐述以经济学家最为著名,还包括地理学家、社会学家、人口学家、人类学家以及历史学家的研究。

事实上工业革命之前的城市化仅仅是描述城市聚落发展的历史进程,但工业革命之后的城市化使整个世界发生了天翻地覆的变化。"由工业革命引起的经济发展,最终造成了城市性质的根本变化。"③城市化开始于工业革命,工业革命促进了城市化的发生。工业化大生产需要大量的农业劳动力进入城市。随着工业化的复杂程度的增加,城市的数量也在增长,城市的功能从精神

---

① 《马克思恩格斯文集》第 1 卷,人民出版社 2009 年版,第 565—566 页。

② 计彤:《栖居之途——人居聚落的后城市化发展趋势研究》,中国社会出版社 2011 年版,第 43 页。

③ 陈甬军等:《中国城市化道路新论》,商务印书馆 2009 年版,第 28 页。

主旨、简单的经济交易功能转向物质生产,发生了根本的变化。工业革命使社会经济中心由乡村转向城市。原来的城市依附于乡村,城市依靠乡村中的人口与食物的支持。随着大工业发展,城市逐渐成为社会生产中心和经济生活中心,正如马克思所说,"现代的历史是乡村城市化,而不象在古代那样,是城市乡村化"①的。

世界城市化发展主要经历了比较明显的三个阶段,即起步阶段、快速发展阶段、普遍发展阶段。从 1760—1850 年,是世界城市化的起步阶段,英国城市人口超过总人口数的 50%,全球的城市化水平很多。以著名的英国的圈地运动为代表,以纺织业机器为开端吸引了大量的农业人口进入城市,传统的城市规模被打破,走了与工业化相伴生的城市化进程。大量新兴城市随着工业产业化出现。很快英国成为世界工厂。此时,只有英国实现了城市化,相对于世界平均水平 3%,英国成为城市化先导。从 1851—1950 年,欧美进入城市化高速发展阶段。继英国之后,法、德、美等国家,在英国实现城市化后的一百年也相继走上城市化道路,基本实现一半人口的城市化水平。此时的英国城市人口已经达到 78.9%,进入了高度城市化阶段。自 1951 年以后,发展中国家也先后进入了工业化进程,千禧年整个世界城市人口数量达到总体的 46%,标志着全球基本实现城市化。在全球性城市化进程中,发达资本主义国家传统工业化发展最为成熟,工业化生产的基本要素,特别是劳动者的需要量激增,不仅率先开启了城市化进程,而且城市化水平最高。处于第二梯队的城市化发展阶段的,是工业化发展较慢的国家,其政治经济仍然处于转型阶段,城市化水平处于中等。以中国为代表的新型的发展中国家,从农业经济模式转向发达的工业化模式,走上了城市化发展道路,但仍处于相对较低水平的发展阶段。这充分说明了经济发展与城市化之间的关联性。据数据统计,以英国为首的发达国家,城市化水平达到了 80% 以上,至 2020 年底,中国城市化水平也

---

① 《马克思恩格斯全集》第 46 卷(上册),人民出版社 1979 年版,第 480 页。

几乎达到60%以上,标志着中国进入快速城市化阶段,与西方发达国家的城市化水平的差距日趋缩小,预计还有大约3亿人将要进入城市。[①] 城市化进程的推进,在带来物质财富极大丰富的同时,带来了不可回避的城市困境问题,而且这些问题日趋严峻,被通称为城市困境或大城市病。城市化困境(大城市病)成为各领域学者普遍关注的问题,学者们研究的重点集中于打通城乡壁垒,在城市与乡村的二元张力中寻找聚落空间的平衡。比较典型的代表,如霍华德(1898年)提出城乡融合发展,首次将城市问题研究的视角从城市转向城市与乡村的融合上。《城市发展史》一书的著者刘易斯·芒福德(1931年)的"区域整体发展"理论,也特别关注城市与乡村的关系,认为乡村聚落是城市聚落的一部分,提出了城市聚落与乡村聚落整体发展的理论。还有盖迪斯(1951年)提出了城市发展的自然基础理论,认为城市研究的过程必须考虑自然地理环境条件,城市发展不能脱离自然环境阈值与极限。[②] 世界各国的城市病都大同小异,解决的方法也基本趋同,可以说时至今日学者们依然没寻求到适用良方,城市化的负面影响也一直没有得到很好的解决。

3. 从乡村到城市的发展通道

城市化进程带来的物质繁荣有目共睹,同时城市及大城市困境相伴而生。随着城市化进程的加快,城市化困境也日趋加剧。解决城市化困境的路径与方法,一直是学界共同关注的问题,涉及诸多领域,包括政治、经济、文化、地理学、生态学等,遗憾的是,目前还没有从根本上寻求到相对普适的方法。虽然早期工业化城市似乎缓解了工业化、城市化带来的困境,但细究其过程可知,还是依靠着时间相对长,城市周边的生态环境容量特别宽松,环境的自净能力非常强。20世纪以后的工业化进程及环境自洁力不足,再将城市问题放在城

---

① 《中国城市化进入到后期,最后流入城市的3亿人口将会去向哪里》,见 http://baijiahao.baidu.com/s? id=1599447848397938648。

② 周毅:《城市化释义》,《锦州师范学报》2003年第9期。

市中解决,乏力感就变得特别明显。

无论是聚落的起源还是城市自身的发展,整体上都是全球性的区域博弈;起源上都是为了主体需要而产生的向往美好居所进程中的一环。城市化进程受两个因素影响,即人口增长与产业结构变化。城市因为外来人口的迁入,规模越来越大,因人口数量实现城市聚落的空间生产;另外就是因产业结构的变化出现乡村聚落的城市化,即乡村变成城市的新区。人口增长带来城市空间的被动扩张,产业结构的变化则是城市空间的主动扩展,事实上都是将乡村转变为城市的一部分。传统观念认为城市与乡村是两种截然相反的聚落模式,其实这只是不同聚落模式的差异,但更多的是共通性的特征,即乡村聚落与城市聚落都是人类聚居的形式,都是栖居的空间,只是以散与聚不同程度地集结人类社会中的各种元素从分散走向集中,最终实现各种元素高度密集。

自然环境与社会环境以及聚落主体的心理因素,加速了城市聚落与乡村聚落的变化,事实上从经济角度上讲,城市聚落是人口结构加剧的过程,而乡村聚落随着乡村人口的减少走上了解构的过程。钱穆《乡村与城市》在论说关于城市与乡村关系时谈到"乡村是代表着自然、孤独与安定的,而城市则是代表着文化、人群与活动。乡村中人无不羡慕城市,乡村也无不逐渐地要城市化"[1]。

城市化是乡村与城市融合的通道,描述了城乡融合的过程,成为连接城市与乡村的桥梁。城市化是乡村人口涌入城市的集聚的过程,集中体现在三个层面,即人口、土地以及城乡融合。首先,人口。相对稳定的人口总量,在快速的城市化时期就是因生产力的发展需要而引发的劳动力不足,需要将乡村人口吸引至城市的工厂中从事生产,进而实现了乡村人口在城市中的集聚,即通过乡村人口与城市人口的互动实现城市化的进程。因此主流的经济学家大都把人口列为城市化中最重要的量化指标。如产业经济学家认为,城市化进程,

---

① 钱穆:《湖上闲思录》,生活·读书·新知三联书店2000年版,第75页。

实现了三大产业的人口比重的重新排列,呈现出第一产业的人口不断减少,第二、第三产业人口不断增加的状况。总体上以高度集聚为标签的城市化,核心是人的城市化,但高度聚集的城市化带来的不可持续发展问题已经成为全球性的发展瓶颈。其次,土地。乡村数量减少,城市的数量与规模不断扩大,日渐形成大城市、特大城市、城市群以及大城市带等空间尺度上的城市化。整体上可居住空间的有限性决定了城市聚落扩大,就意味着乡村聚落空间的缩小,城市化的过程在空间尺度上就表现为城市聚落侵占乡村聚落土地的过程。城市化过程就是造成城市聚落与乡村聚落土地矛盾的主要原因。城市化过程中的土地矛盾是聚落发展中的内在矛盾,解决城市化进程中的可持续发展问题,就是解决人居聚落的发展问题,也就是城市化发展是否可以规避发展困境的问题。城市化困境是因生态环境引起的关乎城市聚落主体的经济问题、政治问题、心理问题,等等。从始于工业化的城市化到当下全球城市化浪潮,不可持续发展问题主要集中于乡村人口的城市化、农业产业的城市化、乡村地域的城市化和乡村生活方式的城市化等四个方面。说明从土地问题出发,城市化困境还是产生于乡村聚落与城市聚落的二元关系。再次,城乡融合问题。正如沃思(L.Wirth)认为,"城市化是指从农村生活方式向城市(镇)生活方式发生质变的过程"①,这是一种比较抽象的"综合说"。乡村城市化的过程实质上是乡村聚落被消解,乡村成为城市的一部分,或者就成为城市。乡村聚落与城市聚落的互动是聚落空间生产的必然过程,但在现代性视野中的城市化进程只是从乡村聚落向城市聚落发展的单向度过程,聚落的自身矛盾也就变得不可回避了。

三、传统聚落中的社会心理反思

人类生存空间的发展是人类发展的重要根源之一。研究聚落发展特别是

---

① 唐耀华:《城市化概念研究与新定义》,《学术论坛》2013 年第 5 期。

城市化困境时,寻找聚落发展内在动力的研究以慢热的态势,日益在学界呈现出边缘中心化的趋势。对于聚落发展的研究,以静态视角为主,以动态视角为辅,因为聚落是人类社会复杂系统的承载者,往往被研究者看作是自在预设维度而不给予关注。聚落自身模式的发展有客观因素的作用,聚落主体的社会心理也是不可忽视的视角,"我们对于伴随着人类心灵的种种转变,是无论怎么估价都不会过分的。文化的历史或许只知道有两个真正决定性的分水岭:史前期从狩猎向定居文化的过渡,以及近代向工业主义的过渡。在这两种情形下,我们都面临过全部思想上和道德上的革命"①,特别是聚落主体的心理合力所形成的导向选择,持续而缓慢地集聚,终将形成聚落转换的根源性动力。

1. 社会心理的一般认知

马克思认为社会心理作为一种意志力量,必然要同外部世界发生关系,最终将变成一种实践力量,"工业的历史和工业的已经生成的对象性存在,是一本打开了的关于人的本质力量的书,是感性地摆在我们面前的人的心理学"②。在社会学的视野中,社会心理是社会意识的低级形态,是通过日常生活实践而自发形成的。从心理主体的维度考察发现,社会心理表现为自发性、广泛性、阶级性、阶层性和民族性等特性;从心理客体的维度考察则发现,社会心理通常表现为直接性、层次性、时代性和动态性等特性。③ 聚落中的主体以群体(集体)性方式存在,群体性心理是由聚落主体的心理合力构成的,在共同的地缘价值观影响下,在包容聚落主体的个性化心理,模糊聚落主体的个体心理的特殊性,取同一性而形成的社会心理,立足于聚落研究视角而称其为聚落心理。既然这是社会心理的一部分,或者说是社会心理的空间反映,聚落心

---

① [德]阿诺德·盖伦:《技术时代的人类心灵——工业社会的社会心理问题》,何兆武、何冰译,上海科技教育出版社 2003 年版,第 86 页。

② 《马克思恩格斯全集》第 1 卷,人民出版社 1995 年版,第 75 页。

③ 潘梅:《社会心理——一种基于历史唯物主义的阐释》,上海师范大学硕士学位论文,2013 年。

理必然自发产生于聚落生活之中,不同的聚落具有各自不同的聚落心理特征。社会心理是聚集在一起的个人,他们的感情和思想全都采取同一个方向,自觉的个性被解构,所形成的一种集体心理。社会心理是一种主体反映,自发产生于社会生活中,是社会存在与社会意识形态的中介环节,"'社会人'具有一定的心理,而这种心理的特性决定他们建立的一切意识形态"①。社会心理是复杂社会系统中的感觉系统,可以直接地对社会领域中发生的事件产生即时的回应,所以在社会领域中了解社会心理是关系每个社会成员与社会发展的现实问题。

2. 哲学视角中的社会心理研究

社会心理问题一直不被唯物主义学者所关注,一直将其列为唯心主义研究域。事实上,社会心理始终是哲学研究中的重要内容,它贯穿于唯物主义与唯心主义的论辩中,成为背景性的话语,在思辨过程中形成了丰富的成果。社会心理研究成为解释社会历史进程的微观入口,既弥补了宏大叙述的不足,也成就了对历史主体的观照。

2.1 十八世纪的社会心理研究

18世纪的法国诞生了战斗的唯物主义,整个社会心理系统也独具特色。以孟德斯鸠为代表形成了对"社会心理"初步的认识,但并没有提出"社会心理"概念,仅仅描述了社会心理的表现形式。地理决定论是孟德斯鸠思想的基础,他认为自然条件承载着聚落主体的性格特征与情感内涵,并且确立了社会心理对政治法治的作用,即"土地肥沃的国家常常是'单人统治的政体',土地不太肥沃的国家常常是'数人统治的政体'"②。另一位法国人代表爱尔维修,从社会环境决定论的角度,建构了民族的精神与性格,并指出社会心理的

① 《普列汉诺夫哲学著作选集》第3卷,生活·读书·新知三联书店1962年版,第734页。
② [法]孟德斯鸠:《论法的精神》上册,张雁深译,商务印书馆1963年版,第240—241页。

三个维度：人的基本需要的原初动力；利益是基础性因素；教育与环境是决定性因素。自爱的人性原则是源泉。

2.2　德国古典哲学中的社会心理

19世纪初，德国古典哲学以黑格尔为代表，从历史与有机论的视角提出"时代精神"与"民族精神"，二者构成了社会心理的基本内容，"一个民族的这种精神乃是一种决定的精神……构成一个民族意识的其他种种形式的基础和内容"①。从有机整体和历史过程的双重维度来考量社会心理问题。正如恩格斯所说，黑格尔是第一个"把整个自然的、历史的、精神的世界描写为一个过程，即把它描写为处在不断运动、变化、转变和发展中，并企图揭示这种运动和发展的内在联系"②的人。黑格尔通过一系列论述肯定了社会心理对社会历史发展的巨大作用。

2.3　马克思恩格斯对社会心理的研究

马克思恩格斯没有直接提出"社会心理"的概念，但是吸收了黑格尔的思想，提出"普遍意识""社会理性""阶级情绪"等概念，还有需要、动机、热情、观念、幻想等。马克思恩格斯认为，社会心理是一种社会精神现象，是一种直接、自觉的反映，它源于社会生活，反映社会生活，受物质生活的影响。"我的普遍意识不过是以现实共同体，社会存在物为生动形式的那个东西的理论形式。而在今天，普遍意识是现实生的抽象。"③社会心理是人强烈追求自己对象的本质力量，是社会发展不可或缺的前提之一。"人作为对象性的、感性的存在物，是一个受动的存在物；因为它感到自己是受动，所以是一个激情的存

---

① ［德］黑格尔：《历史哲学》，王造时译，上海书店出版社2001年版，第53页。
② 《马克思恩格斯选集》第3卷，人民出版社2012年版，第420页。
③ ［德］马克思：《1844年经济学哲学手稿》，人民出版社2000年版，第84页。

在物,激情、热情是人强烈追求自己的本质力量"①。他们摒弃了黑格尔的绝对的历史发展观,肯定了社会心理对社会发展重要性。在《路易·波拿巴的雾月十八日》中,马克思恩格斯认为以情感、感情为主要表现形式的阶级心理状态是推动生产关系,甚至是社会革命的重要来源之一。由此可见,马克思恩格斯再一次肯定了社会心理在社会历史发展中的重要作用。社会心理是人们价值诉求的最直接的表现形式,直接反映个人联合起来的共同需要,最终必然变成实践力量。"在自身中变得自由的理论精神成为实践力量,作为意志走出阿门塞斯冥国,面向那存在于理论精神之外的尘世的现实。"②总体上说来,马克思恩格斯承认,社会心理是源于社会物质生活,并能动反映社会存在,在社会历史发展中起作用的低层次社会意识。

2.4　普列汉诺夫的社会心理观点

普列汉诺夫创造性地提出"社会心理"思想,在马克思主义唯物史观中作出重大贡献。他创造性地将马克思社会意识的理论分为社会心理与思想体系两个层面。关于社会心理的内涵,主要集中于《马克思主义基本问题》一文中,他提出社会心理变化的原因来自社会、政治、经济的变革。"一部分由经济直接所决定的,一部分由生长在经济上的全部社会政治制度所决定的。"③特别评价了生产力、生产关系以及社会心理之间的关联性,认为生产力发展引起生产关系的变化,最终反映于生活于社会结构中的主体的全部心理中。社会心理包括从个人习惯到群体性理想,都与生活方式相适应,社会心理与社会经济发展阶段相一致,并且受到社会经济的制约与影响。④ 经典论著说明社会心理在社会发展历史中的中介地位,联结主体群体性心理与社会存在之间

---

① ［德］马克思:《1844年经济学哲学手稿》,人民出版社2000年版,第107页。
② 《马克思恩格斯全集》第1卷,人民出版社1995年版,第75页。
③ 《普列汉诺夫哲学著作选集》第3卷,生活·读书·新知三联书店1962年版,第195页。
④ 《普列汉诺夫哲学著作选集》第1卷,生活·读书·新知三联书店1959年版,第715页。

的关系。同时,普列汉诺夫也指出,生产力与生产关系是研究社会历史的核心内容,但如果忽略主体心理的维度就不足以全面地了解与论证马克思主义唯物史观。所以列宁称普列汉诺夫为"最通晓马克思主义哲学"①的人。

社会心理是马克思主义唯物史观中所关注的重要内容,是包括在社会结构学说当中的,普列汉诺夫发展以细化的方式引入"五项因素公式",坚持了彻底的唯物史观立场。②"五项因素"是《马克思主义基本问题》中的重要内容,包括生产力状况、经济关系、政治制度、人的心理以及思想体系。这五个因素是相互生成的关系,生产力制约生产关系,经济基础制约社会制度(上层建筑的制度要素),上层建筑是人的心理产生的基础,将由此生长出来的人的心理集结成思想体系。普列汉诺夫先提出了"人的心理"与思想体系的差异,但又认为二者都属于上层建筑中的社会意识范畴,只是"人的心理"与思想体系反映不同层次的社会存在。就此既厘清了社会意识从属于社会存在(经济),由社会经济水平所决定的基本观点,也澄清了社会意识本身的层级性与内在差异。

关于社会中"人的心理"是普列汉诺夫在"五项因素公式"中最重视的部分,也是普列汉诺夫最突出的贡献之一。"人的心理"位列于"五项因素"中的第四项,是该体系中最关乎人的因素,体现了马克思主义理论家对"人的因素"的观照。"人的心理"是贯穿于生产力与生产关系、经济基础与上层建筑中的核心要素,人的需要只能通过"人的心理"反馈出来,因此"人的心理"成为马克思主义唯物史观中的重要线索与中间环节。思想体系来源于表达着社会、经济与政治制度的"人的心理"。在思想体系与上层建筑之间发生反作用也是通过"人的心理"这个中间环节来完成的。对于思想体系的理解与把握,人类思想史的融汇,在对社会政治经济关系考察的过程中,深入研究"人的心

---

① 《列宁全集》第19卷,人民出版社1989年版,第63页。
② 《列宁全集》第21卷,人民出版社1990年版,第66页。

理"才能完成。①

　　按照普列汉诺夫的观点,"社会中人的心理"包括个体心理与群体心理。个体心理就是社会成员由于受到自然环境与社会条件的影响,对外部世界所产生的心理活动的总称,是社会心理的初级阶段,也是构成社会心理的基本要素。群体心理是由于不同的组织形式,如地理环境、生活环境与经济社会环境所联结的群体,在群体中每个成员普遍存在的、共同具有的个体心理。个体心理与群体心理都是社会心理的一部分,相互关联、相互影响,客观世界在每个个体的心理反映不同,取决于个体的性格、文化、环境的影响,各自的心理印象不同,形成迥异的个体心理。在复杂的个体心理中,因群体交往产生某共性的认同,形成合力的心理认同就构成了群体性心理。某一群体性心理波及影响整个社会,就构成了社会心理。社会心理与群体性心理相互影响,构成动态的系统,相辅相成。在荣格来看:"比起集体心理的汪洋大海来,个人心理只不过如一层表面的浪花而已。而集体心理的强有力的因素则改变着我们整个的生活,改变着我们整个的世界,创造历史的也是集体的心理。"②"更高的即更远离物质的经济基础的意识形态,采取了哲学和宗教的形式。在这里,观念同自己的物质存在条件相联系,越来越错综复杂,越来越被一些中间环节弄模糊了。但是这一联系是存在的。"③普列汉诺夫的"社会心理"认识具有承上启下的历史作用。

2.5　法兰克福学派的社会心理认识

　　法兰克福学派是贴近马克思主义的西方流派,以其存在主义的立场,试图解说弥补马克思没有顾及的问题。

---

　　① 李清昆、王秀芳:《普列汉诺夫与唯物史观》,河北人民出版社 1984 年版,第 105—106 页。

　　② Jung, *The Collected Works of Jung: Vol18*, London: Routledge & Kegan Paul Ltd., 1968, p.183.

　　③ 《马克思恩格斯文集》第 4 卷,人民出版社 2009 年版,第 308 页。

　　法兰克福学派认为社会心理研究是历史唯物主义研究中的重要部分,也是马克思主义研究中的重要空白点。弗洛姆(Erich Fromm)提出了"社会性格"概念,他将人的性格进行二分认识,区分为个体性格与社会性格,并且明确指出个体性格与社会性格之间的关系,认为社会性格代表着社会成员的共同特征,是个体性格的组成部分,具有区域性、地缘性、文化性特征。弗洛姆在《超越幻想的锁链》中指出,唯物史观中关于经济基础与上层建筑的关系研究,只讨论了间断性,并没有考虑中介环境,旨在"运用精神分析这门工具就能弥补马克思主义理论中的这一不足之处,就能阐明联结经济基础和上层建筑的各种纽带"①。弗洛姆借助于弗洛伊德的精神分析法,寻找人的行为背后的动力因素,认为社会意识不是历史发展的动力,马克思的唯物史观忽略了个体的心理因素和个体的行为动机,解决问题的出路就是将弗洛伊德与马克思的历史分析方法结合起来。可以说,还是借心理学的工具说明历史发展的心理动力问题。而霍克海默尔(M.Max Horkheimer)的观点相对更为直接,他认为,社会集团的心理因素与社会成员的个体观念之间有着必然性联系,并试图探索个体观念与社会意识转换的机制与动力。西方马克思主义的重要代表马尔库塞也对此有相关的论述。他在《爱欲与文明》的"序言"中指出,"个人的失调比以前更直接地反映了整个社会的失调,对人格的失调的医治因而也比以前更直接地依赖于对社会总失调的医治"②,马尔库塞从劳动本质与本能意志的基础上形成爱欲本质论。从人的本质是爱欲出发,他认为,在发达的社会中"现行的本能压抑主要不是产生于劳动",可以说完全是"多余的压抑",而,这种"多余的压抑"体现为对人和自然的压抑,在工业社会中人只能有"现实原则",人本身具有的"快乐原则"完全被掩盖。理性抹杀了人的基本需要,这就是马尔库塞所说的"单向度的人"。③

---

① [美]弗洛姆:《在幻想锁链的彼岸》,张燕译,湖南人民出版社1986年版,第76页。
② [美]马尔库塞:《爱欲与文明》,黄勇、薛民译,上海译文出版社1987年版,第12页。
③ [美]马尔库塞:《爱欲与文明》,黄勇、薛民译,上海译文出版社1987年版,序。

综上所述,法兰克福学派认为社会心理包括社会无意识与社会性格两个方面,并且认为二者是相互对立的两个方面,通常将社会性格看作是正向的,可以将个体性格集中于共同的合力方向,成为社会意识中的显性方面,将社会无意识看作是与社会性格相对立的方面,是消解社会意识的力量,将社会性格确立为社会结构中个体与群体心理的中间环节,将社会无意识确立于更宏观尺度上的中介。可以理解为社会性格是确定社会心理的力量,而社会无意识是将与社会经济基础与上层建筑不一致的思想意识排除之外。社会心理借由"语言、逻辑和社会禁忌"所构成的"社会过滤器",与弗洛姆的社会性格一样是有指向的社会心理,也就是社会成员将被公众认同的观点放入意识形态领域,而不被接受的就被列入非主流之中,排除于社会心理之外。西方马克思主义学派的观点,集中体现在马尔库塞《单向度的人》的论说当中。

法兰克福学派站在社会心理的视角对资本主义社会进行批判,试图对马克思的唯物史观的科学性进行弥补与捍卫。法兰克福学派反对异化,旨在回归人的全面发展,特别是对唯物史观中社会心理层面的缺失以及重建进行研究,有见地从经济、心理、意识之间的相互关系中明确厘定社会心理在人类社会的存在与发展中的地位及作用。

3. 社会心理在历史进程中的作用

历史唯物主义的基本观点表明,生产力与生产关系、经济基础与上层建筑这两对矛盾推动社会前进。认识社会发展规律,是揭示人类社会发展的一般过程,是历史研究的根本任务。在众多的历史事件中,除物质层面显性的因素,心理因素特别是由个体心理集结而成的群体性心理或者称为社会心理也是重要的内容。社会心理的历史作用研究成为史学研究中的新视角,也应该成为研究的焦点。探索社会心理的内涵,可从内在关联与外部环境两个维度进行考量。从社会心理的内容上看,社会心理是一定时期、一定群体中共同的感觉、情感与意志活动。它的特点以日常性为特征,是直接的没有经过修饰与加工改造过的原生态的群体性共识。从外部特征上看,社会心理是在人们的社会生产实践过程中与相互交往过程中自发形成的,并不严谨也没有一定之规的初级的理论形式,表现为一种观点,理性与感性活动交织在一起,一般不会超出人的主体经验范围。

首先,直接反映社会存在。生产力发展状况决定社会进步的阶段。处于某一历史时期的社会主体会按照生产力的需要相互集结,那么适应于生产力的生产关系就相应地产生了。此时标志着某一特定的历史时期的经济基础就已经完整地构建成功了。在寻求适合的生存方式的同时经济基础,是否适合于社会群体的需要就会通过社会心理反映出来,贯穿于他们的习惯、道德、感觉、观点、意图和理想,充分证明社会心理的根源来自经济基础。事实证明:社会心理产生的"根本来源"就是社会稳定的经济基础。经济基础也制约着上层建筑中的基础部分,特别是社会的政治制度,作为社会存在的一部分决定着社会中"人的心理"。正如普列汉诺夫所说,社会心理由经济和政治制度决定。唯物史观认为,社会意识反映社会存在,社会心理是社会意识中与个体最直接的联系。对社会存在的反映以直观为主要特点,它是低层次的社会意识,从最基层的个体生活样貌直接反映社会存在的状况。社会心理对社会存在反映最直观,相比于抽象的社会意识更为形象具体,展现了多样化的社会存在。社会心理存在于社会群体的公众认识中,不是少数人头脑中思想体系,而是日常认识,通过日常生活产生的直接感知与生活体验。社会心理是直观的、低层次的、理性与感性较强的社会意识形态。在社会中"人的心理"影响因素中最重要的就是物质利益的变化,它既是社会成员生存的基础也是社会成员得到公众认同的重要标准,因此,任何社会利益关系的变化都会对社会成员的社会心理产生影响,表现为社会心理的变化。凸显了社会心理的直观性与朴素性。

其次,社会心理是社会意识的重要内容。社会存在决定社会意识,社会意识反作用于社会存在。如前所述,普列汉诺夫以及西方马克思主义学派的代表人物,都将社会心理对社会存在与发展的作用在社会意识与社会存在的关系中进行了严谨的论述。区分社会意识的基本形式,表明社会意识来源于社会心理,社会意识不再是主观臆断,可谓有源之水、有本之木。同时,思想体系是在社会心理的基础上产生的,推论得出社会心理是社会意识产生的前提。"'社会人'具有一定的心理,而这种心理的特性决定他们建立的一切意识形态。"①社会意识需要社会心理提供基本的思想素材。它是社会意识的内容,社会心理又是社会意识被社会成员共知的基本路径,所有的社会意识必须深入社会成员的内心,才能被广大社会成员所接受。

再次,社会成员行为的动力。社会心理具有朴素直观性,社会的思想体系由它构成,人与社会之间的关系,最先体现在社会经济与政治关系的原始品格上。群体性行为体现社会心理,因此社会心理是人们行为的动因。马克思认为,"人是具有'激情'和'热情'的感性的存在物","激情、热情是人强烈追求自己的对象的本质力量"②,社会心理包括激情、热情在内的感情、情绪和愿望等要素,直接反映人们的直接需要。社会心理通过支配人们的行为,影响着社会历史发展进程。

最后,社会心理的中介作用。对于历史研究而言,社会心理是不可缺少的环节。普列汉诺夫在指出对社会历史研究的路径时说,不能停留于生产力与生产关系、经济基础与上层建筑,还要研究"经济的枯燥骸骨""社会政治形态的生动血肉所包裹",最重要的是研究"经济的……怎样为人类的观念、感觉、意图和理想的血肉包裹着"。③ 社会心理在历史中的根源性与基础性可以一目了然了。究其原因,社会心理连接着经济基础与上层建筑,而经济基础实际是生产力与生产关系。生产力是社会发展中的决定性力量,社会心理的变化表现着经济基础的变化,"社会心理适应于它的经济"。社会心理直接地感受生产力的发展,在新的生产力水平上,社会心理推动着新生产关系的形成,在

---

① 《普列汉诺夫哲学著作选集》第 2 卷,生活·读书·新知三联书店 1959 年版,第 737 页。
② ［德］马克思:《1844 年经济学哲学手稿》,人民出版社 2000 年版,第 107 页。
③ 《普列汉诺夫哲学著作选集》第 1 卷,生活·读书·新知三联书店 1959 年版,第 754 页。

新的生产力基础上,推动着新的生产关系,随之促进新的生产关系形成新的社会意识。

四、聚落心理与空间范式的互释

人居聚落的走向问题是研究人居聚落的重要切入点,寻找人居聚落发展演变的规律也是众多学者一直关注的话题。目前关于人居聚落的走向问题,众多学者通过经济学的视阈,以人居聚落是否适应于社会经济的发展作为衡量的标准。聚落空间是社会生活的具体化,制约影响着社会生活,是聚落主体认同的聚落心理。人居聚落发展的动力虽然离不开经济学法则,但探索人居聚落发展的根源性动力,势必趋使学界从物质层面进入到精神层面,特别是聚落主体的心理层面,越来越多的学者关注人居聚落中的精神主旨与文化指称,最终还将直指社会心理,特别是以聚落为特征的聚落心理,并发现它将成为聚落主体选取宜居聚落的内生动力与择取法则。至此,在人居聚落的流变中摸索聚落心理的特征成为研究的重要基础。从显性散居中的"聚"到城市聚落中的"聚",形成人居聚落中的高度聚集态势,每种不同的聚落模式都反映着聚落主体选取生存空间的内在需求,从传说中远古的"日中为市,天下之货"的商业活动,到"都市人出郊,四野如市"的城乡交往,不同聚落模式反映出空间与心理的内在联系。

1. 散居中"聚"的心理需求

人居聚落在发展的进程中总是随着聚落物质与精神生活的变化而日渐多样化起来。通常而言,聚落的变化往往是对旧范式的否定,至少是修正原有聚落中不能满足主体需要的部分而进行的。按照芒福德的观点,将聚落的功能分成三种,聚落的器物功能最为显性。聚落主体的社会生活吸引更多的主体聚集而来,聚落承载着聚落主体的物质生活与精神诉求。聚落的群体心理,由于受共同生活空间的共性所制约,形成以聚落为基础的共同的情感、习惯、文化与道德准则等,被统称为聚落心理。

人居环境是自然环境与人的需要融合一体的空间作品,体现着聚落主体对生存状态的期望。"人造房屋,房屋造人",人类定居的历史是人类生活在游移与定居两种极端形式之间摇摆不定的过程。人类最初依靠移动来换取生活资料,同时都有定居的要求,希望回到安全的地点。"聚"的心理需要是为满足生存与安全的需要,散居无法应对的生存困境,企盼"聚"集居住来解决。

从人类起源来看,人类最初是以一种游移不定的方式生存着,以胆怯的心态表达着宽泛的人地关系。为了抵御外物的侵袭,原始人开始居住在岩洞中或定期去探访岩洞,在永久性居住地出现前,这些岩洞使原始人类体会到了封闭空间强大的震慑力和安全感,产生人类的原初空间概念,驱使上古时期的人类开始了寻求固定的聚集生活地的征程,于是早期聚落开始萌芽。

最初人类的居住处于分散状态,生产力水平极低,几乎没有能力面对自然的挑战,封闭居住形态从心理上产生的安全感,被认同为最有利于保护自身的优质选择。考古学证实,早期的聚落形态的共性特征是都呈现为中心性结构,通常有中心场和外部为民居以中心环线。社会心理学家认为聚落的产生源于人的聚集,因为中心场不仅仅是聚落的公共空间,更是核心精神的象征。后来的聚落与心理学的研究充分证明了这一点。"早期的社会心理学家威廉·麦独弧(William mc Dougall)认为群集是人的本能之一。个人不愿意被认为越轨者或'不合群的人'。人们内在的特性尤其是老、孤、弱不能自主的情况引起了人的合群;另一方面,人们的诸多需要如成功、爱、鉴赏、舒适、安全、尊敬、权力等只有通过他人才能得到满足,所以本能、内在特性、学习和需要的满足引起人的合群,人类早期共同生活的群体,构成凝聚力很强的原始聚落。"[1]

在人类定居初期,聚会的地点往往具有磁石般的效力,将游动的人口吸引

---

① 　谢吾同:《聚落观》,《华中建筑》1996 年第 3 期。

到固定的地点。这些固定地点有墓穴、古树或巨石等，表达对故人的敬重与思念，在欢聚、娱乐的同时，把人固定在聚集的地方。无论何种原因都萌生了"聚"的心理需要，人类最初的聚落就是为了满足"聚"的心理而产生的空间形态。待宗教活动从单一的宗教仪式进入了社会生活，人类社会生活开始了繁荣的序幕，进入罗马时期的半兽场、决斗场、竞技场促使人类社会生活开启丰富多样的历史阶段。

2. 乡村聚落中"守"的心理状态

以乡村聚落为载体的农业社会主流的心理状态是"守"，即固守田园。乡村聚落中的社会心理形成和发展，大致可以分为两个阶段，即早期主要是自然条件的作用，后期则主要是社会因素的作用。自然条件主要体现在自然环境，包括土地、水、气候等因素的作用。社会条件包括四个方面：即小农业的生产方式、宗法血缘的社群结构、以封建正统文化为支柱的社会规范和小生产者受压迫被剥削的阶级地位。①

"守"，守住已有的土地和家园是首要的任务，也是最大的愿望。这种心理状态具有以下几方面的特征：

首先，土地，也就是守住乡土性和封闭性。乡土性是生存的必要条件，是指乡村聚落中主体具有的乡土情结，从乡村聚落产生之时，乡土性便是乡村聚落主体的心理特征。费孝通在《乡土中国》中的开篇就以乡土本色为题，描述了中国基层社会的特性，"乡"与"土"是以构成聚落的土地与地面建筑为基本模式的乡村聚落。"乡"就是以乡村聚落中的居住场所形成的地缘共同体；"土"即土地，既是乡村生活的场所，也是农业生产的条件与工具。土地成为农村生活的根基与手段，进行以农业生产为主的农业与畜牧业。乡村聚落主体的恋土情结尤为浓厚，"世代定居是常态，移迁是特殊状态"，田里讨生活的

① 程歗：《晚清乡土意识》，中国人民大学出版社1990年版，第13页。

农民是"黏着在土地上的",土地是乡村聚落的生存根基,也是农民生存的基础,农民世代附属于土地,并且逐渐衍生出对土地的依恋之情,正是乡土性的主要特征。① 封闭性则是更有利于交往的需要,特别是交往区域的封闭。乡村聚落主体聚居在乡村中,最小村子可能只有一户,大多是多户集结而成,通常称为自然村。传统生产方式以及传统交通方式不发达,聚落主体的社会交往一般是只发生在乡村聚落中,并且只在乡村聚落的内部进行。特别是中国传统村落中村民的交往只停留在氏族家庭的血缘范围里,交往甚至更多地以共同居住者为基本范围,亲朋邻里为主要交往圈子。② 传统汉文化特别认同"远亲不如近邻"的观念。由于传统乡村聚落中主体通常世代固定居住于此,无论是生活方式还是心理需要,都决定了聚落主体将终生不会脱离血缘与地缘圈子,"乡土社会的生活是富于地方性的"③。乡村聚落中村民世代交往,不需要与外界进行商品交换,形成以乡村聚落为基础的关系型的熟人社会。封闭性赋予聚落主体最大程度的安全感,从劳动强度、生活舒适度综合考量,陌生的新环境对生活于传统乡村中的主体吸引力较小。这样的社会结构从空间上看,具有类似于迪尔凯姆所说的"机械的团结"、库利所称的"初级群体"以及滕尼斯所称的"公社"之特征。

其次,产业。守住产业也可称为保守性。传统的乡村聚落主要以农业经济为主,而且是最具特征的小农经济,依赖于自然经济基础。传统生产的特征就是重复劳动,劳动产品量取决于自然气候条件(靠天吃饭),相对而言生活环境稳定,由此社会存在决定社会意识,反映到聚落主体的心理状况,则呈现出稳定的、保守的心理特征,具体表现为惧变、守旧、求同。对于自然规律掌握较少,以保守来应对变化的心理就很容易理解,在通常情况下,虽然聚落主体向往稳定的生活,可由于恶劣的自然环境与生活资料的不足,在农业生产力水

---

① 费孝通:《乡土中国》,生活·读书·新知三联书店1985年版,第3页。
② 梁漱溟:《中国文化要义》,学林出版社1987年版,第86页。
③ 费孝通:《乡土中国》,生活·读书·新知三联书店1985年版,第4页。

平较低的条件下,聚落主体往往在一代人内出现背井离乡的情况,导致求稳惧变的心理更加突出。此外,乡村聚落主体的保守性还体现在守旧上,乡村聚落主体对传统与权威有崇敬与膜拜之情,个体经验甚少,独立思考能力极弱,以聚落主体共同认定的价值观与行为规范为准则,违背者被视为聚落族群中的异类,必然受到排挤与蔑视。还有就是聚落主体间喜欢求同反对求异,对于新的事物、现象,不符合传统观念的均被认为是异己而予以排除,不敢创新,不敢竞争,缺乏竞争意识和竞争能力,对各种形式的竞争行为持轻视、鄙夷的态度。

再次,逐利。逐利可以表现为趋利性。对于人来讲,趋利避害是经济法则更是生态法则。乡村聚落的构建,选择定居居所的目的,是保护自身生存与发展的安全,选址通常在遵从自然法则的基础上,还要兼顾乡村内部的氏族伦理规范。自然环境与聚落社会带来的双重规约影响聚落主体的发展。在乡村聚落雏形期,农业技术与生产能力有限,自给自足都很难实现,个体需要只能维持在生存水平线上,生存资源匮乏是常态,而偶尔的充裕也因储藏能力的不足,而产生相对的浪费。趋利性还表现在安全需求方面,自然界恶劣环境的考验与不同部落异族的挤压,成为最突出的因素,致使聚落主体在选择定居时,生存安全成为其首要考虑的因素,个体情感与精神生活都受到宗族戒律的规范,其他的精神方面的追求基本上无力维护或是完全被放弃。通过对中国传统乡村聚落中的价值观的研究,我们发现,乡村聚落主体受到中国传统儒家的思想影响,如贯穿于聚落主体行为中的传统道德规范,但因生存危机的限制,这些道德理想实践也是相对有限。只有满足生存需要的相关活动,即有助于自己和家人生存利益的活动才是首选。乡村聚落主体以追求个人幸福作为目标,以物质财富的多寡作为幸福的衡量指标,财富关系到生存与生活质量,始终成为价值追求的核心取向,成为公众认同的标准。只有拥有更多的物质财富,才能成为被宗族多数成员信任的人,也才能成为其他宗族都惧怕的对象,甚至具有精神上的震慑力量。对物质以及功利的追求,成为乡村聚落主体坚信并追求的价值目标,俗语所说的"人为财死,鸟为食亡"、"人不为己,天诛地灭",就充分体现了乡村聚落中的趋利性特征。

3. 城市聚落中"聚"的心理扩张

城市聚落是人类文明的孵化器,芒福德认为:"在城市发展的大部分历史阶段中,它作为容器的功能都较其作为磁体的功能更重要,因为城市主要的还是一种贮藏库,一个保管者和积攒者。"①城市集聚了大量的人口、资本、技术以及必要的生产生活资料。特别是新兴城市的聚落主体,以"聚"为特征的心理越来越明晰。"集"的心理呈现出集聚性和开放性的特征。

集聚性:城市聚落的产生与发展,正是由于社会分工这一新的变化所引起的。科学技术的进步带来了生产方式的改变,开启了机器大工业时代,实现了劳动分工的细化,每个人的劳动形式发生了巨大的变化。劳动方式由分散个体劳动转变为集中聚集性劳动,劳动力的需求引起人口的集聚。事实上,无论"城"还是"市"都具有聚集人口的作用,这两种聚落功能决定了人口的聚集是短时效应。但由于生产方式的根本变化,大量的人口需要成为人口聚集的内在动力。聚落主体的心理也呈现出由乡村的"散"居心态转变为城市的"聚"居心态,在逐利与求稳的心理博弈中最终选择了趋利性,意识到在城市聚落中可以实现更大的利益目标。由于聚落主体的"聚"的心理产生加合作用,城市开始了扩张的进程。随着聚落规模的扩张,城市聚落促使新生产方式与新生活方式的产生,新的文明形态,即工业文明随之诞生。"文明"与"城市"从西语词源上看,具有同根同源的特征,西方学界普遍认为文明只能诞生于城市。其实,文明与城市都是标志着人类居住的社会的众多标签之一。没有人类的聚集就没有社会与文明的诞生,而且有史以来在聚集人口的功能上还没有能与城市聚落相提并论的。亚洲以农业经济为主,城市化进程一直较慢,直到20世纪以后才逐渐增速,而欧洲的城市化则开始于公元10至12世纪,当时

---

① [美]刘易斯·芒福德:《城市发展史——起源、演变和前景》,宋俊岭、倪文彦译,中国建筑工业出版社2004年版,第104页。

还处于文艺复兴的前期,"在800年的时候,还是阿拉伯文明的太阳从东方世界照到西方的乡村。"①有史料记载,欧洲的中世纪的城市化为现代性的启蒙提供了空间的可能。据亨利·皮纳雷在《中世纪城市》中的记载,"集中的城市的流动资本的力量,不仅使城市在经济上具有重大的影响,而且有助于城市参与政治生活。"②特别是在快速城市化的过程中,城市聚落的集聚特征就更加鲜明,文艺复兴以后产生了聚合效应,巨大的吸盘效应,吸收了大量的人口,为工业化发展提供了人口支撑。西方学界普遍认为城市创造了人类文明,"所有伟大的文化都城镇文化……人类是被城镇束缚的动物……世界历史便是市民历史,"③就文明形态的转变而言,城市带来了文明程度的提升,从乡村的农耕文明发展为城市的工业文明。

工业革命开启了城市化进程,开启了人类现代性文明的新篇章,人口的大量集聚实现了城市空间的高速生产。城市学者芒福德认为,"城市与文明具有同步性,文明的诞生往往以城市为场阈、载体与标志。"④城市是人类空间历史中的新生力量,也是文明进程的全新因素。从古希腊时期雅典成为核心的民主城邦时起,城市形态就以自由松散的气息吸引更多自由民来到城市并生活在城市中。中世纪城市与古代希腊罗马时期的城市完全不同,关于中世纪城市起源问题,众说纷纭,较有影响力的观点是以皮雷纳为代表的"城堡论"与"市场论"的结合,认为中世纪的城市是以商人围绕防御地点的"城镇和城堡"的聚居地。中世纪城市化为欧洲的文艺复兴提供了空间载体,提供了行为主体,产生了新兴的市民阶层和自由的知识分子,"城市运动,比任何其他

---

① [德]奥斯瓦尔德·斯宾格勒:《西方的没落:第二卷·世界历史的透视》,吴琼译,上海三联书店2006年版,第76页。

② [比]皮雷纳:《中世纪的城市:经济和社会史评论》,陈国梁译著,商务印书馆2006年版,第141页。

③ [德]奥斯瓦尔德·斯宾格勒:《西方的没落:第二卷·世界历史的透视》,吴琼译,上海三联书店2006年版,第79页。

④ 陈忠:《城市化的伦理逻辑:进程与走向》,《人文杂志》2015年第3期。

中世纪运动更明显地标志着中世纪时代的消逝和近代的开端。"①新城市与市民阶层,吸引了更多的人口集聚于城市中,有商人、学者与学生。商业与新兴行会出现,市场经济与商品交换的频率增加,自然经济与自给自足被取代。人口激增、城市公共设施建设等与现代性相关的因素被生长出来,以此为标志的现代性城市便生成了。

较早的商业城市以意大利的威尼斯、佛罗伦萨为代表,现代性进入人类社会。城市聚落主体成为社会主体的重要组成部分,而且呈现出日益多样性、复杂性的特征。集聚呈现出以下特征:分化、异质;纠缠、叠加;易变、无常;极化、单维。在城市与人的相互生产过程中,城市化进程是发展要素、文明要素不断聚集与增长的过程,体现在不断形成发展与文明多样性的过程。现代城市发展中的经济的增长、人口的生产,都成为工业革命的基本条件,城市的发展应当被看作人口与经济共同作用的结果。历史唯物主义的逻辑向来是由人的生产与物的生产这双重因素所左右的。单纯强调物质生产方式的思维,显然是把这个重要的理论工具简单化了。集中和扩张是资本主义生产方式中最突出的特征,一切生产要素的集中,包括物质资料和劳动人口;扩张是市场的扩张,包括消费人群的扩大和集聚资源范围的拓展。人口的集中体现在人口的生产上,"恩格斯是完整地提出'人口生产'概论的第一人。"②一定历史时代和一定地区内的人们生活于其下的社会制度,受着两种生产的制约:一方面受劳动力的发展阶段的制约,另一方面受家庭的发展阶段的制约。人类自身生产具有双重含义,即生物学意义和社会学意义。具体地说,人口生产即自然人与社会人生产的过程。自然人的产生是通过人的生育来完成的,社会人的产生是通过接受教育、提高素质产生的。二者之间的转化是通过劳动(体力劳动和智力劳动)来实现的。纯粹生物学意义上的人类自身生产是作为主观的自然

---

① [美]汤普逊:《中世纪经济社会史》下册,商务印书馆1984年版,第407页。
② 计彤:《论人口生产与知识生产的辩证关系》,《学术交流》2004年第4期。

条件存在的,与土地等自然资源作为客观的自然条件处于同等地位,两者构成生产的原始前提。因此,人口生产既是历史的前提和社会发展的必要条件,也是历史进步的制约因素,人口数量的多寡对于社会的发展是至关重要的。我认为这里有必要将人类自身的生产与人口的生产作出明确的科学界定,因为这两个概念并不是完全同义的。总的说来,人类是一个一般范畴,而人口则是一个历史的具体的范畴。马克思主义认为:人类的本质并不是单个人所固有的抽象物,在其现实性上,它是一切社会关系的总结。人口是一个包含许多规定和关系的丰富的总体,这就充分地说明了作为社会关系总和的个人与具有许多人口之间是难以用数量关系来说明的。按照马克思主义的观点,从现象上看,人口是由个体的人组成的;从本质上讲,人口是人的关系的复合。一个人与另一个人的结合,其结果不是两个孤立人之和,它蕴藏着复杂的关系。这就是说,作为集合概念的人口,会表现出特殊的历史性质。人类是标志人口群体的类本性概念,表现的是各种人口在各个时代的共性,因此可以通用。人口生产是人口不断更替、人类自身得以延续和发展的过程,它是从微观到宏观的过程,在微观方面,一个家庭的全部成员由于新的生命的诞生而增加,由于原有人口的死亡而减少,形成世代更替,处于不断运动中。在宏观方面,社会的总人口不断更新,在时代的更迭中,人口的量和质的规定性不断变化,人类自身从而不断延续和发展,社会的总人口由不同年代出生的、不同性别的、有生命的个人所组成。由于人口总是作为社会群体而增殖和发展,因而人口生产具有社会整体性,又由于家庭是人口生产的基本单位,社会人口生产只有通过每个家庭才能实现,所以人口生产又有家庭的个别性,人口生产是与物质资料生产相辅相成的社会支柱。

城市聚落在空间上的生产并不能体现城市聚落的本质,更多地体现在聚落主体的需求满足度上。城市人口的生产包括质与量两个方面,因此人口集聚是城市聚落形成与发展的核心因素。从经济学角度看,聚落本身就有集聚社会要素的功能,无论是原始聚落、乡村聚落还是城市聚落,但城市聚落对人口的集聚超越了其他聚落发展阶段。"聚"的心理是城市人口的心理特征,城市中的集聚改变人的生活与交往方式,在集聚的物质效应之外通过多元化的交往获得了精神层面的满足,生成新的人与人的关系以及人与自然的关系。"社会虽然离不开人类聚集于同一空间这种状态,但仅仅是人的聚集还不能称其为社会,只有当人群具备了人与人之间通过持续的相互行动的积累而形成了社会关系体系和共属情感这些特征时,将这些特征抽象化而得到的概念才是社会。"①城市化最直观的特征就是城市规模的扩大,即城市的空间生产。城市空间生产的动力因素就是人口的增长,但究其动力的核心则是非城市人口进入城市的愿望逐渐增强,最终形成心理合力,推动城市的空间发展。虽然经济学家认为城市化进程是经济力量,细查则是生产力中的劳动者,即人口集聚的力量,甚至可以深入地理解为"是人口缓慢形成的心理合力力量"。从城市聚落的形成到城市化的高速发展时期,集聚的特征呈现出程度上的不同。传统城市聚落呈现出城市的集聚性特征,生产资料和生产力的集聚会在社会心理上反映出"集"中的态势。城市聚落的不断扩张实现了空间生产,相应的社会心理牵引着聚落主体在选择聚落空间时成就了城市空间的无限扩张。当然事实证明空间生产的超速或无限度也会带来严重的负面影响,表现在集聚效应实现财富的极大丰富的同时城市病也随之产生。从城市空间生产上讲,城市并无病,只是城市聚落所承载的生产方式在满足物质需要时却忽略了聚落主体需要的多样化特征,即生长于城市空间的工业化生产方式造成了人口与资源、环境之间的矛盾,势必表现出空气质量下降、水资源匮乏、土地沙化与退化,等等,以至于发展到危害人类生存与发展的程度,全球气候变暖已经成为人类不得不共同面对的严重的全球性危机。

"集"相较于"聚"可突出聚的程度,"聚"的行动引发"集"的效应。城市聚落以人口(劳动者的集合)为核心的生产资料的集聚,不同地缘造成城市中

---

① ［日］富永健一:《社会学原理》,社会科学文献出版社 1992 年版,第 1—2 页。

文化构成要素的复杂多元状态。早期的现代化意义上的城市多以移民为主体,在原生态文化的基础上,重构聚落文化的新特质。从工业化城市聚落形成以来,在发展生产力的过程中实现物质丰富,逐利与发展成为同义语,聚落文化的丰富多元性质被逐利文化所替代,聚落文化危机的出现成为必然。现代性意义上的城市普遍存在文化单一的通病,特别是在高速城市化后,人口加速度地集中于城市,文化的无根现象更加普遍。城市聚落实现的聚集,主要实现了工业化生产要素在公共空间中的集聚,文化也一并被带入公共空间中,城市的容器功能被凸显出来。城市聚落中多元文化并存,冲突在所难免,消解了原有聚落的文化形态与内涵。工业城市文明代表着人工自然对天然自然的伟大胜利,特别强调城市聚落的工具或功利的价值,带来走向反自然的一面。事实证明,人居聚落从传统乡村向工业化城市聚落的转向,撼动了近千年在传统空间中伦理道德秩序建立的心理基础与文化根基。

"集"不仅聚集人口、生产资料,还实现了消费需要,并实现了以消费需要引导生产。以城市聚落为基础的工业社会实现了启蒙运动为人类幸福而辩护的思想,即实现聚落主体的消费需要。几乎一切工业产品,抑或元宇宙时代被看作古董的电灯、丝袜或收音机,都曾经成为过"奢侈品",最终是因为工业化大生产,使之成为大众的基本需要。机器大工业生产由资本推动,在不受外力干扰时,引导聚落主体对工业化产品产生需求。此过程是一唯的、不可逆的,也就是说,当新产品被需求,旧产品就立刻失去存在的价值。从生产角度看,满足日益增长的需要,只能通过不断增长的人口(正如资本所期待的那样)持续增长,才使提供日益增多的产品成为可能。其中精神上或道德上的某些需要则可能被忽视,而新的价值观与伦理规范将被重建。

现代性意义上的城市聚落中的社会心理表现为开放的形态,具有极大的兼容性与包容性,更有利于更多的包括人口在内的生产要素的集聚。世界各国的城市化发展的道路,基本上都是乡村聚落的人口向城市聚落迁移的过程。最初是失地农民被动地进入城市,进而出现主动失地的乡村聚落主体放弃乡村生活进入城市。新的聚落空间带来主体心理的变化,城市聚落中的社会心理表现为从集聚走向更加开放的过程。开放的聚落心理势必带来聚落主体向更大的城市迁移,同时可以接纳更多的新市民的双向态势。虽然近代以来也有少数区域出现过从城市聚落向农村聚落迁移的现象,通常都是非自然过程,细数起来也是极个别的现象,其中的缘由将在乡村聚落一章中进行分析。

第二章　人居聚落演进的生态反思

"现代文明之所以走到破坏自然这一步,其根本原因归根结底是如下两条:一个是认为自然界是与人类不同的另一个世界。他们忘记了自然也是保持一定规律的'生命的存在'。尽管与人类生命的形式不同,但在本质上是与人类生命相互关联的。另一个原因,正如博士所指出的,犹太-神教认为人类是最接近神的存在的,所以理所当然地要征服其他生物和自然、使其为人类服务。"①

一、工业文明中的聚落发展困境

"城市是个巨大的住居密集的聚落(聚落里各家户紧密相接);由于过于巨大,以致缺乏在城市以外的邻人团体里居民皆相互认识的特色……那么就只有极大的聚落才够格称为城市,至于要大到什么程度,才会凸显出居民彼此无法熟识的特色,则得看各个文化的特殊条件而定。"②

---

① [日]池田大作、[英]汤因比:《展望21世纪——汤因比与池田大作对话录》,荀春生等译,国际文化出版公司1997年版,第31页。

② [德]马克斯·韦伯:《韦伯作品集:非正当性的支配——城市的类型学》,康乐等译,广西师范大学出版社2004年版,第1—2页。

1."聚"的困境

城市是承载人类文明的重要载体,城市化是实现以工业化为基础的现代化的唯一路径,成为社会发展的高级阶段。事实上,城市化特指城市聚落发展的高速阶段,尽管城市也是以"聚集"为特征,但城市化阶段则更突出描述聚落空间的生产规模与扩张速度,标志着城市聚落高速扩张、迅猛集聚的时期。聚落城市化给自然生态环境的承载能力、传统聚落心理的适应能力、经济发展模式的应变能力带来了严重的冲击,造成了城市发展的困境,通称为城市化困境,即"聚"的困境。

在全球的"城市化"进程中,不同国家与地区有明显的路径差异,经济发达程度造成运行机制的分化。现代化语境中的城市化水平成为衡量国家与地区现代化水平的重要指标。城市聚落规模的扩张主要依靠人口的净流入,工业化发展也需要大量的农业人口转型为工业与服务人口。在城市化过程中普遍存在三个问题,即高速城市化问题、城乡均衡发展问题以及城市与超大城市问题。按照《2020年世界城市报告》数据统计,未来10年,世界将进一步城市化,城市人口占全球人口的比例将从目前的56.2%达到2030年的60.4%。96%的城市增长将发生在东亚、南亚和非洲的欠发达地区,其中,印度、中国和尼日利亚这三个国家将占2018年至2050年全球城市人口增长总数的35%。截止于2021年,日本是全球城市化率最高的国家,几乎达到98%左右,美国城市化率达到82.8%,中国城市化率为63.89%。世界各国的城市化进程的发展速度各不相同,美国进入城市化大约开始于19世纪40年代,达到目前的程度大约经过了近170年;日本的城市化进程开始于20世纪20年代,经过百年时间成为全球城市化水平最高的国家;而中国城市化进程达到目前程度仅仅经过了40年。城市化进程普遍具有加速度的特点,也会相应地出现与经济、资源、环境不相匹配的状况,在以美国为代表的欧美工业化国家中,美国的城市扩张规模与速度、工业与农业机械化、地多人少等因素成就了其较为成功的城市化进程;相对而言,其他国家却大多存有城乡不均衡、人口转移过快、城乡土地博弈等状况,随之而来很快就引起较为严重的发展困境。美国的城市规模呈多样化特点,东部以大城市为主,南部以小城镇为主。2018年美国的城市化率数据显示,西部为89.8%,东北部为85%,中西部为75.9%,南部最低为75.8%。亚洲各国基本都具有人口众多、农耕历史久的特征,城市化进程中的生态问题更为突出,日本发生过较为典型的案例。东京吸纳全日本近30%的人口形成超大城市,而其他城市人口规模都不大,人口激增使城市的生态环境矛盾曾一度非常尖锐。20世纪60年代日本八大生态公害事件引起全球的关注,随之城市规模也成为评价城市化水平的重要指标之一。中国城市化进程起步较晚,千禧年以来进入高速发展时期,呈现出水平不高、速度极快的特点。大多数城市学者认为,中国的大城市具有超大的容纳力,可以吸纳更多的农业人口进入城市,充分实现城市的集聚效应,进入城市化高水平阶段。

从全球城市化发展路径看,至少包括四个维度,即自然、经济、社会与心理等方面。但目前经济与人口是城市化研究的主要关注点,特别是乡村人口向城市流动,成为城市化的代名词,而其他方面则被忽视。事实上人口流动仅仅是城市化过程中最直观的现象,掩盖于其后的是生产力的发展、产业结构的调整、社会结构的变化,以及城乡主体的社会生活、群体性心理等。城市化中的城市好似一个巨大的吸盘,可以吸纳周围全部的可控、可用的资源。资源是有限的,其与城市扩张的无限性之间不可调和的矛盾必然解构城市聚落模式。所以对于城市化的追求,发展中国家应真正思考何为发展。

细究城市化困境的原因,对城市化进程理解上的差异源于对发展的不同理解。正如阿马蒂亚·森在《以自由看待发展》一书中的观点,发展并不仅仅是经济的发展,要明确厘清经济发展是目的还是手段,经济发展是实现人的全面发展的一个方面,既不可或缺也不能以偏概全。"财富显然不是值得欲求的最高善……它只不过是用作达到其他目的的手段。"①城市化是工业化的产物,是人类获得财富(经济发展)的一种手段而已。城市化在制造财富的同时将人类不断地推向深渊(悲观派认为人类面临的生态困境已不可逆转)。

随着城市和城市化进程的发展,物质需要已经不是不可以解决的难题,但幸福并未如期而至,环境恶化、贫富分化、精神枯萎等成为更严重的社会问题。目前全球有一半以上的人口居住于城市,在高度聚集的城市中,城市人感受更深的是孤独无依、无家可归的生存体验。在20世纪以来的存在主义哲学体系中,最深刻的主题就是揭示现代人的孤独无助、进退失据的生存困境。在城市中的生存主体都几乎将自己的生存空间浓缩为最小,同时在城市中抑或城市最密集的核心区域中,能够拥有空间的多寡则成为衡量财富的重要尺度,进而成为安全与幸福的指标,成为物质社会中人的需要平面化的又一例证。在高度密集的超大城市中,可以说人与人之间几乎是"零"距离生存,反而觉得更加孤独,"对门不相识,熟悉不认识"的现象比比皆是。由此,城市聚落的急速发展并没有缓解人的根本需求,虽然物质丰富起来,但贫穷与匮乏仍然是全球所面临的主要问题。超大城市中的人口密度极高,人的孤独感反而更强。人类住居的经验与先验、选择居所的理想与现实,科技创造自由与必然,以及认识与能力的有限与无限的紧张对立,最后都集中到人的"生活世界"与文明的冲突上。其中重要的原因之一,可以理解为城市以及由城市所构建的物质文明形态,忽略了人与自然的关系,最终异化了人性与物性。

聚落的基本的要素由人、自然界和精神世界构成,其优化范式则应是人与自然及其精神和谐共融的集中体现。依史推知,城市聚落仅是聚落发展的形态之一,既不是开端也不是终结,承担着满足人的物质需要与精神需求的使命,在物质匮乏时物质需要成为刚性需要,精神需要则成为次要的需要,但并非表示精神需要可以忽略。"聚"成为城市聚落的主要功能,人口的数量成为

---

① [古希腊]亚里士多德:《尼各马可伦理学》,邓安庆译,人民出版社2010年版,第47页。

城市聚落的重要指标,而城市聚落中人口的密度并没有成为关注的重点,不可缺少的是人类协同生产的物质要求和相互依赖生活的精神渴望共同作用的结果。人是群体的生物,却无往不在孤独之中,我们可以把这种状态假想为夸克模式的存在——渐近自由,即当夸克粒子彼此靠近时,粒子间的相互作用呈现出渐弱趋势,自由度渐强;当夸克粒子彼此分开时,粒子间引力呈现出渐强趋势,相互作用将迅速增强。通俗地说,一根有弹性的橡皮筋:橡皮筋拉得越长,其产生的力量越大,人拉起来也更为费劲。根据"渐近自由"理论,强作用力会随着夸克间距离的变小而减弱,这意味着,约束在质子等内部的夸克在彼此距离足够小时将近乎自由地进行运动。同理,城市聚落中人口密度增大,在人口集聚过程中人与人之间就产生强大的斥力,从空间生产的角度就呈现出城市的规模越来越大。排除管理上的因素,城市人口内部也会产生一种强大的斥力,拓展空间的尺度。

事实而言,聚落以承载人类的空间载体形式出现,其形态的变迁记录着人类社会发展的脉络。按照马克思的观点,人类社会的发展分为三个阶段,"每个个人以物的形式占有社会权利,如果你从物那里夺去那种社会权利,那你就必须赋予人以支配人的这种权利。人的依赖关系(起初完全是自然发生的),是最初的社会形态,在这种社会形态下,人的生产能力只是在狭窄的范围内和孤立的地点上发展着。以物的依赖性为基础的人的独立性是第二形态。这种形态下才形成普遍的社会物质交换,全面地关系到多方面的需求,以及全面的能力体系。建立在个人全面发展和他们共同的社会生产能力,成为他们的社会财富这一基础上的自由个性是第三个阶段。第二个阶段是为第三个阶段创造条件"①。每一阶段都会产生与之相匹配的空间载体,即原始聚落、乡村聚落、城市聚落。从功能角度上看,满足聚落主体的物质需要和精神需求,与此相对应的聚落的外在与内在空间则表现为人地关系与心理空间。由此,聚落

---

① 《马克思恩格斯全集》第46卷(上册),人民出版社1979年版,第104页。

的组成要素可以划分为聚落的自然条件与聚落的心理因素,按照矛盾论的基本观点,正是二者的辩证运动,推动聚落的发展,也促进着人类社会的发展。

综上所述,从聚落心理中的孤独因素,特别是复杂群体中孤独问题,分析城市及城市化发展与人类需要之间的关系,以此说明,工业化背景下,聚落模式的多元,依然是在资源有限与欲望无限的二择一的框架中来完成的,势必出现物质财富的多样性和精神财富的单一性(趋同性),使人陷入富有的孤独异化者的状态。因此工业城市化问题从资源限阈开始,将终结于聚落主体精神的缺失。

2. 城乡冲突:困境的实质

城乡二元对立问题的破解一直没有实现有效的突破,城市化阶段则更为突出地表现在以"生态环境"为核心的相关性问题上,即城市空间资源有限性与城市人口需求之间的矛盾、城市市民的经济生活之间的矛盾、城市空间中的公共产品的供给矛盾,等等。矛盾日益加剧,究其实质则更为迫切。其原因通常可以表现为:"城乡系统断裂与不对接,非市场化的模糊产权,城乡边界的模糊化与行政固化、城乡利益分配的长期失衡,农民权利意识的增强。"①与生态法则相比较,经济法则仅仅为子法则,因此究其原因,通常可以分为两条进路,即从人与自然关系,以及人与人的关系。从人与自然(人地)关系出发,城市聚落与乡村聚落存在着空间(土地)博弈,空间形态与经济模式的冲突,影响与制约着聚落主体的生存与发展。随着全球城市化率突破60%,城市空间与聚落主体之间的关系成为探讨生态问题的重要维度。城市聚落与乡村聚落的冲突既是研究人居聚落问题的关键,也是挖掘其根源的重要切口;而从人与人的关系出发,城市聚落与乡村聚落主体的发展观不同,特别是在聚落城市化背景下,聚落主体的发展观呈现出多元化趋势,更加复杂与多样。

---

① 刘建平、李云新:《快速城市化进程中的城乡冲突及其成因分析》,《理论月刊》2011 年第 11 期。

首先,体现在自然观差异上。在人与自然的生命共同体中,自然为人的存在提供了物质生产资源。自然孕育了人类也滋养了人类。城市与乡村之间的最基本的矛盾在于自然观认识上的差异。自然观是人对自然界的基本观点和看法。从历史维度看,在不同的历史时期,由于人与自然相处能力的限制,自然观也有其时间维度上的过程性。人对自然的观点产生于人与自然的相处过程,主体能力的提升,对自然的认识也发生相应的变化。从空间维度上看,在不同的聚落空间中,聚落主体对自然的认识存在差异,呈现出自然观中的空间特征。人与自然的关系是人与人关系的基础,在乡村聚落中由于人与自然的关系需要人与人彼此协同,所以人与人通常因血缘或地缘相结合,按照共同的需要结成地缘或血缘共同体。在城市聚落中由于人与自然的相处体现在自然完全成为被生产所需要的劳动对象,人与人之间的关系,就体现在对自然资源的占有与分配上,城市聚落周边的自然资源是有限的,往往出现因资源而产生的矛盾。

乡村聚落中自然包容人,或者说人依附于自然。"历史本身是自然史的一个现实部分,即自然界成为人这一程的一个现实部分。"①乡村聚落中以农业和畜牧业为主要生产方式,乡村聚落中的生产虽然使聚落主体获得足够的劳动产品,但需要彼此协同才可以实现。自然为农业生产提供了生产资料,也为聚落主体提供了丰富的生产经验,尽管技术生产手段不断发达,但农业仍依赖于生产经验,特别是以自然为模本的仿生学过程,包括农作物种植以及畜牧业驯养动物。农业生产是在人与自然和谐相处的前提下对自然干预改造的成功实践。在乡村聚落人口增长缓慢的时期,自然包容人的物质需要,也生成了聚落主体的精神需要,人与自然基本处于和谐之中。自然资源相对稳定,当遇到人口增长过快时,物质生产资源就会发生供不应求的矛盾,人与自然的和谐关系就会遭到破坏,成为农耕时代人口迁移的主要原因。恩格斯的大自然报

---

① [德]马克思:《1844年经济学哲学手稿》,人民出版社2000年版,第86—87页。

复论指出:"所有过分地利用自然,最终就会变成不毛之地。失去了生存的基本自然环境,必然会被迫迁徙。"

城市聚落中人与自然对立。相对于乡村聚落,城市聚落更多地依赖于人工自然,天然自然被工业化的城市聚落所终结。工业化带动了城市化,现代性城市开始兴起。以英国的工业革命为开端,物质生产在科学技术进步的推动下飞速发展,物质生产对人的需要,机器大工业对人口的集聚,自然完全成为工业化的生产资源库,自然资源的取之不尽用之不竭的观念成为主流价值观。人与自然的关系从隐性的冲突转为显性的矛盾,生态公害与环境危机频繁发生,不可阻挡。对不可再生资源的需求激增,受认知能力的约束,以粗放式利用为主,需求不足导致加剧的掠夺式开发。同时,机器工业化过程中人造物的增加,影响了生态系统的自我调节能力与再生产能力。人与自然的关系,从乡村聚落的基本平衡走向失衡状态,从局部失衡走向整体失衡状态。

聚落城市化过程中人与自然关系的激化。全球人口数量仍处于高速增长区域,满足物质产品的需要是工业化生产的主要目标,工业化生产依赖于自然资源的支持。在大量物质生产的境况下,自然资源出现枯竭是必然要发生的。环境问题是工业化生产的必然产物,从初期的局部性环境问题,逐渐生成全球性问题,使人类发展受阻。恩格斯在《英国工人阶级状况》一文中就描绘了工人生活在由工业生产所造成的污浊空间景象。随着工业化发展,特别是伴随城市化的进程对自然的过度开发,生态环境问题已经成为城市研究中必须要讨论的话题,包括城市中的水、空气、土壤以及人为造成的交通拥堵、饮用水不足、生活垃圾围城市等现象,成为不可回避的问题。自然会以其特有的方式作出反馈,与自然的对象性关系已经不能持续下去,自然在工业化发展的背景下走到了崩溃的边缘。

其次,体现在发展观差异上。从人与自然的关系看,城市与乡村中存在不同的发展观,乡村聚落主体以自然发展观为主,城市聚落主体以经济发展观为主。马克思主义认为,人的全面发展是社会的全面发展的终极目标,聚落的全面发展是人的全面发展的空间载体。聚落发展历史呈现出乡村聚落"自然"发展观与城市聚落"经济"发展观两种发展观。

"自然"发展观,是乡村聚落中的发展主旨,始于人猿相揖别之时,人类从自然中分离出来。普罗泰戈拉说:"人是万物的尺度,是存在的事物存在的尺度,也是不存在的事物不存在的尺度。"①这从三个层面上确立了人的主体地位,从而人与自然的主客二分关系就此确立,聚落连接了主体和客体。人与自然的关系发生于聚落之中,通过人居聚落形成基础的自然观,再通过聚落的媒介,在生产生活过程中形成人与人的关系。在乡村聚落形成的初期,人的发展仅仅存在于生存的层面上,追求人与自然的和谐相处程度,表达着人的发展水平。总体上看,乡村聚落对主体的满足更多地体现在"自然"维度上,在乡村聚落中,人的发展可以称为"自然"发展观,呈现出人对自然的需要,从早期仅仅满足于生存,逐渐发展为满足人的生活需要。按照马斯洛人本哲学的观点,乡村聚落对主体的满足度不断上升,但仍然还是较低层次的生存需要。崇拜自然、依赖自然、顺应自然、以自然为中心成为乡村聚落的基本特征,自然成为带有神性的自然力量,使乡村聚落主体顶礼膜拜。自然神性与人依附于自然的理念成为乡村聚落主体的普遍共识,自然成为聚落主体的学习榜样,聚落主体凭借着简单的认识能力循序渐进地改造人与自然的关系,创造着维持生存的物质财富。

"经济"发展观。快速城市化是工业化创造的,发展特别是以物质生产为核心的经济发展成为工业化的唯一目标。工业化进程打破人与自然的和谐关系,实践能力的日渐发达使人对自然的认识在广度与深度上都有较大的进步。工业化过程中,人的实践能力使聚落主体认识到自然神性的消解,科学技术的进步增长了人的肢体能力,增加了人对自然的认识。人可以通过实践对自然进行探索,物质需要与好奇心都得到了满足,自然力被削弱了。工业化过程需

①　龚桂明:《人的主体地位的首次确立——普罗泰戈拉的名言"人是万物的尺度"阐释》,《华侨大学学报》(人文社会科学版)2001年第1期。

要从自然中获取大量生产资料,技术水平越高,人对生产资料获取的能力与范围就越广,人与自然的关系呈现出对抗性特征。战胜自然,人类无敌,成为城市聚落主体的普遍共识。聚落主体对发展的理解,就是由占有物质资料的多寡来决定的,"经济"发展观是从人与自然的对抗性特征上实现的对发展的理解,发展就是更多的奴役自然、从自然中获取。工业生产不仅仅是从自然中获取生产资料,而是通过牺牲其他物种及环境的利益来满足人们无限的物质欲望,工业化伴随城市化进程,"经济"发展观成为城市聚落主体的主流发展观。城市聚落中的自然要素越来越少,充斥着人造物与伪自然物,相应的人与自然的关系也发生了变化,人类中心主义成为人与自然关系的核心。在工业化大生产过程中,自然就是资源库,没有生命,静态的为生产所用的物质实体。人成为自然的主人,控制自然,支配自然,征服自然,以人为中心,特别是以"经济"人为中心,成为城市聚落发展观的基本特征。① 城市承载了人类生产力的进步,物质财富在城市中得到巨大的增长。世界银行 WDI 数据库数据显示,城市化率与 GDP 成正比,表明了城市在一定程度上解决了人类的贫困和落后问题。

无论是乡村聚落中的"自然"发展观,还是城市聚落中的"经济"发展观,都呈现出单向度发展观的特征。"自然"发展观实现人与自然的和谐相处,只能在低层次上实现聚落主体的缺失性需要,聚落主体的发展性需要不能得到满足。相反,在城市聚落中工业化特别是快速工业化背景下,聚落主体得到了极大的物质满足,不仅仅实现生存性需要,享受性需要也得到了相应的满足,但聚落主体的自然需要却被忽略了。工业化生产的环境危机最直接地体现在城市中,从城市聚落的大城市病开始,逐渐成为全球性环境问题,也波及乡村聚落。

因此,从哲学层面思索城乡冲突,必须剥离城乡矛盾的表层现象,由此就

---

① 赵磊、刘冠军:《从人与自然关系的视角看发展观的历史流变》,《理论学刊》2003 年第 9 期。

会发现冲突来自聚落主体的需要，主体需要缓慢生长，逐渐汇合成群体性心理，形成聚落心理，变成聚落发展的隐形力量，推动聚落发展。

3. 斗争的焦点：聚落心理的斗争

城市聚落与乡村聚落的矛盾，体现在多个方面，实质是一种物质资源的争夺。矛盾的缓解单从物质层面本身并不能实现。笔者认为，城市乡村冲突的焦点，就在于聚落心理的不同，尤其是乡村与城市主体的价值取向的差异。

马克思认为："现代的历史是乡村城市化，而不象古代那样，是城市乡村化。"①城市从乡村中产生，并因乡村人口的迁移而形成。城乡冲突的根源之一就是聚落心理的根本差异。"城市化作为一种社会历史过程，有它的内在必然性，是社会发展的一条客观历史规律，是城乡对立运动的必然归宿。社会主义条件下的乡村城市化必然可以缩小城乡差别，工农差别，甚至消灭这种差别。"②聚落心理的差异问题，是政治因素、经济因素、科学水平与教育均衡程度背后的隐性因素，但城市与乡村两种聚落的不同正是通过聚落心理的合力来影响聚落的发展。

首先是需求差异。在社会心理方面，在乡村聚落中对自然与神持有依附心理，在城市聚落中更多地以独立自主意识为主。在群体交往心理方面，乡村聚落中以自然或神灵为媒介，多神崇拜，以礼代法；而城市聚落则以物为交往的媒介，是无神危机和有法无"天"的心理差异。在价值取向方面，乡村更重视自然的感受，而城市则更关注人的需要。在幸福度方面，"实际上，幸福的理解是多元的。"③幸福度是对需求满足的程度。但是需求本身有两个层面，其一是基本需求，其二是虚荣性需求。从宏观角度看，城市聚落心理更倾向于

---

① 《马克思恩格斯全集》第 46 卷（上册），人民出版社 1979 年版，第 480 页。
② 王建民：《城市管理学》，上海人民出版社 1987 年版，第 2—4 页。
③ 欧阳志远：《上帝的陶杯——生物多样性与文化多样性》，人民出版社 2003 年版，第302 页。

虚荣性需求,而乡村则更注重基本需求。

其次是代际差异,即不同代际之间的社会心理差异,而且每一代人之间的城市与乡村的差别也有不同。房屋只构成城镇空间,市民才构成城市精神文化,说明聚落主体是聚落的灵魂,"城市,是一种心理状态,是各种礼俗与传统构成的整体",聚落主体并非简单地居住于建筑物中,而且还以心理集合成为聚落的精神主旨。聚落主体是历史的过程,代际之间由于居住环境的差异,自然产生心理差异。中国城市化进程以来可以看到,城市聚落与乡村聚落在不同时代的差异,改革开放以后进入高速城市化进程,农民进入城市表现为恋土情结与移民心态相结合,城市居民则表现为排除外来与生存必需,也就是城市中既反对农民进城,但由于新移民城市生产的参与度极高,又无法离开。

再次是层级差异。因空间载体的不同,聚落主体呈现出不的社会阶层,城市阶层与乡村阶层,存在着诸如价值取向与审美标准的差异。从劳动分工上看,在乡村以农耕劳动为主,男性劳动者为主要劳动力,而女性则更多地居家从事家务劳动,抚育后代,形成较为稳固的"男主外女主内"的家庭观,崇尚自然主义与实用性。相比较而言,城市中的细致的劳动分工,男性与女性享有平等的权利,特别是现代以来城市女性更多地以实现自身价值为目标,追求自身解放,甚至还会放弃家庭角色。城市中集中更多的知识生产者与追求精神享受的"城市人",等等。

二、乡村聚落中的文明与文化纠葛

乡村聚落的起源就是以满足聚落主体需要为目标,按照马克思关于社会发展的阶段理论的观点来看,则是"人的依赖性"社会,至少可以从原始社会说起,经历奴隶社会、封建社会的全部过程。在漫长的发展过程中形成深厚的乡村文化,并且从文化中构筑独有的农耕文明。在乡村聚落以自然经济为主体、农业生产力为主体的经济模式中,社会心理也承担着重要作用,通过缓慢的累积,终将在生产力中产生重要的作用。

1. 乡村聚落探源

聚落是复杂的巨系统,其中多维与多元因素构成发展变化的动因,可以归纳为自然要素与社会因素。初期乡村聚落的形态与模式变化主要受自然因素的影响,进入中后期社会因素则成为主导,(聚落主体的需要)上升为主导因素。事实而言,自然因素和社会因素通常形成合力,交互地影响乡村聚落使其表现出丰富的形态特征,进而形成乡村聚落生成机制与演进规律。

第一,复杂性科学视野中的乡村聚落。复杂性科学主要有协同学、突变论、耗散结构理论等。

协同学是1973年赫尔曼·哈肯提出的,主要是研究协同系统从无序到有序的演化规律的新兴综合性学科。协同系统是指由许多子系统组成的、能以自组织方式形成宏观的空间、时间或功能有序结构的开放系统。通过对系统各要素协同对比分析,揭示出部分与部分、部分与整体的关联性,促使系统获得新结构。协同学基本理论认为:系统总是呈现出从无序到有序的过程,无序使系统处于稳定状态,有序使系统向某个方向变化。当系统内的各个影响因素势均力敌时,系统就处于稳定状态;当客观条件到达某一关键点时,即所谓"临界涨落"点时,有的因素则会处于主导地位,形成"对称破缺",系统就会表现出相应的特征;系统内部与外部始终存在着竞争与合作,在演化过程中系统结构形成稳定、平衡、有序的新结构;各子系统协同构成整合,产生有序结构,系统具有整体性意义;协同系统是动态过程,各子系统在运动过程中通过位置、过程与调整形成新的结构。① 根据协同学的理论,乡村聚落的表现形态受到多种影响因素的作用,当诸多影响因素处于势均力敌时,表现形态就处在稳定的状态;当某些因素变量积累到一定量时,表现形态也会发生相应的变化。

---

① [德]赫尔曼·哈肯:《协同学:大自然构成的奥秘》,凌复华译,上海译文出版社2013年版,第206—208页。

协同学为分析聚落各要素及相关性提供了有效的方法论原则。

突变论是1967年由勒内·托姆在形态发生动力学中提出的,兴起于20世纪70年代,最早用于解释胚胎学中成胚的过程,进而形成一种方法论。其核心观点认为,新物种是通过"不联系的偶然"的显著变异即突变,"一下子"产生的,而且特别强调跳跃式,强调发展过程中的内在跃迁,否认进化论与物竞天择的自然规律。随着突变的发展,在多领域中均体现出其特征,进而形成突变论方法论,成为系统方法之一,渗透到其他学科中,用来研究自然界和社会的各种形态、结构的不连续的变化。根据突变论的学说,乡村聚落的发展并不总是缓慢演进的,通常当出现某变量达到临界点时,聚落的表现形态发生突变。考古学的聚落考察所描述出的形态演化轨迹充分说明从聚居点到乡村的变化过程,突变论方法论为分析乡村聚落形态的外在演化与发展提供了方法论支撑。

耗散结构理论由普利高津在1969年提出,用以阐明生命系统自身的进化过程。通过系统的有序状态"耗散"物质和能量,就是耗散结构。[①] 复杂的开放系统且远离平衡状态,当外界条件达到阈值边界时,经过涨落发生质变,系统通过与外界不断进行物质与能量交换,从无序走向有序。事实而言,乡村聚落就是一个远离平衡的自组织系统,在其从无序到有序的变化中,它需要不断地与其他因素进行物质和能量交换。耗散结构理论为研究表现形态与影响因素的关系提供了方法论指导。乡村中始终不断有"人"进去,乡村劳动所需要的生产资料需要从自然界中获得并输入,乡村生产所获得的产品需要输出。聚落是无时无刻不会停止与外界环境自由地进行物质、能量和信息交换的系统,此时的乡村聚落为典型的开放系统。当聚落中的某个参量的变化达到一定阈值时,它就可能从原来无序的混乱状态,转变为一种在时间上、空间上和功能上的有序状态。事实上相对于城市聚落,乡村聚落的稳定性与有序性更

---

① 李辛生、颜泽贤编:《科学探索与辩证方法——理工科大学生的哲学修养》,广东人民出版社1987年版,第274页。

高,与外界的物质与信息交换相对而言还是较弱的。

第二,乡村聚落的结构组成要素分析。

聚落客体的构成。乡村聚落由社会环境与自然环境共同构成。乡村聚落的组织建制构成其社会环境,是由聚落主体与其他聚落实体所构成的人文环境系统;乡村聚落的空间系统,是由聚落所依赖的自然地理环境与人工自然环境构成的聚落生态环境系统。相对于社会环境而言,聚落结构中的自然因素是稳定的,它始终是人类聚居最直接的物质基础,体现出每个聚落具体形态的特殊性,成为其区别于其他聚落最显著的标志之一,它包括气候、地形地貌、植被、水文地质、自然资源及能源种类等。自然环境成为乡村聚落中人们生活的自然要求,人类也在此过程中学会如何相处,并向自然学习其运行规律,将自然作为榜样,因此在乡村聚落中生存的人类通常最早学会的就是"择地建家"。考古学发现,传统的乡村聚落都呈现出,民居的基本特征,就是"适应地方自然地理条件"的要求,顺应地形地貌的体现。一般的民居建造都蕴含了对自然环境与气候的认识与理解,民居均特别易于调节气候,就地选取材料,建构居住的房屋,以抵御来自外部自然环境的威胁。从聚落居所的发展来看,聚落中民居的建筑目的就是以遵从自然为普遍原则。其一,气候。特定地区的气候条件,是聚落形态的决定因素之一。在不同的气候条件下,会产生不同的保护自身的方法。从这个角度上看,可以说气候决定了聚落的最根基性的维度,即建筑的方式与形成的景观形态。不同地区的民居均以不同的布局、方位和结构形态,体现对气候的一定的调适功能。往往在气候最恶劣、自然环境最差的地方,可以找到最成熟的应对气候变化的舒适居所。其二,资源。聚落发展依赖自然资源,但利用的能力与水平各不相同,由于聚落表达不同聚落主体的住居需要,使用的建筑与生产资源、材料以及相应的建造技术,对住居建筑及其聚落结构形态的生成具有重要的作用。其三,地形地貌。地形地貌是影响与制约聚落空间形态最直接、最根本的自然环境因素。我国古人很早就认识到人与自然是不可分割的整体。人们在创造自己的家园——人工自然时,要符合大自然之道,符合宇宙万物之道。"天人合一"是中国古代哲学的最重要的哲学观念。这里"天"是无所不包的自然,是客体,"人"是与天地共生的人,是主体。"天人合一"是主体融入客体,形成二者的根本统一。中国传统的生态智慧中,天、地、人之间是一个有机循环不断新陈代谢的整体系统。李约瑟在中国古代科技史中对于中国传统自然观中的有机整体论给予了很高评价。中国古代朴素的生态智慧与生态学现代有机宇宙观大相径庭。中国古代的乡村聚落通常反映出聚落主体对周边生态环境的认知与理解。

聚落主体的构成。以中国传统的乡村聚落为例,古典的乡村聚落中通常是二元复合的农业社会,乡村居民的文化理论化和规范化,巩固和强化了乡村聚落文化传统。乡村居民的性格特征也与乡村社会政治结构的宗法制特征有着密切的关联,由于宗法制度的影响,乡村居民形成了集体主义和互助精神,同时轻视个人价值。而家族、血亲观念成为乡村聚落中文化的主导,竞争精神被血缘与亲缘代替,开放意识被固守田园的基本观念所抹杀,农民狭隘价值观念的形成就不足为奇了。封建社会的专制制度更使乡村居民对国家和民族的认同感加强,有效地维护了社会稳定,也使农民形成了屈服权威、轻视个人权利的性格,成为乡村聚落的发展与变迁在心理维度上的阻碍。

乡村聚落主体形成社会系统,居于其中的农业劳动力、智力系统构成乡村聚落主体的实体部分,由聚落主体相互连接进行的农业生产与农业社会生活构成乡村聚落的过程系统,构成乡村聚落的主体。乡村主体相对稳定,社会活动连续发生,形成乡村聚落空间生产的动力。而这种动力的产生又受到国家宏观经济、政策调整发展的影响与制约。居住空间受居住人口数量的影响,生活空间因聚落主体的劳动结构不同而产生差异;文化素养的差异使聚落主体对生态环境与人文环境的价值认知也发生变化。聚落与聚落之间信息与文化交流是通过聚落中的组织进行的,聚落主体在生产过程中互相磨合、影响,日渐形成较为相似的文化框架与价值取向、伦理规范。聚落主体间相互依存又相互影响,形成稳定的聚落系统。乡村的空间生产形成了聚落系统的物质载体,人工环境系统是由民居以及中心建筑物与生产场所共同构成的,完全是聚落自组织的结果。聚落主体对美好居所的内在要求以及对聚落历史、文化的传承,形成聚落系统与自然系统协同发展的动力。生态环境为聚落系统提供资源背景,聚落主体及其交往活动形成聚落系统的精神内涵。事实上,聚落是个烦杂的系统,诸多要素彼此相互依存和作用,使得乡村聚落系统形成动态发展,从而维系了居民的生存、生产、生活,并形成具有特色的聚落文化。

聚落中的文化结构。乡村聚落的动态结构,呈现出无序化扩散的趋势,直接影响乡村聚居环境的质量。聚落承载人类社会生活,包括主体的生存方式,社会的经济模式,管理的制度体制以及社会价值观等,形成聚落发展过程中的动态因素,随着生产力的变化而变化。人文因素。乡村聚落是人类聚居的最稳定的空间形式,它也是一种物质文化载体。每一乡村聚落都能折射出该聚落主体的价值观念、道德规范、宗教信仰、思维模式、行为方式等诸多人文因素,虽然没有自然要素那样显性,但却是乡村聚落发展变化的最积极因素。乡村聚落的每一形式都是该聚落人文精神的表达。文化因素。乡村聚落中的文化因素是起点,产生于农耕生产方式之中。最具代表性的特征就是,对土地的理解与认识,这也是天人合一观念的具体表现,是以土地为根的情愫。土地的稳定性与人口的激增之间的矛盾,决定了乡村聚落主体对土地的感情。在我国最典型的就是俗语讲"不饿死不离乡",乡村聚落主体主要从事农业生产,安土重迁心理被固化,在亚细亚生产方式中特别对土地劳动生产给予很高的荣誉感,农耕生活是有尊严的生活,因此乡村聚落生产不仅可以满足主体的缺失性需要,还可以进一步满足聚落主体的发展需要,农耕生产成为生存的基本方式。传统农业社会最高地位的身份即为依赖土地而生,在社会流动中,农人成为士的可能性甚大。乡村聚落中充满了乡土气息。即便是在现代的城市中依然保有对乡情的依恋。生产力水平因素。生产力是社会发展基本矛盾中最根源的部分,生产力的一维性决定它是社会发展中的基本动力,是乡村聚落发展中最有活力的因素。乡村聚落长时期处于缓慢发展阶段,较低的生产力水平使乡村聚落保持着家族生活和乡土性格。虽然乡村聚落中生产力水平低，但对自然的认识和生产力的发展并没有停止。因此，生产力不断的发展，为乡村聚落的变迁提供了内在的动力因素。经济因素。乡村聚落贯穿于原始社会、奴隶社会和封建社会，自给自足的自然经济占据主要地位。乡村聚落主体的生产主旨是为了满足自身的生存需要。生产的形式主要是自耕自食，代代相传。这种经济模式，是乡村聚落所特有的，正是乡村聚落的文化特征表现。

第三，乡村聚落心理形成的考量。

考量乡村聚落心理形成的因素，不仅包括主体、客体与中介，还有与之相关联的地理环境、文化习惯与经济因素。乡村聚落的地理环境是农业文明的底色，决定着乡村聚落的经济形态，其经济发展水平是农业文化的核心内容。

首先，聚落的多样性是由区域差异决定的。乡村聚落是自然因素与社会因素共同制约下的空间模型，形态差异取决于区域自然环境的影响，通常体现在聚落的规模、住居建筑的结构形态、聚落主体的生活习惯、聚落主体形成的文化传统以及聚落内部的经济发展水平和生产力发展的程度。乡村聚落的演化受自然条件的影响，外在形态、内在文化、精神诉求都与之相关联，表现出整体性特征。聚落也成为文化符号，体现着地域的特征。

我国乡村聚落的差异，最典型的以金其铭的《中国乡村地理》一书为代表，从地理学角度认为乡村聚落可以分为北方系统、南方系统和西部系统。由于地理差异，生产力水平、文化水平、社会经济都呈现出区域特征，体现为住宅形态、规模与密度、聚落形式以及农业生产方式等的差异。从形态上看，北方住居中多以平顶窑洞、闭合式围落为主，南方多雨则以顺地势而建，砖木结构为主，楼阁居多。从规模上看，北方平原地区，地广人稀；南方多山岭，聚落以密度大、小规模为主；西部也不同，通常密度小，规模也小。从形式上看，北方以团状为主，南方为团状带状兼有，而西部则以散居游牧为主。从环境与发展关系上看，北方系统处于温带与暖温带之间，季节明显，有寒冷的冬天，温差大，夹杂着暖温带季风气候特征，农作物以旱地作物小麦为主，辅以杂粮与棉等；南方系统正好相反，气候以炎热多雨为主，农作物以喜水作物水稻为主；在西部系统中更体现了不同特征，西部属于山地丘陵干旱与半干旱地区，高寒气候，农作物较少，以畜牧业为主。生产力水平与地理环境大致匹配，表现出不同差异也就是自然而然了。生产力水平影响着风俗习惯，映射出文化传统的不同。

乡村聚落的世界性差异也是很明显的。在城市化进程中乡村聚落与城市发展的影响，工业化大发展也带来了农业生产机械化产业化。但由于发展不均衡，在欠发达地区，乡村聚落对自然条件的依赖仍然是很强的，发达地区与欠发达地区的乡村聚落差异仍是很直观的。

发达地区比较有代表性的就是美国、西欧、英国、法国以及俄罗斯等。欧洲东南部以内陆气候特征为主，以开放村落为主，不设围墙，与住居相邻，而且有中心广场，比较有特点的就是块村、街村、环村和集村。美国则又不同，它是世界最发达的国家，乡村聚落大多不属于自然村落，而是按照城市与农业产化的需要规划而成的，现代化的住区与大型农村相间而建，基础设施完备，特别是道路、电网设施、燃气、供水与市政管网设施，等等。在欠发达地区就大不一样了。印度发达程度不高，自然环境相对更加原始，农业生产力水平相对低下，仍然处于原始农业水平，人口密集，聚落通常规模不大，内部结构也缺少规划，显得杂乱无序。受气候影响也很突出，有些雨量丰沛的区域，聚落沿河或依山而建，受地形地貌的限制，聚落结构小，规模不大，无规则性，等于是地形的复制品，尽可能地进行农耕生产。在有宗教信仰的聚落中，有两点是聚落中的关键要素，一是中心广场，一是靠近水井或水源。传统的阿拉伯聚落中的葱头形的高头塔就是聚落的中心，相围合而成的广场往往代表着聚落中的核心精神，也是聚落中的核心，聚落中的住居密度大，气候特征是早晚温差大，住居为石造和瓦造的无窗小屋。

其次，乡村聚落中的经济元素，是乡村聚落心理形成的又一个支撑点。什么样的经济模式,就形成与之相符合的心理定式。在乡村聚落中,自给自足是自然经济的基本状态,对外交流不是乡村聚落的主要需求,产品交换愿望极低,交通闭塞,抑制了市场的能力,阻碍了交易量的增加。由此,乡村聚落具有相对的稳定性,其中的经济元素就是自然经济,形成了乡村聚落心理稳定的基础元素。

前工业化时期是世界历史发生重大转折的时期。"由农本而重商的行程,发轫于亚欧大陆农耕世界的西端,由此突破农耕世界的闭塞,为资本主义工业世界的涌现创造了前提。不妨说,这是一段由农耕世界开始转向工业世界的行程。"①"没有农耕世界生产发展到一定水平的前提,重商主义为之前奏的近代工业世界就不可能出现。"②乡村聚落的经济元素,是以农业为基础而形成的。纵观历史,前工业化时期的农业经济的变革与发展多数是围绕着土地进行的。所以很多学者都将农业革命称为土地革命。

关于此,尽管有些学人还有不同观点。但笔者认为,黄宗智对乡村经济问题的认识是全面而彻底的。他提出的"过密化"就是结合了中国长三角地区的小农经济社会形态,从事实经验的基础上建构的本土性理论,"由于中国长江三角地区过密型人口与有限土地双重矛盾的同时存在,使得中国长江三角地区农村的发展是一种小农的家庭生产与小商品贸易相结合的部分市场化经济,这种经济是以牺牲经济效率为前提的,具有抑制其他所有生产组织的有发展而无增长的经济实体。"③中国长三角地区从明清以来有过两次大的人口增长与商品化发展,"过密化"理论将人口增长与商品化发展联系在一起,注重人口增长与商品化的同质性。14世纪中国长三角地区,形成小农经济—人口增长—商品化之间的双向关联而表达出来的独特的小农经济。"过密化"理

---

① 吴于廑:《世界历史上的农本与重商》,《历史研究》1984年第1期。
② 吴于廑:《历史上农耕世界对工业世界的孕育》,《世界历史》1987年第9期。
③ 黄宗智:《明清以来的乡村社会经济变迁:历史、理论与现实》卷二,法律出版社2013年版,第10—16页。

论并不是由黄宗智最早提出的,而是受到吉尔茨的启发。吉尔茨当时因农业劳动力过量投入导致的边际报酬递减现象,提出过"过密化"一词。俄国从集体农庄的发展道路经验出发,恰亚诺夫提出"在一定的生产力水平上,家庭农场的要素结合,客观上要求最适度的生产规模,在人口过剩地区,家庭农场不总是能够从手工业、商业等部门找到多余劳动力的出路。于是,农场常常增加单位土地面积上的劳动和资本,提高农业集约化程度,虽然它也会增加农业总收入,但必定会降低单位劳动的报酬。"①对于乡村聚落中的经济变迁,黄宗智将其分成单纯密集化、过度密集化以及发展,这三种情况就是产出与劳动投入相等,总产出在边际报酬递减下扩展,产出大于劳动投入边际报酬递增。②

事实上,人口与资源的失衡造成了小农经济的过密化。细究其理,过密化是人口压力维持生计的策略,生产量的增长,是数量的增长,劳动生产率没有增长,有时也许是相对下降。人口增长劳动力数量过剩,生存压力高速增长,极端过密化就这样出现了。如前所述,中国明清以后,长三角的乡村经济最为典型,只有数量的增长没有劳动生产率的提高,就是黄宗智提出的"过密型增长"。生产总量的增长依赖于人口增长,是中国乡村聚落近百年来的发展特征,看似人口增长与劳动生产增长之间是相对稳定的,但始终没有现代化意义上的劳动生产率增长。而且在《长江三角洲的小农家庭和乡村发展》一书中,"过密化"理论发展为"过密化商品化",小农经济的过密化产生商品化,因为"过密型增长"过程中自然粮食作物生产转向劳动更为密集的经济作物(棉花和桑蚕),同时产生与之相匹配的副业。③ 遗憾的是,"过密化商品化"并不具有现代化意义,过密型商品化虽然不能提高生产率,但还是可能利用家庭劳动

---

① 王朝阳:《理论实践的本土性意涵——长三角地区小农经济发展的理论悖论》,《湖州师范学院学报》2019 年第 9 期。
② 黄宗智:《长江三角洲的小农家庭和乡村发展》,中华书局 2000 年版,第 11 页。
③ 黄宗智:《长江三角洲的小农家庭和乡村发展》,中华书局 2000 年版,第 13 页。

力投入提高劳动收入,对于固农益商的小农经济将会更加牢固。说明商品经济也要按照产生的条件分析,并不是所有的商品经济都可以产生资本主义,"过密化商品化"就是一个例外。①

还有,乡村聚落中的生态元素。人类从自然中分离出来,成为世界中的最具灵性之物,在漫长的自然进化中完成了自然选择过程。聚落主体对所生活的自然环境产生心理依赖,形成聚落心理的基本维度,表现为对和谐的自然生态系统的摹写。传统聚落中的"小桥、流水、人家"散发着浓郁的乡土气息,处于生态环境优越的地域,农耕村落周边碧山绿水如诗如画般的田园风光,让人有返璞归真的深切感受,促使乡村聚落主体在身体的自然需要得到满足的同时,使心灵得到自然的滋养,引起聚落主体与自然之间的灵性通达与心灵共鸣。乡村聚落的住居环境有了自然生态因素的参与,呈现出人类选择住居时兼顾自然与社会的双重需要,突破时空限阈,具有恒久性特征,滋养了乡村聚落心理,生态和谐构成乡村聚落心理的主要内容。乡村以农业耕种为基本生产方式,处于向自然学习的模仿阶段,生产力水平低,农耕生产本身周期长,基本以年为计量单位,因此初级农业生产力提升的速度慢。因此,即使是近代以来的工业化进程以后,农业中也融入了大量的机械化作业,但大部分的农业生产的生产效率还是不能与工业生产相提并论。正是如此,农业生产过程中生产关系相对简单,更需要劳动成员彼此协作,互助互利,形成劳动团体,通过集体劳作才能生产相对较多的农产品,尽可能地满足维持着自给自足的简单生活。聚落成为承载乡村主体生产生活的基本生活空间,乡村住居通常与生产耕地紧密相连,空间模式受生态环境的制约,农业生产的规模、聚落内部结构、空间布局只能完全依赖于对聚落周边生态地形地貌的认识水平,否则就很难实现基于自然条件基础上的发展机会。生态环境所提供的资源阈值,最终体现在人口的数量与规模上,成为聚落演化的直观因素。事实上,在原始粗放

---

① 黄宗智:《华北小农经济与社会变迁》,中华书局1986年版,第307页。

型生产过程中,人口的数量与规模是由土地生产的食物总量决定的:当人口数量过大超过乡村生态环境的承载能力时,劳动产品不能满足人口的需求时,部分人口就开始迁出,此时聚落就出现了分化的可能,新的聚落也随之产生;原有的乡村聚落就会保持原有的人口规模,相应地乡村聚落的数量也越来越多。

2. 乡村聚落心理的发展轨迹

乡村聚落中主体心理的演化轨迹清晰地描述了人与自然关系的变化过程。考古学举证,原始社会的乡村聚落也可以从细节发现其变化。从早期人类的聚居点到以乡村为单位的聚落,大约经历几千年的积累,总体的规模与形态变化微乎其微,呈现出稳定性、重复性等特征。因此我们有理由认为,乡村聚落建立在稳定性基础上的变化有其内在因素,特别是主体需要层面上的。乡村聚落的社会结构是以人地关系为基础的,始终保持着人的物质需要与精神需求的动态平衡,目前对于乡村聚落类型的划分基本上建立在生产方式上,体现出乡村聚落中人与自然相处过程中的不同特点。

乡村聚落一直是承载人类文明的重要载体之一。按照生产方式的差异,可以划分为渔猎文明、农耕文明、工业文明等不同阶段。从生产力的角度来看,每个阶段的生产力都有明显的特征,主导性的生产技术也各有差异,这正是人类探索与自然和谐相处的手段,恰恰构成了人类文明的基本内核。每当生产力产生重大飞跃时,人与自然的关系也发生相应的变化。传统聚落正是在与自然环境的交融中形成的,聚落的形态与规模通常会集中反映出聚落主体的空间需要,表达着传统聚落中人与自然的和谐关系,正是聚落主体通过生产活动对聚落空间的生产。传统聚落中人地关系是人与自然关系的核心,因此聚落空间不仅体现了主体的物质需求,更集中地反映了聚落主体的心理特征。

2.1　渔猎社会中的聚落心理——敬畏

对"自然的敬畏"是早期的渔猎社会中最突出的心理特征,而且一直持续地保持在农业社会中。当人类有了固定的聚落点后,人对于对象的自然界有着本能自发的原始崇拜,随着聚落主体涉足自然的范围与深度的增加,特别是生产过程中自然的挑战,如对自然力的强大无法把握,面对诸多自然现象的惊恐,逐渐形成了辅以神话性质的解说,以增强自信心,但依然不能完全地消解对自然的无知与茫然,强大的敬畏心理就自然而然地形成了。敬畏心理随着对自然的无能为力而愈发强烈,并逐渐固定下来。最初的原始崇拜成为基础形式,在原始人群中普遍存在自然崇拜、鬼魂崇拜、灵物崇拜以及占卜、巫术等。人对自然的原始崇拜反映了人与自然相处能力的提高,说明人类可以从自然中获得生活资料,也反映出人对自然现象、对自然规律的茫然未知,"前途未卜"的状态,凸显出恐惧心理产生的必然性。人类由于惧怕自然而臣服于自然,心理特征由恐惧转化为敬畏。由此,在传统聚落中人们在消极地适应自然环境,也愿意自觉地保护生态环境,尽力维护好生态环境——唯一的物质生活资料库。从采集狩猎时期到渔猎时期,人与自然的相处主要表现为人对自然环境的依赖,由于对自然知之甚少,聚落中的主体始终必须被动地适应自然,最多也只是积累一点相应的对自然规律认识后的经验,但相对于庞大的对象性世界,可谓是冰山一角。地理决定论(靠山吃山,靠水吃水)成为主体性的发展原则,乡村聚落主体因地制宜地开始从事劳动工具的生产,制造与使用原始工具,进行牧、渔、农业生产,展开了最初级的农业生产。

在乡村聚落中的基本行为法则就是"物竞天择,适者生存",它既构成了人们的生态伦理规范又体现出聚落主体的心理特征,表达出聚落主体顺应自然、依赖自然的敬畏心理。乡村聚落人们对聚落位置的选择与聚落中住居的建造,最能体现出人们对自然的认知水平与能力,代表了人的主体选择的表达,是对聚居行为与自然客体之间的统一作出的平衡判断,更体现出人类从散居状态迈入聚集状态的样貌,固化了人与土地、人与人的关联性。通过考古学的对比研究发现,现存的考古学意义上的原始聚落,细究其布局基本都是对自然环境的优选结果。俞孔坚的《理想景观探源——风水的文化意义》①中关于原始聚落,就以《鲁滨逊漂流记》中的记载为例,描述了鲁宾逊选浅穴为中心,与悬崖围成全封闭的居住地,没有出入口,用梯子进出,随着对岛上居住环境熟悉程度的加深,又迁移到远离海边的林中,这里可以寻找到更丰富的食物。择居行为表现自然人的心理特质,也代表着人种的心理特征。②

2.2　农业社会的聚落心理——融合

当人类社会进入农业社会以后,农业生产方式成为社会的主流生产方式,乡村聚落与人类住居也发生了相应的变化。农业社会中乡村聚落是农耕生产方式的承载空间,既为农业生产的劳动者提供住居,也为农业生产提供场所,它与生产方式是完全和谐统一的。当人类认知能力提升以后,农业社会实现了天然自然向人工自然的转化,在农业耕种的进程中,人类尝试着干预自然,正如中国古代农业生产中使用的挽具的发明是较早且较典型的利用畜力耕种土地的辅助工具,使得畜力的使用效率得到很大的提升。正是由于早期的农作物的种植经济的日益丰富,聚落主体对自然的驾驭能力相应提升,从心理上表现为:从敬畏自然到适应自然、融入自然,特别是聚落的选择与建筑特征都可以呈现出对自然的认识与适应。梁思成精辟地将其表述为:"建筑之始,产生于实际需要,受制于自然地理,非着意创制形式,更无所谓派别。其结构之系统,及形式之派别,乃其材料环境所形成。"③聚落在建造过程中采用与自然条件相适应的技术措施,充分利用自然能源,就地取材,体现着对聚落区域内的气候、地理、地貌的适应,而且建筑材料的差异也是由自然环境决定的,而且

---

① 俞孔坚:《理想景观探源——风水的文化意义》,商务印书馆 1998 年版,第 59—65 页。
② 俞孔坚:《理想景观探源——风水的文化意义》,商务印书馆 1998 年版,第 69 页。
③ 梁思成:《中国建筑史》,百花文艺出版社 1998 年版,第 11 页。

聚落住居的平面布局、结构方式、外观和内外空间的特征也体现着自然环境的
要求。传统聚落的差异性多是由于自然环境的不同所形成的,聚落即环境。
比如,北方的合院住宅外墙通常是不开窗子的,中间一般有内向敞开的院落,
居住者冬天能避风沙,也可以获得较多的阳光;而南方住宅中的天井则具有有
助于通风避热的效用,窄小天井上方均加有较宽大且深长的檐边,有利于躲避
夏季阳光的灼烧;在中国陕北黄土高原上的窑洞,是典型的覆土建筑,充分利
用黄土的特性,天然的恒温效应,节约了建筑材料,降低了建筑能耗,"作为一
种古老而天然的生土建筑以及文化和生存意象的见证。"①乡村聚落是对自然
地理环境的主动适应,也是独特的聚落心理形成的空间载体。

随着人地关系的深入展开,对于人与自然关系的认识也从原始的"混沌"
状态解放出来,开始了有意识地对自然加以利用的新征程。但是,受认识水平
和实践能力的限制,对自然环境表现出征服无力、无奈被迫顺从的心理特征。
传统聚落对地理环境及其提供的自然资源依赖度极高,财力、物力和技术水平
都限制了建筑环境的大规模改造,人们只能让自己的住居利用自然并且适应
自然。此时,人类因聚居活动需要而对环境的影响与破坏,基本上可以在自然
生态系统自我更新与调节的承载范围内进行。建筑活动局部"改造"与整体
"适应"的关系,反映了聚落的"双重"属性,即建筑活动本身,既是人类对环境
的改造,又是人类对环境的顺应。

"顺应"的观念体现于中国传统哲学"天人合一"的思想中。"天人合一"
思想是中国传统文化中自然观的核心要义,反映了在人与自然的多元实践中
所收获的经验与体悟。中国文化中的"天"就是自然,"人"则是人化与人类。
天人关系体现了人与自然的关系,带有人对自然的敬畏之心,特别强调人与自
然的相处,需要人依附于自然,即顺从,才能获得人与自然关系的和谐。聚落
的形成与建筑就是"天人合一"的空间形态,聚落主体通过住居的建筑与选址

---

① 陈旭:《窑洞:黄土高坡上的穴居风景》,《中国国家地理》2011 年第 2 期。

呈现出对自然环境的适应与协调关系,传统的建筑风水学强调用直观的方法来体会和分析环境面貌,寻找良好的地理环境。"《风水辩》中有一段精彩的解释:'所谓风者,取其山势之藏纳……不冲冒四面之风;所谓水者,取其地势之高燥,无使水近夫亲肤而已,若水势屈曲而又环向之,又其第二义也。'实际上注重的是如何有效地利用自然、保护自然,使聚落与自然相配合、相协调,强调人与环境处于一个有机整体之中。"[①]人的实践的能动性实现了对环境的影响与作用,可以适度地弥补自然的不足,可见人与自然的关系中人也不是完全被动地适应自然,而是呈现出双向的互动关系,在互动的过程中,在自然容纳的范围内,追求与实现和谐共生的过程。经过长期实践,人的主体性增强,渐强的认识并总结出适应自然、协调发展的经验,继而在实践中利用经验指导人,可以更相对充分地认识此地的资源、气候条件及环境容量,选取优良的地理环境构建人居聚落。

聚落考古学证明,人居聚落建造过程体现出对自然的"顺从",通常人居聚落选址于封闭、半封闭的自然环境中,利用被围合的平原、流动的河水、丰富的山林资源,既可以保证聚落主体采薪取水等生活需要和农业生产需要,又可以创造出符合理想的生态环境。中国比较典型的聚落主要分布在东南部的广东沿海地区,传统的选址原则为:"'山包村,村包田,田包水,有山有水'的村落环境,是自给自足状态下的理想环境"[②],其中有对农业生产的考虑,延续着强烈的节地精神。村落空间的核心区域通常是以高密度住宅紧密连片为基本布局,居住用地压缩到最小限度,集结在一起,形成团契,更多土地用来进行生产活动,从而尽可能地合理利用土地资源。以聚落住宅为中心,密布而无院落,牲畜多寄养于村旁圈房,粪肥集中管理,保持着较少污染的住居环境。村落外,或村落中,会有天然江河或人工开挖的风水池,借以洗涤、养禽、灌溉、消

---

① 亢亮、亢羽:《风水与建筑》,百花文艺出版社 1999 年版,第 6 页。

② 刘沛林:《中国历史文化村落的空间构成及其地域文化特点》,《衡阳师专学报》(社会科学)1996 年第 2 期。

防以及排水汇流。住宅往往在山脚坡地以前低后高的顺序进行建设,一方面可以使废水容易排入村前的池塘或河流,另一方面有利于日照,冬季阻拦北向寒流,夏季接纳水面吹来的东南风,并使各宅都能得到良好的穿堂风。乡村聚落的布局方式,一般能够实现生存与生态相和谐的理想状态。

2.3　工业社会的乡村聚落心理——斗争

工业革命后,人类实现了认识和改造自然能力的又一次飞跃,社会生产力的迅猛发展表现出人类征服、利用和改造自然的巨大潜能,人地关系也发展到一个新的阶段。人类实现了摆脱自然束缚的梦想。但是,人与自然界的冲突也在日益加剧。

随着城市化进程的加剧,尤其是不合理地开发利用自然资源,造成了全球性的环境污染和生态破坏,对人类的生存和发展构成了现实威胁。人类在处理聚居活动"二重性"关系时往往发生偏误。建筑活动过分强调"人工的一面而忽略了自然的一面",强调对环境的改造超过对环境的适应,人与自然和谐相处的基本原则被破坏了。结果,人类开始领受大自然的惩罚,各种人居环境的不适与灾难逐步降临。

人定胜天的人地观念。以技术创新为核心的生产发展,把人和自然对立起来,形成主客二分的自然观。将人看成自然的主人,把自然界看成可以任意征服改造的对象,把自然资源看成为人类需要而存在的工具,以为自然界的一切本身没有价值,只有为人类服务的价值。人类可以通过各种技术手段改造自然、征服自然。这时,人与自然的关系从相互作用、相互依存发展为人类对自然的单向索取。

生活与生产的单向度扩张。在差异化的人的观念指导下,乡村聚落生活和生产的和谐统一被打破,分别进行着盲目的单向度扩张。一方面,乡村地区不可持续的生产模式对生活环境造成极大破坏,乡村聚落的外部环境发生了巨大变化。在长期的粮食压力下,农业发展的生态环境不断恶化。大量使用化肥,土壤质量下降,沙化面积和水质污染日益扩大。同时,"村村点火,镇镇冒烟"式无序发展的乡村工业将原来集中于城市的污染源带到各级村镇,造成大气、土壤和地下水的严重污染,植被破坏加剧了水土流失,对聚落的生活环境造成极大的破坏。另一方面,乡村聚落自身的盲目扩张造成聚居环境恶化,侵占耕地现象严重。"离土不离乡""就地转移式"的乡村工业化、农村人口城镇化形式造成村落人口外流,宅基地闲置,土地撂荒,产生"空心村"现象。聚落空间自身布局分散,乡村住宅大而不当,华而不实,规模效益低,土地浪费严重。村落内部设施陈旧、环境脏乱、景观凌乱,形成只见新屋、不见新村的局面。

统一而异化的建筑形式。随着经济发展和生活方式现代化的冲击,新技术、新材料和新知识为建筑提供了更多的可能性,以往那种基于有限的地方建筑材料以及建造技术基础上自然形成的个性化的村落景象正在消失。村落与自然环境之间的亲和关系与特征逐渐淡化。不同地理环境与地方气候、生产方式及手工技艺所产生的聚落空间结构和景观特色正在被"统一"的建筑形式所取代。村镇建设中出现盲目照抄大中城市建设的趋势。白瓷砖、蓝玻璃,或是柱式与山花等建筑符号纷纷涌入,城市型聚落结构更是不断涌现,行列式状的住宅小区布局形式随处可见,广为流行,代替了传统住区中街坊巷道活泼自然的特色和亲切自然的生活气息,在乡村到处都能见到毫无表情、千孔一面的住屋形式。原有的和睦互助的友好邻里关系也不断疏远。

2.4 未来乡村聚落的心理预测——回归(共生)

未来乡村聚落是人类与自然抗争后的一个新的认知阶段,即共生阶段,也可以理解为回归阶段,主要表现为进入后现代文明阶段。可持续发展已成为当代人们探索的最重要主题,人与自然的和谐共生已成为全人类的共同追求。从对自然的恐惧到面对自然挺立的历程,人类经历了许多跌宕起伏。在陶醉于农业和工业文明的辉煌之后,人类现在正痛苦地承受着大自然的报复。当我们回顾数百万年的历程,我们得出的结论是,我们应该遵循客观规律,与自然和谐相处。人类在新的社会经济条件下开始以审慎的态度解决城市化问题,通过适当合理的技术手段实现人与自然环境的和谐。

可持续的人类和自然概念。可持续发展是一种新型发展。它不仅指经济和社会的发展,而且指自然的可持续发展。它是指自然经济社会系统的可持续发展。实现人与土地的互利共赢是根本要求。自然环境是农业生产的必要条件。农村居民点是自然整体环境系统中完整有效的组成部分,在未来城乡关系中发挥着重要作用。农村住区及整个农村地区有利于维护一个多元化的区域社会,为人类创造良好的生存环境。同时,乡村聚落与森林、农地共同构成了人类共同的生活空间和休闲空间,提供了一个丰富而清新的绿色空间。农村已成为人类的根之源。人与自然的关系不仅是生存层面的共存,而且是精神层面的共存。

城乡统筹的新农村建设。农业和农村人居环境的可持续发展必须在农业产业、居民点和自然环境之间形成良好的生态关系。要实施"园区产业集中,城镇人口集中,土地利用保护,乡镇企业环境污染治理,生态农业和旅游农业蓬勃发展,创造良好生产生活"。与城市景观不同,在城市景观基础上兼有更多的自然生态、元素。应强调乡村景观建设。农村自然景观是宝贵的精神财富和物质财富。乡村景观建设不仅在城乡生态保护和农村居住环境改善中发挥着积极作用,而且成为重要的旅游资源。观光和度假资源已成为农村经济的新增长点,也是中国现代农业不可分割的一部分。在村庄规划中,要充分考虑地形与地形的结合,减少对生态环境和景观的破坏,营造"小桥,流水,人民的家园"。

使用不需要资源的生态技术。"新"不能代表"先进",真正的进步在于"适当"。文明:双面刀片就足够了。在一个充满勤奋的头版书籍的私人图书馆里读书的王子并不意味着他比公共阅览室里的普通人更文明。在新农村建设中,要积极运用适当的技术,发展生态住宅,注重土地节约,房屋节能,无污染设计。"就地取材""因材施工"是传统聚落营建的重要方面。在广大农村地区,发展就地取材等适宜技术建造低造价住宅,不仅意味着对村落传统特色的继承,更有助于降低建筑成本,同时简单化的住宅形式更有利于居民参与。

可持续发展的基本点在于人与自然在发展中的和谐,物质文明与环境优化在发展中的同步。研究和挖掘隐藏在传统聚落中的可持续发展思想和可持久的建设方法,不是要回归已成为历史的模式,而是要弘扬敢于突破,敢于在传统聚落中创造的精神。创新以可持续的人际关系为基础,创造了新的乡村景观。

3. 乡村聚落心理的一般性质特征

乡村聚落心理的特点是由乡村聚落的本质所决定的,区别于社会心理与普通心理,它起源于地缘与人口的密集和生产方式。

首先,乡村聚落心理的内源性。乡村聚落心理既是内在的心理过程,又外显为社会现象,构成乡村聚落心理不可分割的双重属性。乡村聚落心理是由每个聚落个体的心理特征聚合而成的,形成乡村聚落的社会心理合力,与普通心理学中的知、情、意过程吻合。当然也呈现出明显的差异性,即乡村聚落心理过程包括聚落认知、情感、动机和态度。聚落认知是聚落主体对聚落生活的认识过程,包括聚落主体对聚落客体的主体反映与主体摹写,形成聚落的主体性规定。聚落情感包括主体对在聚落中生活的内心体验,形成聚落主体的生活基础。聚落动机则是聚落主体发展的内驱力,表现为聚落主体获得共同发展、共同利益进行努力的内在动力,满足聚落主体日益增长的物质生活与精神生活需要所产生的推动力,最终凝聚成聚落的文化核心,固化下来,再映射在聚落主体的群体心理中,成为文化认同与价值认同的基础要素。还有"态度",通常是在认知、情感、动机基础上形成的综合性心理过程,是社会行为的准备阶段,或者称作潜在状态。聚落主体的行为是其态度的实现,聚落行为的出现意味着某个具体的内在聚落心理过程的大体完成。

其次,乡村聚落心理的外延性。乡村聚落的主体心理表现形式是约定俗成的行为规范,可以理解为一种精神认同现象,广泛弥散地存在于人地、血缘与社会关系中。较为典型的就是聚落中的情感认同,有对他者的认知、群体的认同等,表现为恋土情结、地缘关系、宗教信仰,等等。在现存传承下来的乡村聚落中,往往有着独特的行为规范,成为其文化差异化的标签,反映着地域不同的聚落中主体心理的差别。在《文明与野蛮》的开篇就有这样的例子:在东非,人们以吐唾沫的方式表示祝福,而在法国则是最不友好的行为,"倘若你看见谁向人吐唾沫,你一定以为他不高兴那个人。对的,在法国确是如此,可是在东非的查加兰的黑人(Jagga Negroes)里面,你就算是猜错了。在他们那儿,吐唾沫是紧要关头的一种祝福,新生的孩子、生病的人,全要法师来吐四口唾沫。换句话说,用唾沫来表示厌恶,并不是人类的天性。这种象征主义无非是习惯罢了。"①乡村聚落的群体性心理有外延性的特性,在生产生活中呈现在行为方式中,进而使得乡村聚落成员之间也会彼此影响。聚落心理的外延性突破个人心理过程的局限性,呈现出群体心理的合力效应,比个体心理可以更集中地反映出群体意愿,在聚落的存在形式与形态变迁的进程中也起到举足轻重的作用。

再次,乡村聚落心理的互动性。乡村聚落中群体性心理具有很强的互动性,通常表现出聚落成员中相互沟通和相互影响的特性,比如聚落里的小道消息,流言蜚语以及动员、宣传都属于心理互动的范畴。乡村聚落中形成的群体心理在自给自足的农耕生产中有利于协调共进,特别是在对待公共资源如何利用方面更利于集思广益,对于群体性智力的发展上也是有益的。乡村聚落的群体心理所具有的互动性是群体行为和社会事件的心理机制,基于聚落主体之间的心理互动,有利于随着乡村聚落不断扩大而产生共鸣或者冲击。乡村聚落心理的共鸣是主要方面,保证聚落的稳定与生产的可持续;而冲击虽然

---

① [美]罗伯特·路威:《文明与野蛮》,吕淑湘译,生活·读书·新知三联书店1993年版,第1页。

带来不同的观点,但也促进聚落心理中涌现的新元素被正视,进行磨合形成合力转化为认同,此时乡村聚落由于群体性心理的冲击效应而产生新观点,成为聚落发展的不竭动力。

乡村聚落的诸多心理特征构成乡村聚落心理系统。事实而言,群体性心理本身就具有复杂的系统性特质,"环境和各种事件代表着一时的社会暗示因素,它们可能有相当大的影响。"①乡村聚落中主体心理以整体性呈现出来,渗入于聚落经济模式、文化范式之中。系统性体现在整体乡村聚落心理大于个体之和,即乡村聚落心理并非每个聚落中的个体心理都可以融入其中。而聚落中每个个体心理,通常会经过种族、传统、历史、政治和社会制度以及教化融汇而形成共同群体性意见与信念,汇合而成为乡村聚落心理。考古学通过对乡村聚落的社会结构以及发展路径的考察,特别是与城市聚落的对比性研究中得出的结论,更加充分地说明了乡村聚落整体性的特征。

三、聚落主体与生态缺失

随着社会生产力的提高,特别是以城市化为空间载体的机器大工业的发展,愈来愈细的社会分工,使原来相对自由地生活在乡村中的聚落主体——乡村聚落中的"自然人"进入到城市中,日渐成熟为"经济人"。"经济人"力求实现"物"的生产的最大化,以最大限度地满足物质匮乏。由于资源有限性的限制,早期发达的工业化城市都不同程度地出现了城市病,究其原因就在于城市的生态困境,在城市聚落主体中也呈现出自然"缺位"的问题。

1. 聚落主体的哲学认识

对聚落主体的认识,成为研究聚落及其发展的重要环节。从聚落主体的

---

① [法]古斯塔夫·勒庞:《乌合之众——大众心理研究》,冯克利译,广西师范大学出版社2010年版,第95页。

性质切入,乡村聚落中的主体以突出人的自然属性为主要特征,因此可以称为"自然人"。相对而言,城市聚落主体则以突出人的物质属性为特征,可称为"经济人"。

聚落产生与发展的根本动力是满足主体的需求、实现主体的发展。不同聚落以满足主体需要为依据,事实而言,在生态历史论的视野中,主体对空间的需要本身是个历史过程。因而人的属性也具有历史性。人具有自然属性与经济属性,而且"自然人"与"经济人"具有共通性,构成两种基本维度,"自然人"与"经济人"是对人的基本属性的概括。

"自然人"包含两个方面内涵:其一,人是自然的一部分,具有动物性的需求;其二,人是直接的自然存在物,受自然限制的存在物。"经济人"主要指人的经济方面的社会属性,在一定的历史时期,经济属性凸显人的趋利本性。

"自然人"概念的形成也是一个历史过程。费尔巴哈(Feuerbach,L.A.)在《基督教的本质》中认为,上帝不过是人类所缺乏的各种完美性的一个虚幻的表象,上帝实际上是对象化的人类特性,必须"将外在于世界的,超于自然与超于人的上帝的本质还原成为属人的本质的组成部分以作为其基本组成部分。"①费尔巴哈通过对宗教的批判形成了对自然人的理解。人是自然的存在物,将自然的东西纳入为自身的某一部分,从而也就实现了自然的本质变成了人的本质。"他把人看作实在的主体(对自己而言),同时又把人看作客体(对别人而言)。强调人的思想是人的肉体活动的结果。费尔巴哈是从人与动植物界不可分割的联系中去考察人的,在他的著作'从人类学观点论不死问题'中指出,人跟植物和动物一样,也是自然物。"②"在我之外的水是在我之内的我的本质的组成部分","我所吃的喝的东西是我的第二个自我,我的另一半,

---

① 《费尔巴哈哲学著作选集》下卷,荣震华等译,生活·读书·新知三联书店1962年版,第174页。

② [德]巴斯金:《费尔巴哈的哲学》,涂纪亮译,上海人民出版社1959年版,第44页。

我的本质。"①因此,自然是人的本质的组成部分。"脑壳和脑髓是从哪里来的,精神也就是从哪里来的,因为二者是不可分开的,倘若脑壳和脑髓是出于自然界,是自然界的一个产物,那么精神也就是这样的。"②费尔巴哈认为人是自然、感性以及实在的。

马克思从对人的现实生活的分析出发,对费尔巴哈的"自然人"概念进行了批判。马克思在《论犹太人问题》中首次使用了"自然人"的概念。但是,"马克思所说的'自然人',既不是生物学意义上的人,也不是十八世纪启蒙思想家假想的处于'自然状态'的人,而是现实的人类历史进程形成的人。"③

马克思在《论犹太人问题》中分析市民社会与国家的关系时指出,资产阶级政治革命的意义是双重的。因此,"作为市民社会成员的人,即非政治的人,必然表现为自然人。人权表现为自然权,因为以自我意识为前提的活动集中在政治行为上了。"④就此而言,马克思所说的"自然人"是指丧失了一切社会关系和存在普遍性的、市民社会中利己主义的人,是人存在的异化状态。但是马克思并没有完全否认费尔巴哈对人的理解。

马克思在《1844年经济学哲学手稿》中指出:"人直接地是自然存在物。人作为自然存在物,而且作为有生命的自然存在物,一方面具有自然力、生命力,是能动的自然存在物;这些力量作为天赋和才能、作为欲望存在于人身上;另一方面,人作为自然的、肉体的、感性的、对象性的存在物,和动植物一样,是受动的,受制约的存在物。"⑤"没有自然界,没有感性的外部世界,工人就什么也不能创造。它是工人用来实现自己的劳动、在其中展开劳动活动、由其中生

---

① 《费尔巴哈哲学著作选集》上卷,荫庭等译,生活·读书·新知三联书店1959年版,第530页。
② 《费尔巴哈哲学著作选集》下卷,荣震华等译,生活·读书·新知三联书店1962年版,第656页。
③ 郭艳君:《论马克思对费尔巴哈"自然人"的继承与超越》,《学术交流》2006年第7期。
④ 《马克思恩格斯全集》第1卷,人民出版社1956年版,第442页。
⑤ 《马克思恩格斯全集》第42卷,人民出版社1959年版,第167页。

产出和借以生产出自己的产品的材料。"①"从理论领域来说,植物、动物、石头、空气、光,等等,一方面作为自然科学的对象,一方面作为艺术的对象,都是人的意识一部分,是人的精神的无机界,是人必须事先进行加工以便享用和消化的精神食粮;同样,从实践领域说来,这些东西也是人的生活和人的活动的一部分……人的普遍性正表现在把整个自然界——首先作为人的直接生活资料,其次作为人的生命活动材料、对象和工具——变成人的无机身体。"②

综上所述,"自然人"的概念有两层含义:第一,人的生存与发展需要自然界提供满足生存需要的物质条件;第二,人作为受动的存在物,必须遵守自然秩序,违背自然秩序必然会受到惩罚。"自然人"是指人对自然依赖为主的人的存在,同时指出人具有自然属性。

"经济人"一词产生于经济学领域,它是指:"是微观经济学理论得以建立的假设条件之一,被规定为经济活动中一般人的抽象;其本性是自利的,其行为是合乎'理性'的。即总是一定约束条件下寻求讨价还价,以追求效用最大化方式行事,力图以最小的经济代价去追逐和获得自身的最大经济利益。"③

英国的经济学家伯纳德·孟德维尔(Mandeville,B.)在1714年出版的《蜜蜂寓言,或个人劣行即公共利益》一书中认为,各个人如果自由进行利益的活动,其结果会自然而然地增进社会全体繁荣,其利益比最初以非利益为目的而进行的活动要大得多。在这里,个人劣行指的是个人追求自己快乐和幸福;公共利益指的是社会经济发达,社会财富的增加。在18世纪,法国哲学家爱尔维修(Claude Adrien Helvétius)也认为,利己主义是人类的自然特征和社会进步的因素。亚当·斯密(Smith,A.)在《国富论》(1776年)一书中尖锐地指出:"人类几乎随时随地都需要同胞的协助,要想仅仅依赖他人的恩惠,那是一定

---

① 《马克思恩格斯全集》第42卷,人民出版社1959年版,第166页。
② 《马克思恩格斯全集》第42卷,人民出版社1959年版,第126页。
③ 周家超:《经济人理论:渊源、演进及启示》,《成都纺织高等专科学校学报》2005年第7期。

不行的。……我们每天所需要的食物和饮料,不是出自屠户、酿酒师或烙面师的恩惠,而是出于他们自利的打算。我们不说自己有需要,而说对人们有利。"①他认为人具有完全自利的目的、完全理性的手段以及以信息为条件。此时"经济人"假设被完全提出并且得到经济学界的认同与接受。边沁(Bentham,J.)认为,个人利益总是和社会利益保持一致,既不需要道德约束,也不需要法律制约。李嘉图(Richard,D.)则假定"经济人""只有一种活动,即牟利的活动;只有一种要求,即生利的要求;只有一个目的,即成为富人的目的。"②古典经济学集大成者约翰·穆勒(Mill,J.)对"经济人"进行了理论上的抽象和概括。他指出,"经济人"具有利己、完全理性等特点,自利活动会增加社会的公共福利。至此,西方经济学中的"'经济人'公理"完全形成了。此后,"经济人"假设在经济学中有了新的发展。在"边际效用"理论诞生的背景下,帕累托(Pareto,B.)第一次提出了"经济人"概念,并附加了"边际理性"的规定。从此"经济人"不仅追求个人利益,而且能在边际成本与边际效益中,追求最大的效用。

马克思在《资本论》中认为:"这里涉及的人,只是经济范畴的人格化,是一定阶级关系和利益的承担者……不管个人在主观上怎样超脱各种关系,他在社会意义上总是这些关系的产物。"③马克思的"经济人"是指一般的"经济人",最主要的是指"经济人"的自利行为在相当长的人类社会的历史进程中客观存在着。20世纪50年代中期,新古典经济学派重新对斯密的理论进行研究,使"经济人"的概念得到了进一步的发展,除传统的定义之外,又具有个体理性的特征,指出"经济人"的新特征:个体利益最大化、个体是完全理性的、个体具有完全理性的预期以及市场总是完全出清的。

---

① [英]亚当·斯密:《国民财富的性质和原因的研究》上卷,郭大力等译,商务印书馆1997年版,第13—14页。
② 王亚南:《政治经济学史大纲》,中华书局1949年版,第244页。
③ 马克思:《资本论》第1卷,人民出版社1975年版,第12页。

"经济人"从"古典'经济人'""新古典'经济人'"进化到了"新'经济人'",虽然"新'经济人'"仍然坚持上述三个命题,但在许多方面对传统模式有了突破。以布坎南(Buchanan,J.)为代表的公共选择学派,把"经济人"模式从原来的经济领域扩展到非经济领域,甚至是人类生活的所有领域。贝克尔(Becker,G.S.)则从生物进化论的角度,论证了"经济人"的自利动机和行为是符合"物竞天择,适者生存"规律的。威廉姆森(Williamson,O.)认为,"'经济人'具有机会主义倾向,只要有机会,他就会不惜损人利己或利用信息的不对称性欺骗对方。信息成本和交易费用导致'经济人'不可能具有完全信息和完全理性。"①

从聚落主体的角度探讨的"经济人"中的"经济",是与"自然"相对的概念,通常我们说与自然相对立的概念是文化,但是文化的概念正是基于对人类改造自然的行为及结果的观照之上。按照学界较通行的做法,一般将文化划分为三个层面,即物质文化、制度文化、精神文化。而物质文化是整个文化的发展与变化的基础。物质文化中的核心就是通过"经济"行为获得的"经济"成果,因而"经济"也可以作为与"自然"相对立的概念。总的来看,"经济人"体现出人的社会属性的重要部分,是相当长的时期中的历史表现,是人地关系中和人际关系中表现出的狭隘自利性的社会属性。

2. 城市聚落中的自然人缺失

从人的自然属性来看,聚落可以满足人们对自然的需要,是连接人与自然的空间桥梁,最初产生的目的就是使人在强大的自然中获得相对封闭的空间庇护,而后更多家庭的共同选择,使其进一步实现了主体的群居需要,形成了人类社会的雏形。由此,自然人对聚落的需要,既要保证聚落主体自然属性得到实现,同时还促进了自然人的社会属性的实现。

---

① 范小虎等:《我国社会主义市场经济中的"经济人"分析》,《经济问题探索》2001 年第2 期。

马克思认为,人的形成不是个体行为,而是一种社会行为。"我们的猿类祖先是一种群居的动物,人,一切动物中最爱群居的动物。"①原始人类最初是以一种游居不定的方式生存着,以胆怯的心态尝试着认识宽泛的人地关系。为了抵御外物的侵袭,原始人开始居住在岩洞中或定期去探访岩洞。在永久性居住地出现前,这些岩洞使原始人类体会到了封闭空间强大的威慑力和感召力,由此产生了原始的空间概念,从而开始寻找固定的聚集生活地。这便是早期聚落的萌芽。

首先,早期聚落中的主体的自然属性。

早期人类的生产力水平低下,生存能力弱,所以寻求封闭的空间是保护自身的基本选择。聚落的最初模式几乎都是相同的,在聚落中心有一个中心空场,外部为居民住宅。它既可以抗击外侵,又可以进行公共活动。社会心理学家认为聚落的产生源于人的聚集。"早期的社会心理学家威廉·麦独孤(William McDougall)认为群集是人的本能之一。个人不愿意被认为越轨者或'不合群的人'。人们内在的特性尤其是老、孤、弱不能自主的情况引起了人的合群;另一方面,人们的诸多需要如成功、爱、鉴赏、舒适、安全、尊敬、权力等只有通过他人才能得到满足,所以本能、内在特性、学习和需要的满足引起人的合群,人类早期共同生活的群体,构成凝聚力很强的原始聚落。"②

在人类永久性聚落形成的初期,人类就表现出比单纯的动物性需求丰富得多的社会性需求。古人类敬重死去的同类,寻访逝者的墓穴,以寻找精神寄托,表达原始的哀悼与崇敬。古人类在巨岩旁或在古老的圣树下欢聚、舞蹈,萌生了相对固定的生活场所,最终形成最初的聚落形式,实现了人类最初的"乌托邦"。③ 从对古希腊时期神庙周围举行的宗教活动的考察中发现,聚落的形成是社会生活从单一的宗教仪式中解放的过程,使聚落从圣坛进入到人

---

① 《马克思恩格斯选集》第3卷,人民出版2012年版,第991页。

② 谢吾同:《聚落观》,《华中建筑》1996年第3期。

③ 李蕾、李红:《聚落构成与公共空间营造》,《规划师》2004年第9期。

们的生活中,拉开了人类社会生活由分散到集中的序幕。

聚落萌芽于原始社会,当时聚落的形成主要受到自然因素的作用。从原始社会末期开始,乡村聚落初具规模,独立而且封闭地发展。萌芽时期的乡村聚落,人们"上古穴居而野处"①,此时聚落还是以动态为主。俞孔坚在《风水模式深层意义之探索》一文中指出:"在北美生活着一种哺乳动物金花鼠,它对居住环境的成功选择,实在令人吃惊,有人甚至称其为成功的'城市规划师'。生态学家的研究发现,它所居住的地方:(1)必临近一片谷物地,其洞穴必临近水源,(2)远离柳树林和木林,(3)远离乱石堆,(4)洞穴必在东南坡上,周围草皮优良,土壤疏松。究其原因,临近谷子和水源,显然可以免受饥渴之苦,可为什么要远离柳树和木林,躲开乱石堆呢? 原来这类树林正是金花鼠的天敌猫头鹰等鹰类最爱栖居的场所,而乱石堆则是另一类天敌蛇类的出没地带。至于洞穴的朝向和其直接的生境条件,可以保证它在冬季不受西北寒风的袭击,使洞穴保持温暖舒适。"②人类最初建构居所的原则与此是大体吻合的。

其次,定居农业聚落的人地关系特征。

进入新石器时期以后,依靠劳动工具的进步和对自然规律的初识,人类便开始从事种植和养殖生产,在与自然相处的过程中,理性的光芒在偶然的灵性中体现出来,于是便进一步形成了由相对固定的生产方式所决定的聚落。这样的一个历史过程意味着人类在艰难的跋涉之后终于在自然中找到了一块立足之地。"直至中石器时代,大约距今 15000 年以前,人类才首次获得了较为充足、稳定的食料供应……考古学家才在从印度到波罗的海沿岸的广大范围内开始普遍发现了人类永久性聚落的确切证据。"③定居是人类发展到了一定

---

① 丹明子:《易经的真理》,甘肃文化出版社 2005 年版,第 302 页。

② 俞孔坚:《风水模式深层意义之探索》,《大自然探索》1991 年第 1 期。

③ [美]刘易斯·芒福德:《城市发展史——起源、演变和前景》,宋俊岭、倪文彦译,中国建筑工业出版社 1989 年版,第 7 页。

的历史阶段以后才真正出现的。具体说来,是在距今大约六七千年以前的新石器时代,第一次社会劳动大分工,农业和牧业的分离,产生了固定的农业居住点。

人类在定居之前,基本受自然的支配和奴役。风雪雷电,洪水猛兽,都对人的生命构成直接的威胁,面对异己的自然,生存能力极为低下。定居方式的实现,意味着人与自然关系的一次重大改变,人类初步具备了改造自然的能力,作物种植和动物驯养使食物来源有了比较充分的保证,人们可以开始创造自己永久性的家园。此时就形成了乡村聚落的萌芽。从事农业生产的聚落形态大约出现于一万年以前,它的出现是人类生存历史上第一个光辉的篇章,其中母系氏族社会与父系氏族社会的聚落又各有特征。

母系社会出现于约 6000 年前,聚落的建构以顺应自然地形地貌为前提,用地的规模与其他时期相比要大一些。聚落中的中心产业技术为原始农业技术,特点是主要依附现存的自然条件。为方便农耕、畜养以及生活,村落通常建在临近水源的台地、丘陵和平原地区。这一时期大多数生产以种植业为主,以畜牧渔业为辅,所以乡村聚落通常采用居住地与生产基地结合的聚落模式,"其形态一般是以居住区为中心,外层是以耕地为主的生产用地。"[1]

父系氏族社会的出现相对较晚,在生产力发展的进程中,人与人的关系发生变化,平等的血缘关系被瓦解,私有制开始萌芽。聚落逐渐成为以地缘为纽带的利益共同体,乡村聚落开始分化,形成两个新的走向:其一,是以农业生产为主体的乡村聚落;其二,形成物质交换的场所或地域性的政治中心,这就是乡村聚落向城市聚落发展的过渡基础。

可见,从渔猎业社会过渡到农业社会,人的生存方式和生存空间发生着同步变化。这个过程体现出一个基本特征:聚落首先要适应人和自然的关系。

再次,定居农业聚落的人际关系特征。

---

① 贺业钜:《中国古代城市规划史》,中国建筑工业出版社 1996 年版,第 64 页。

人与自然的关系和人与人的关系是互为中介的,人要从自然界获取生活资料,必须结成一定的生产关系。从考古学可知,人类最初是游动而居的。因为对于个体力量相对弱小的生物而言,群居是一种普遍现象。只有这样,它们才能够形成一股力量,实现与自然力的抗衡,力求可以在生态系统的复杂结构中占有一席之地。人类同样也有类似于其他社会性生物的动物性需求,"在许多动物物种中自然也存在着要求定居、休息的倾向,要求回归到安全而又能提供丰富食料的有利地点;而且,正如卡尔·欧·索尔(Carl,O.S.)所说,贮藏和定居这种癖性本身大约就是原始人类的特性一种。"①但是人的群居行为又不等同于动物的群居行为,人和动物的根本区别在于创造性的活动即生产劳动,所以人的聚落既要满足生产劳动的需要,又要满足人际互动(包括亲情交流和社会交流)的需要。

在农业社会中,生产的基本单位是以血缘关系为纽带的家庭。在典型的农业社会中,原始公社解体之后,氏族血缘关系基本未遭破坏,族系成员聚族而居,成为一个个村落,尽管由于社会变动会有外姓人迁入,但总体来说都有一个宗亲关系占据主导地位。整个社会结构和国家关系,表现为以国王为最高家长的血缘家族系统。这种结构的出现不是偶然因素造成的,而是由农业生产的特点所决定的,尤其是在类似于中国这样的东方农业社会中,由于灌溉农业需要经常兴修水利,需要统一的国家来组织大型的公益活动,需要人们规范定位,所以宗法关系成为社会的黏合剂就具有了极强的必然性。世界范围内各有不同的表现:在俄罗斯由于领土辽阔而且缺少天然屏障,容易遭受外敌入侵,所以农民必须在相当程度上保持原始公社的血缘联系。在希腊和西欧情况有所不同,由于商品经济比较发达,社会分工显露较快,所以氏族、胞族和部落的成员,很快就都杂居起来。但只要自然经济没有解体,社会成员也只能主要居住在以地域为单位的离散型聚落之中。

---

① [美]刘易斯·芒福德:《城市发展史——起源、演变和前景》,宋俊岭、倪文彦译,中国建筑工业出版社1989年版,第2—3页。

定居的村落相连组成的综合体,称之为"邑"。"邑"的形成标志着真正建立起有长期独立生存能力的居住基地。"邑"是指人居于设有一定围护结构的场地。考古资料显示,"邑"的空间布局也具有内聚向心的特征,中央为公共活动的广场,各氏族的"聚"环绕广场布列,凝为一个整体。聚落都落脚在生态环境优美的地方,原始聚落的分布一般都以河流水系为脉络。

"《尔雅》中记载:'邑外为之郊,郊外为之牧,牧外为之野,野外为之林',描述了邑外部的环境构成:最里为郊,郊有耕地;郊外为牧,是畜牧场地;其外为野,实际上是荒地;再外则为森林地带。"①这样"邑"的景观就呈现出来了。"邑"的特点很明确,那就是明晰性、层次性、向心性和封闭性。明晰性是指邑有明确的功能区,生产与居住两大功能区分开。在食物的生产基地中,农耕及渔猎、畜牧活动,以及制作陶器等活动几乎同时进行着。后来的城市特别明确地继承了清晰性的特点,所以全部的城市都具有功能区分离的特征。层次性,邑的层次性则表现为地理位置的选择和内部布局上,不仅存在于选址过程中,还更突出地体现在其内部的布局上。"邑"的向心性也是很具特色的,也回应了原始人类心理的真实反映。一般的"邑"都有大小两级中心,一级中心为中央广场,二级中心为大房子。封闭性,封闭是原始人类的又一有代表性的心理特征,"邑"在外围都有壕沟、土围、栅栏等围护结构,以将整个聚落围护起来,抵御野兽的侵袭。为摆脱自身在自然面前的无力,借助于封闭的空间来支撑和改变心理的恐惧,即"城墙也可能是从古代村庄用以防御野兽侵袭的栅栏或土岗演变而来的。"②就"邑"本身的发展来说,它有两个方向,一个继续比较集中的乡村模式,另一个则走向新路径,这就是城和市的形成与发展。

从游动到定居再到"邑"的过程,即是村落的形成过程。它既是原始社会和农业经济承载的空间,也是当时社会政治结构与经济结构的中心。在此过

---

① 贺业钜:《中国古代城市规划史》,中国建筑工业出版社1996年版,第33页。

② [美]刘易斯·芒福德:《城市发展史——起源、演变和前景》,宋俊岭、倪文彦译,中国建筑工业出版社1989年版,第9页。

程中,人以其自然属性为显性特征。聚落的"秩序和稳定性,连同它母亲般的保护作用和安适感,以及它同各种自然力的统一性"①构成聚落主体的精神主旨。

3. 乡村聚落中的"经济人"缺失

随着社会经济结构与政治结构的转移,城市聚落逐渐形成了人类文明的中心,城市聚落自然也就成为经济与政治的中心。以自然人属性为主导的乡村聚落,也逐渐演变为以"经济人"属性为主导的城市聚落,这一演变使聚落的集约功能发生了质变,彻底改变了乡村聚落中人的亲和与人际亲和的生存方式。

从词源上讲,城市聚落的产生从"围子"出发,即在英语和俄语中"城市一词(town 和 город)的原意都是'围子'。"②城市是在"城"和"市"的基础上发展而来的,而从起源上看,"城"与"市"是两个不同的概念。

"城"早于"市"出现,"城"是一种土、木、石墙或沟池形成的大规模的居民点,是大规模和永久性的保护性设施,最初主要用于防御野兽侵袭。后来在聚落发展过程中,由于利益冲突,具有共同利益的相邻的部落之间相互结盟,以地域规律进行组合,形成部落联盟,并频繁发生战争。战争需要借助一定的设施进行防卫,于是"城"便演变为防御敌方侵袭的一种大规模的永久防御设施。所谓"城,成也,一成而不可毁也。"③防御功能的比较优势是"城"产生的主要原因。

社会管理的需要也是"城"产生的原因之一。如果说人类成功地实现定居是完成了人与自然关系的协调,那么,"城"的出现则是为了适应人与人之

---

① [美]刘易斯·芒福德:《城市发展史——起源、演变和前景》,宋俊岭、倪文彦译,中国建筑工业出版社 1989 年版,第 12 页。

② [比]皮雷纳:《中世纪的城市》,陈国樑译,商务印书馆 1985 年版,第 36 页。

③ 兰喜阳、郭红霞:《现代城市的本质与特征》,《中国城市化》(期刊杂志电子版)2003 年第 6 期,见 http://www.curb.com.cn/dzzz/200306/0306lt06。

间关系协调需要而产生的新载体。社会分工的发展,阶级压迫代替了人际平等,社会结构由平面形态转为立体形态,统治者位于社会中心,其对社会统治反映在聚落形态上,主要是"城"的出现。"城"通常是由"邑"群的中心大邑发展而来的,称为"都",又称为"国"。它的出现改变了邑群原有的结构方式,从多点平等的无序分布变为中心控制的辐射分布。

"市"相对于"城"而言,则代表了聚落的另一种功能,即具有贸易、交换功能的聚集点,主要是指商品交换的场所。在"城"产生之前,物质交换没有固定的场所,早期的人们通常在居民点附近的水井旁,于特定的时间进行实物交换,从而形成集市,称为"市井"。随后货币的出现并且大规模的使用,使从物物易货转变为使用中介物进行的商品交换,为了交易与管理的方便,"市"逐渐从"井"旁被吸引到人口比较集中的区域,同时又是统治者居住的地域中,并逐渐占据某个固定的位置,便实现了"城"和"市"走向的一体化。

"城"和"市"的结合形成了早期的城市。城市(city)是在兼具政治功能和经济功能的"城"和"市"二者共同发展的基础上形成的。这是目前国内外学者比较通行的观点。因此,"城市"与"城"和"市"具有发生学上的密切联系。"所谓城市,指一种新型号的具有象征意义的世界,它不仅代表了当地的人民,还代表了城市的守护神祇,以及整个井然有序的空间。"①

城市聚落是相对于乡村聚落而言的一种永久的、大型的聚落。城市的产生,标志着人类新的生产方式、社会组织和生活方式的出现,为人类文明的发展与传承提供了载体,同时预示了人类文明时代的来临。从对原始城市聚落的起源的考察可知,作为显性特征,城市聚落具有军事、政治、经济三个方面的表层功能,其深层功能是它的文化功能。"城市的社会功能是重要的,但是,

---

① [美]刘易斯·芒福德:《城市发展史——起源、演变和前景》,宋俊岭、倪文彦译,中国建筑工业出版社1989年版,第27页。

随着快速的交往和合作而产生的共同目的则更为有意义。"①最初的城市作为经济中心的地位并不突出,主要彰显的是作为政治中心和文化中心的地位。城市中的各种中心既是人们交往集合的场所,又是传播人类文化的源泉,在这里汇聚了各种经验的同时,也集中了人类的思想和智慧。

"城市通过它所集中的物质的和文化的力量,加快了人类的交往速度,并将其产品变为可储存和复制的形式。"②不仅能满足人们的物质需要,更多的是能满足精神需要。仅从这个意义上说,城市聚落是优于乡村聚落的。因此城市聚落相对于乡村聚落而言产生多重效能,如集聚效应、规模效应、组织效应和辐射效应等。"这些地点是先具备磁体功能,而后才具备容器功能的:这些地点能把一些非居者吸引到此来进行情感交流和寻求精神刺激;这种能力同经济贸易一样,都是城市的基本标准之一,也是城市固有活力的一个证据。"③

城市化(urbanization)是伴随着西方资本主义生产方式的兴起而产生和发展的。20 世纪中叶以后,发展中国家对发展道路的寻求,城市化这一趋势引起越来越多人的关注,并成为当今世界社会经济发展的一个主要潮流,城市化水平的高低已经成为衡量国家或区域社会经济发展状况的一个重要指标。古典经济学的代表人物威廉·配第(Petty,W.)在 17 世纪就关于农业、工业和服务业比重的变化对经济的影响进行了精辟的论述。他认为,随着工业化上升,之后又因为服务业的优势剧增而下降,农业在就业和国民产品中的相对重要性表现出了下降趋势。后来,此概括得到了柯林·克拉克(Clark,C.)的肯定,

---

① [美]刘易斯·芒福德:《城市发展史——起源、演变和前景》,宋俊岭、倪文彦译,中国建筑工业出版社 1989 年版,第 417 页。
② [美]刘易斯·芒福德:《城市发展史——起源、演变和前景》,宋俊岭、倪文彦译,中国建筑工业出版社 1989 年版,第 417 页。
③ [美]刘易斯·芒福德:《城市发展史——起源、演变和前景》,宋俊岭、倪文彦译,中国建筑工业出版社 1989 年版,第 6 页。

并被人们称为"配第—克拉克命题"(Petty-Clark Hypothesis)①,概括了工业服务业作为城市化的主要动力,必将导致城市化的发展,此结论被后来的经济学家认为是对城市化必然趋势的总结。让·巴蒂斯特·萨伊(Say,J.B.)更是明确指出:"一个国家非到城镇在全国星罗棋布,就不能生产本来能够生产的那么多农产品,没有城市提供便利的设备,工业产品不能臻于完善。"②在萨伊看来,把人口集中在最有利于分工和使用技艺的地方,既有利于农业的发展,又有利于工商业的繁荣。同时,城市化还可以为农业的增长提供市场。并进一步提出,随着经济的增长,以至于出现人口的城市化和乡村人口减少的趋势。

综合经济学家对于城市化的研究可见,城市化涵盖了城市、人口与经济等主要概念,其中特别集中地强调人口的空间集聚,认为城市化是生产力的发展而引起的人口向城市地域集中和乡村地域转化为城市地域的过程,同时强调了生存方式的改变,城市化是人类生产方式和生活方式由乡村型向城市型转化的历史过程,表现为乡村人口向城市人口转化及城市不断发展和完善的过程。它要解决的根本问题是缩小乃至消除城乡生活条件的差别,实现城乡融合。还有,强调城市质量的提高,认为城市化既表现在城市和城市人口数量的增加上,更应表现在城市质量的提高上,包括城市结构的调整(产业、经济、社会、空间),效率的提高,功能的增强,环境的改善,传统文化的继承与发扬以及资源集约和合理使用,等等。

中国的城市化进程起步晚速度快,对社会的发展影响巨大,也成为研究者关注的焦点。主要观点为,城市化是"随着工业化的发展和科学技术的革命,乡村分散的人口、劳动力和非农业经济活动不断地进行空间上的聚集而逐渐地转化为城市的经济要素。"③如果从聚落空间的角度研究城市及城市化,则将重点关注人口与空间的关系问题,认同城市化即人口生存空间的转换,即空

---

① 迈耶:《发展经济学的先驱》,谭崇台译,经济科学出版社1988年版,第70页。
② 何卫东、赵彬:《关于城市化问题的几点思考》,《山东社会科学》2002年第1期。
③ 蔡孝箴主编:《社会主义城市经济学》,南开大学出版社1990年版,第20页。

间上的集聚。城市化就是农村人口转化为城市人口的过程,或是指农业人口转化为非农业人口的过程,这种转化及非农业经济活动必须在空间上聚集,其本质是指农村人口转化为城市人口,人口从分散到集中的过程。伴随着这一过程的推进,城市数量增加,城市规模扩大,城市产业逐步壮大和升级,使城市质量得到提高,推动城市进一步发展。同时,城市的生产方式、生活方式和社会组织形式不断向农村扩散,农村人口向城市转移是城市化的核心所在。

城市化进程有两种表现:其一是城市规模的扩大,其二是城镇数量的增加。关于城镇化是否属于城市化,学术界至今仍有争议,其争论焦点在于小城镇是否纳入城市的范围。回答这个问题的关键在于澄清:城市与城镇的出现是时间上先后相继的关系,还是在空间上同时并存的关系。

马克思指出:"古典古代的历史是城市的历史,不过这是以土地财产和农业为基础的城市;亚细亚的历史是城市和乡村无差别的统一(真正的大城市在这里只能干脆看作王公的营垒,看作真的经济结构上的赘疣),中世纪(日耳曼时代)是从乡村这个历史的舞台出发的,然后,它的进一步发展是在城市和乡村的对立中进行的;现代的历史是乡村城市化,而不像在古代那样,是城市乡村化。"①

在传统意义上,中国的城市数量少,但规模较大,但小城、小镇的数量极多,而且各有各的经济与文化特征。在经济学家视野中,小城镇是商品生产和商品交换日益发展的产物。小城镇不但中国有,外国也有,例如在日本,"町"就是小于"市"的城镇形式。自全球城市化以来,相当多的大城市都是由小城镇聚合而成的,经由中等城市,再进而发展壮大形成大城市。目前,世界各国对市、镇的区别标准存在差别:美国、墨西哥将聚居人口超过 2500 人的居民点称为市,加拿大、新西兰定为 100 人以上,丹麦、瑞典、冰岛则定为 200 人以上,照此标准,我国有不少镇早该成为市了,可见,仅从量的方面界定和区分市、镇

---

① 《马克思恩格斯全集》第 46 卷(上册),人民出版社 1979 年版,第 480 页。

无多大意义。

城市发展理论的开端可以从王权城市观开始,"在从分散的村落经济向高度组织化的城市经济进化的过程中,最重要的参变因素是国王,或者说,是王权制度。我们现今所熟知的与城市发展密切相关的工业化和商业化,在几个世纪的时间里都还只是一种附属现象。"①城市开始就是以非农经济活动为主的人口聚集地,在中国的文化传统中城市的产生更具特色,细究农村与城市中的人与人的关系存在着明显的差异,即"农村是熟人的社会,农村人生活在熟人中;城市是陌生人构成的社会,城市人生活在陌生与匿名中。"②也就是说,乡村聚落是以关系(血缘、亲缘)为联系纽带的社会形态,而城市聚落则是以劳动分工、物的生产与分配为联系纽带的社会形态。从社会关系的角度看,乡村聚落为关系型社会,城市聚落则为契约型社会。

城市与乡村差异的根本问题就表现在人与人的关系上。韦伯从社会学意义出发讨论城市含义时论及,"从社会学的角度来讲,城市意味着:一个地方,即一个不是房子相互邻接的居民点。它是广泛的相互关联的定居点,缺乏邻里团体特有的那种居民个人间的相互认识。照此看法,只有大的地方才是城市,地方要多大,才开始有这个特征,这取决于一般的文化条件。"③显然,在韦伯的视野中城市是聚落,更是大型大规模的聚落,集聚更多的人口、社会劳动,凸显独特的城市文化。事实而言,城市中的人口主要来源于乡村,具有"自然人"属性;当进入城市后,由于社会分工的细化与生产方式的改变,原有"自然人"发生"经济人"的转向。

城市聚落为"自然人"转向"经济人"提供成长的空间载体。马克思说:"城市本身表明了人口、生产工具、资本、享乐和需求集中这个事实,而在乡村

---

① [美]刘易斯·芒福德:《城市发展史——起源、演变和前景》,宋俊岭、倪文彦译,中国建筑工业出版社 1989 年版,第 27 页。

② 周毅:《城市化释义》,《锦州师范学报》2003 年第 9 期。。

③ [德]马克斯·韦伯:《经济与社会》下册,林荣远译,商务印书馆 1987 年版,第 567 页。

所看到的却是完全相反的情况:孤立和分散。"①这说明城市不同于乡村,具有极大的聚集力,城市人(新市民—无产阶段)、空间(新兴工业化城市)以及资本(机器大工业),构成了历史唯物主义城市观的基本框架。历史唯物主义"第一个真正坚定可靠的观点……是关于城市的总体主张"(Lefebvre L. La Pensèe Marxiste et la Ville, Paris:Casterman, 1972:36)。第一个社会主义实践者列宁也认同,"城市是经济、政治和人民精神生活的中心,是前进的主要动力。"②西方城市沙文主义更是突出城市在人类发展进程中的作用,如施本格勒(O.Spengler)更突出地强调:"人类所有伟大的文化都是由城市产生的。第二代优秀人类,是擅长建造城市的动物。这就是世界史的世纪标准,这个标准不同于人类史的标准;世界史就是人类的城市时代史。国家、政府、政治、宗教,等等,无不是从人类生存的这一基本形式——城市——中发展起来并附着其上的。"③

综上可知,聚落承载着人类社会发展进步的空间文化,实现"自然人"与"经济人"的统一,成为聚落的基本功能。事实上,无论乡村聚落抑或城市聚落,都满足主体需求的主要部分,却往往忽视了次要方面。这成为聚落发展的根本动力,通过聚落心理缓慢地累积,形成合力,最终推动聚落演进。

四、人居聚落演进的一般规律

1. 聚落演变与社会需要

聚落作为一个复杂系统,包含着社会系统、经济系统、自然系统和社会心理系统等子系统。聚落发展是由乡村到城市(城市化),再由城市(城市化)到

---

① 《马克思恩格斯选集》第 1 卷,人民出版社 2012 年版,第 184 页。
② 《列宁全集》第 23 卷,人民出版社 2017 年版,第 358 页。
③ ［德］施本格勒:《西方的没落》,花永年译,浙江人民出版社 1989 年版,第 96 页。

新型聚落的过程。聚落发展困境表现为人与自然之间的矛盾,其实质是人与人之间的矛盾。聚落在发展过程中以实现聚落经济功能为目的,满足聚落主体的需要。但发展过程中由于目的与手段的冲突,导致城市聚落中主体自然属性的缺失。

推动城市化的根本力量是人的需要层次的上升。马克思曾经从人的个体发展角度透视社会的发展,提出人的个体发展的三阶段论:"人的依赖关系(起初完全是自然发生的),是最初的社会形态,在这种社会形态下,人的生产能力只是在狭窄的范围内和孤立的地点上发展着。以物的依赖性为基础的人的独立性,是第二大形态,在这种形态下,才形成普遍的社会物质交换,全面的关系,多方面的需求以及全面的能力的体系。建立在个人全面发展和他们共同的社会生产能力成为他们的社会财富这一基础上的自由个性,是第三个阶段。第二个阶段为第三个阶段创造条件。"①与个体发展相对应,探讨人的需要也可以从三阶段论出发,由三个层次表现出来,即基本需要—享受需要—发展需要,形成需要三阶段论。

在三个相继递进的层次中,基本需要是第一层次,与这个层次相联系的是人的个体发展的第一阶段。在第一阶段,人依靠对他人的依附,生活在极其狭隘的地域之中,人和自然关系的狭隘决定了人和人关系的狭隘,人和人关系的狭隘又反过来限制了人和自然关系的发展。在这个阶段,多数人要满足基本需要尚属不易,享受型需要只能在少数人范围内实现,而且有一定限度。在这个阶段,人的发展充满了浓郁的"自然人"气息。

对满足享受型需要的追求,导致了人向个体发展第二阶段的过渡。如果说,基本需要是自然性需要的话,那么享受型需要则主要是人为性需要。要满足享受型需要,就得加大对自然资源的开发力度。而要加大开发力度,就得改变人和人在生产活动中的关系,实行充分的社会分工和劳动产品的

---

① 《马克思恩格斯全集》第46卷(上册),人民出版社1979年版,第104页。

等价交换,从而使单个人在某个方面的能力得到充分发挥,这就是市场经济。在市场经济条件下,一个人要满足自己的需要,首先就得满足其他人的需要,如果不能满足其他人的需要,也就不能满足自己的需要。为了满足自己的需要,甚至还要激发他人产生新的需要予以满足,从而满足自己的需要。于是,对物质享受的追求必然日益扩张,"经济人"这种社会属性也就被空前张扬。

近代科学技术革命,可以说是在"经济人"这种社会属性空前张扬的前提下产生的。文艺复兴时期,人文主义者有一句著名的口号叫:想做什么。只有"经济人"理念得到充分发挥,人才可能摆脱对他人的人身依附,实现自主独立,包括独立思考,从而进行深入的科学探讨和大胆的技术发明。社会的中心生产技术由农业技术向工业技术的演变是由量变到质变的过程。早在工业革命之前,随着生产技术的量变,生产过程中的分工就开始细化。分工的细化必然带来生产的集中,这就从根本上推动了聚落的演变。亚当·斯密在《国富论》中说过,分工是社会进步的起点。在这个背景下,城市化也就起步了。近代科学技术革命的直接社会后果是工业革命的爆发,工业革命的基本内容有三个方面:第一,材料深度加工;第二,能源深度开发;第三,信息密集使用。这三个方面的特点使得分工进一步深化,以至于实现生产的高度程序化。程序化客观需要人员、设备、资源的高度集约化使用,集约化程度越高,规模效益越大,这就推动了城市规模的猛烈扩张。

一般说来,由于基本需要属于自然性需要,所以它的满足是有尺度可循的,但享受型需要是人为性很强的需要,所以其满足度很难有尺度可循。人对自身需要的认识常常不能反映出自己真正的利益要求,即事实认识和价值认识并不直接等同,特别是在市场经济条件下,当社会充满欲望刺激时,享受性需要会无度延伸。只要对享受性需要的追求无度延伸,对资源开发效率的追求就不会减缓,城市的扩张也就不会休止。

2. 聚落心理的一般意义

城市聚落的发展过程,经济与心理是其中的重要概念,最早将经济与心理建立关联的,要属普列汉诺夫(Плеханнов,Г.В.)。他在《论唯物主义的历史观》中指出:"要了解某一国家的……只了解它的经济是不够的。必须从经济进而研究社会心理;对于社会心理若没有精细的研究与了解,思想体系的历史的唯物主义解释根本就不可能。"①

社会心理一部分是由经济直接决定的,一部分是由生长在经济上的全部政治制度所决定的。它与意识形态的区别在于,社会心理是自发产生的,而意识形态是经过理论加工后,上升到思想体系的内容。社会心理属于低水平的社会意识,但它是体系化思想产生的社会基础,同时各种体系化的思想必须通过社会意识才能对社会存在进行作用。人类对居所的选择是一个复杂的社会行为,这种行为在很大程度上并不是由高层次的体系化思想决定的,而是由低层次的社会心理决定的。之所以目前在聚落发展趋势问题上会出现难解难分的论争,就是因为没有考虑到心理层次的作用。同时,在实际的聚落规划和建设运作过程中,由于不了解或没有掌握与聚落有关的社会心理,也就往往造成放任自流和欲速不达两种极端的局面。所以要解决本书面对的问题,就不能不对聚落心理进行剖析。

纵观人类聚落的演化历史,可以看出,一定的生产力总是依附一定的自然环境生长起来的,不仅生产力中的自然资源的特色对生产力的特色有重大影响,而且生产力中最核心、最积极的要素——人,也受到自然条件的影响而富有地域特色。"撇开社会生产的不同发展程度不说,劳动生产率是同自然条件相联系的。这些自然条件都可以归结为人本身的自然(如人种等)和人周围的自然。外界自然条件在经济上可以分为两大类:生活资料的自然富源,例

① [俄]普列汉诺夫:《论唯物主义的历史观》,晏成书译,人民出版社1957年版,第14页。

如土壤的肥力、鱼产丰富的水等等；劳动资料的自然富源，如奔腾的瀑布、可以航行的河流、森林、金属、煤炭等等。"①聚落是劳动人口与地理环境相结合的具体形式，所以人类聚落建构的第一考虑就是为生产服务，当然也会同时考虑生活的便利。可以说，任何物质生产力都是要负载于人类聚落之上的。

人与自然的关系离不开人与人的关系，马克思主义的一个基本观点是，人与自然的关系和人与人的关系是互为中介的。单个孤立的人不可能在自然界获得生存，人只有结成一定的社会关系才能面对自然，所以，任何生产力都必须依托于一定的生产力才能发挥作用。一定的生产力总是要与一定的生产关系结合为一定的生产方式，而人类聚落就是生产方式的物质载体。聚落作为社会的物质存在，在它之上必然会产生相应的社会意识，聚落心理是与之相应的社会意识的低层次部分。

最早提出环境心理理论的是德国心理学家考夫卡（Koffka，K.），后来勒温（Lewin，K.）发展了考夫卡的观点，提出了动力场论理论，在《拓扑心理学原理》中阐述了动力场论的主要观点，即"由人和环境构成的生活空间，其中环境是包括准物理、准社会和准概念的事实，但是，这些事实只有在被人感知、与人的需要和意向相结合时，才起环境的作用。由于生活空间是具有动力，人的行为沿着引力方向向心理对象移动。"②概而言之，勒温提出"生活空间"概念，其中包括三层基本意义：第一，人和环境构成了生活的空间，环境必须同人的心理相一致，生活空间才能确立起来；第二，生活空间本身具有引力与斥力，能够在相同空间生存的人，必须克服排斥力，沿着吸引力方向，朝着心理目标前进。第三，生活空间的引力与斥力是逐级展开的，行为者越过一个个心理障碍，最后才能实现目标。

人居聚落的主体心理的产生的过程与勒温所阐述的心理与空间过程基本一致。聚落心理是聚落主体在聚落空间环境的作用基础上产生的，以满足聚

---

① 《马克思恩格斯全集》第 23 卷，人民出版社 1972 年版，第 560 页。
② 张静：《完形心理学家勒温和他的"场论"》，《大众心理学》2006 年第 6 期。

落主体自身需求为目的,将聚落全体成员的主体需求聚合而成的群体(社会)心理。聚落心理的产生反映了主体对聚落空间的需求,但它与所需要的聚落之间往往出现一种滞后或超前的情况,并非同步的。聚落心理是复杂的精神现象,在不同的聚落模式中呈现出不同的特点。基于空间位置、生产方式及实践环境的变化,聚落主体形成特有的聚落心理,虽然受聚落模式的制约,但也存在着相对独立性。作为聚落主体的群体心理,对于聚落模式的选择也发挥着积极的主观能动性。

首先,人类聚落对聚落心理的作用。

1)聚落的自然条件决定着聚落心理的特征

聚落心理由多种因素构成,主要包括聚落主体的共同认知、聚落主体的基本需求、聚落成员的基本社会动机以及聚落成员的社会态度。首先是聚落的地理位置决定了聚落主体的认知,即关于聚落所处地理环境的感性知识。在这种感性认识的基础上会产生一定的聚落需要,在需要的基础上再形成社会动机。"社会动机是指满足社会性需要的心理动力和行为倾向,可以发动、指引和维持某种社会活动。"[1]在聚落认知、聚落需要、社会动机的基础上形成聚落情感。社会态度是对特定事物或对象的综合的心理倾向,由认知、动机、情感三种心理成分构成的价值观念,社会态度是人们在生产生活实践中形成的,社会环境和社会经历是影响态度形成与改变的重要因素,一旦形成之后便具有相对的稳定性和抵抗变化的力量。社会态度也可以称为心理态势,与聚落有关的社会态度就是聚落心理态势,如果心理态势持久不变,就是心理定式。

聚落可以通过受地理环境影响的生产方式的折射,影响聚落主体的认知范围与能力,从而影响社会心理。社会认知是指对他人和社会性事物的认识和理解,包括对聚落本身的认识和理解。生产力作为生产方式中最活跃的方面,无论是其中的自然力要素还是智能性要素,都会引起聚落主体的需要和动机的

---

① 顾春明:《现代科技与社会心理》,世界知识出版社 2000 年版,第 152 页。

改变。马克思曾说:"已经得到满足的第一个需要本身、满足需要的活动和已经
获得的为满足需要而用的工具又引起新的需要。"①工业化以后,生产领域和生
活领域的变革,提供了日益复杂的社会认知对象,社会认知的内容和范围发生
了巨大的变化,生产力的发展会引起新的社会需要和社会动机,尽管如此,符合
地理环境的要求仍然是生产力生长的先决条件。所以,在现代社会生活中,虽
然科技的影响深刻而广泛,但影响聚落心理的基本因素还是地理环境。

2)中心产业技术发展的速度决定心理态势的保持时限

聚落中稳定的社会习俗、传统道德、宗教信仰等心理定式是引导人们行为
的重要规范,也是人们心理状态的重要调节器。这些社会规范和社会心理态
势是人们在社会生活实践中形成的,并随着社会的发展而变化。当科学技术
相对不变或发展缓慢时,社会心理状态也保持相对稳定;受科学技术革命的冲
击,社会心理态势会调整和改变。

前工业时期的社会心理变化缓慢,乡村聚落以农业技术为中心产业技术。
农业技术的特征决定了乡村聚落的生产主要以家庭为生产单位和社会单元。
中心产业技术发展缓慢,更新周期长,因此增加了对自然条件的依赖。劳动生
产率线性增长,生产和生活都表现为重复:现在是过去的持续,未来是现在的
继续。社会的运动显现了一种平移不变性,人们基本的心理态势是看重和尊
敬过去。

工业化时期的社会心理变化呈加速状态。城市聚落给科学技术以更加宽
泛的发展空间,也冲击了传统的社会心理态势。马克思在《共产党宣言》中曾
经提及:"由于一切生产工具的迅速改进,由于交通的极其便利,把一切民族
甚至最野蛮的民族都卷到文明中来了。它的商品的低廉价格,是它用来摧毁
一切万里长城、征服野蛮人最顽强的仇外心理的重炮。"②这种追求财富和追
求利润最大化的行为是指向未来的,和前工业化时期相比,未来不再是过去和

① 《马克思恩格斯选集》第1卷,人民出版社2012年版,第159页。
② 《马克思恩格斯选集》第1卷,人民出版社2012年版,第404页。

现在的继续,未来既是变化莫测的又是充满希望的。因此,"求新求变"的心理趋势代替了"因循守旧"的社会心理惯性,"变"不再是偶然的事件,已经成为常态化状态。工业化时期是靠技术创新来维持和发展的,科学技术的加速发展,使社会心理定式保持的时限也越来越短,对变化的追求和期待成为工业化时期的社会心理态势。

3)聚落的空间结构变化影响社会心理变化

乡村聚落与城市聚落相比,自然因素的影响显著,自然环境的多样性造就了聚落形式的多样性,聚落形式的多样性又决定了聚落心理的多样性,聚落心理的多样性是文化多样性的一个核心内容。聚落之间的差距明显,决定了文化之间的差距也相应明显。然而,当人类聚落向城市聚落尤其是向工业化城市聚落演变以后,科技因素的作用日渐显化,自然因素的作用则日渐隐化。这时聚落的地域特色就日渐消减,许多现代城市都出现了严重同构化的局面。

聚落结构的同质化必然带来聚落心理的趋同。进入工业化城市的住民,其居住条件、交往方式、生产方式都会受到大体相同的约束,这就不能不使社会心理也受到整合。虽然历史传统仍然在发挥作用,但社会心理在很大程度上已经出现了超越地域和民族的趋向。

阿拉伯民族聚落心理的变化是一个典型。在阿拉伯人的社会心理中,宗教情感占绝对优势,凡是古兰经中没有的观点、伊斯兰教规不允许的行为都是严厉禁止的,包括西方现代的科技及其产品。这种心态与早期聚落的自然条件是密切相关的。但是,一旦工业化城市聚落成为主导之后,科技的第一生产力功能就迫使阿拉伯人调整了宗教心理和观念,对古兰经中的教义进行了重新解释,改革派们认为凡是古兰经中不反对的就是可以接受的,西方的现代物质文明成果都原封不动地被引进到原来并不接受西方文化的阿拉伯国家。

其次,聚落心理与人类聚落的反作用。

1)社会心理对聚落发展具有支撑性

社会心理是社会意识的基本形式中的一种,也是其中重要的组成部分,同时与所有社会心理一样,对社会存在具有反作用。聚落从根本上决定聚落心理的产生和基本性质,但聚落心理也不总是被动地接受聚落的改变,而是对聚落的强作用给予柔性反应,即间接地、变通地、灵活地适应和引导聚落的发展,力图使之与聚落模式之间保持和谐状态。聚落是社会发展的空间载体,它在决定社会心理的同时,其生存必须以一定的社会心理营造保护层面,其结构的完善程度和功能的发挥程度都取决于相应社会心理的支持程度。在乡村聚落基础上形成的聚落心理,总是维护乡村聚落,有利于乡村聚落的生存和完善。发达农业社会的族群观念、乡党意识、场面意识、守土意识,等等,都是适应乡村聚落的社会心理。就是在西欧社会,当工业革命兴起,需要农民进入城市时,也经历了一个充满血与火的冲突过程。

社会心理态势一般都具有强烈的坚韧性,具有一定的抗变能力,遇到外界冲击并不会迅速改变,其中聚落心理又特别具有顽固的保守性质。当聚落发展速度加快时,社会心理定式必然与聚落发展相冲突。随着聚落的发展,当社会心理所依赖的旧的社会条件被改变、社会心理定式无法抗拒聚落发展所带来的新变化时,它可以采取回避、调整、重新解释传统习俗和赋予传统以新含义等方式来保持其自身的存在,表现出一定的妥协性。新聚落的产生发展,通常是不可能与聚落中所有的心理状态相适应,总是先有一部分成员在心理上接受,然后再通过各种途径和方式影响其他成员,逐渐形成新的心理态势。城市聚落的发展是在一定社会条件下进行的,聚落中心产业技术的变更是社会存在的变更,新的社会存在必定要求社会心理与其相适应,没有诸如等价交换心理、公平竞争心理、广泛参与心理,等等,城市不可能成长壮大,如果缺乏这种意识,就要逐渐培养。

2)社会心理对聚落的反作用具有循序渐进性

社会心理对聚落发展的反作用有一个循序渐进过程,这在聚落心理促进聚落演变的过程中可以得到凸显。

在聚落心理结构中,社会认知最先变化,因为它是外界各种刺激的感受器和传导器。当聚落发展到临界程度时,首先是技术成果产生的社会知觉影响众人,因为技术成果可以达到各种现实目的,人们对能满足现实目的的事物总是易于接受的。它可以让聚落成员从功能上对原有聚落进行反思。例如把城市的基础设施和经济收入与乡村相比较,立即就会使城市聚落产生优越性,使得乡村聚落相形见绌。

如果把技术成果与人自身实际相联系,很快就会引起社会需要和社会动机的变化,社会需要和社会动机的变化,会引起聚落成员对原有聚落从功能差异的比较到结构差异的比较,进一步从功能舍弃到结构舍弃。例如,如果再进一步让乡村居民认识到基础设施和经济收入发生变化的可能性与变化的途径,就会萌发改造原有聚落或者进入城市聚落的意念,进而使依恋乡村的情感发生动摇。

在聚落中社会态度呈现出聚落主体对外界稳定且持续的心理状态与行为特征,其中包含的情感成分,成为稳定剂。情感的变化总是发生在社会认知和社会动机之后,有时社会态度上已改变为支持新事物,但情感上仍然不接受新事物而留恋旧事物。人们对一种离现实较远的新事物并不倾向于过早评价,往往要通过与旧事物的反复比较才会产生一种比较稳定的心理。特别是在聚落这种与人有复杂关系的事物问题上,要与原有聚落断然决裂是很难的。

3)社会心理对聚落的发展具有深层引导性

从人类历史发展进程来看,推动社会进步的强劲动力来自社会生产力,而科学技术又是第一生产力,所以科学技术应该是推动聚落发展的根本动力。这种说法在一般意义上说并无错误,但还不能解决聚落演变的动因问题。因为科学技术对于聚落的建构只能提供一般意义上的手段,至于在何处构建以及如何构建却有广阔的选择空间。这里牵涉到复杂的心理因素。决定聚落建构的心理因素有的来自主观,有的来自客观,还有的来自主客观的相互作用。

应该说科学和技术是有一定区别的,科学的社会功能除了用于技术发明以外,还有改变人们的世界观、改善人们思维方式的功能。科学知识的传播和接受只能解决求真的问题,但聚落的改变不仅牵涉到"真",而且牵涉到"善"和"美"。同时,对真、善、美的评价还牵涉到历史因素和社会潮流的价值取向,更重要的还有个人的切身利益。人们对聚落的变更,当然会受到科学认识的影响,尤其在现代社会更是如此。但科学理性只能在一定程度上发挥作用,而且这种作用必须渗透到聚落心理中,使聚落心理发生改变后才能发挥作用。

技术的主要功能是改变自然客体,聚落发展与社会的总体技术水平密切相关,各种聚落的演变都会被技术潮流牵引。但技术进步带来的社会后果是带有两面性的,即使对人有益的技术也有一个接受过程,以及人是否有能力利用和如何利用的问题。还有的技术,使用以后会利与害兼备,这里就有一个评价选择的问题,利与害的权重,因时间、地点和主体的差异而不同。人类聚落是一个文化色彩十分浓厚的系统,如果不考虑技术与聚落心理的结合问题,即使动用强大的行政手段硬性灌输,也可能出现南辕北辙、得不偿失的后果。

事实上,聚落对社会心理的作用以及社会心理对聚落发展的反作用是交织在一起的,二者影响也是双向且可逆的。认识聚落发展与社会心理的辩证关系,就必须对聚落发展和社会心理的要求都给予充分的考虑,兼顾二者各自的特点,不能为了一方而损害另一方。人类聚落与社会心理的矛盾运动,推动人从分散走向集中,也势必还将从集中再度走向分散。所以聚落演变也将呈现出由分散到集中,再由集中走向分散的反复过程。只要这对矛盾存在,该过程就不能完结。

3. 聚落演变的基本规律

首先,两种聚落心理的产生。

从历史过程来看,作为推动聚落发展根本动力的人的需要,其中显然包含着两种需要:自然性需要和经济性需要。

1)亲缘心理的产生

人的基本需要主要是自然性需要,但这种自然性需要已经不同于动物性的自然性需要。虽然人和动物一样,都要求消除饥馑、保持体温、寻求栖息、繁衍后代、亲情欢娱、群体交往、逃避危害,同时需要参与自然界的物质循环,与自然界融为一体。但动物是通过对环境的被动适应来满足这些需要的。人与动物不同的是,人不是通过对环境的被动适应,而是通过对环境的主动改造来满足这些需要,二者在满足需要的手段、过程和结果上都有本质差异。人在改造自然以满足基本需要时,不可能不对自然环境有所伤害。所以人一旦走出动物界,就已经带有经济属性。但在人个体发展的第一阶段,这种伤害大多数控制在自然可以容受的阈值之内。尤其在农业社会中,人对自然进行了应有的补偿,所以人与自然的关系相对融洽。于是,人的基本需要的满足就带有浓郁的自然气息,人的自然属性居于主导地位。

与人和自然的关系相适应,这个时期人类聚落主体是分散的乡村人口。乡村聚落正是这种社会形态的空间载体,与当时的生产力水平相适应。自然人心理占据主导地位,由于对自然的无知、生存的艰难、灾难疾病带来的痛苦和压力,促使人类产生了自然崇拜和自然拜物主义思想。这是在生产力水平低,人依附于自然、屈从于自然的背景下,人与自然关系在意识形态上的反映。对自然的原始崇拜,是在人类对自然环境初始认识的蒙昧阶段,将自然事物和自然力量本身看成有意志的对象加以崇拜,由敬畏自然,进而崇拜自然。在人群中普遍存在自然崇拜、鬼魂崇拜、灵物崇拜等心理,使人自然而然地将自身的存在和存在的方式置于自然法则之下。由于对自然的崇拜,所以在最初聚落格局的构建上有明显的生态学意义。聚落建构在顺从自然法则的同时,表达着情感交流的社会需要。聚落中的社会心理基本上是以自然为模本,主要表现为对自然的原始崇拜、对聚落格局的生态选择以及对自然的顺从心理。聚落心理的主导部分是对自然亲情和血缘亲情的依恋,这种由自然人属性主导的社会心理被称为亲缘心理。

2)物缘心理的产生

在个体发展的第一阶段,人与自然关系虽然在总体上是融洽的,但也有不和谐的一面。人在自然面前是相当被动的,其被动性表现在:第一,劳动生产率低下。基本物质生活资料经常难以得到保障。由于单个劳动力生产效率低下,所以要获取较多的物质总量,只能靠简单劳动力尤其是男性劳动力的数量追加,于是就经常造成经济再生产和人口再生产的失调。第二,体力消耗大。这个时期,人虽然可以自由从事各种劳动,但这是在生活的重压之下不得不作出的选择。第三,抗御自然灾害的能力弱。经常受到自然灾害的威胁而被淘汰。

具有主观能动性的人,不会长期甘于匍匐在大自然面前。同时,当上层社会的基本需要得到满足之后,就会有享受性需要产生。如前所述,享受性需要是一种人为性很强的需要,也就是"经济人"属性很强的需要。享受性需要当中有人的自然性需要的成分,但自然性需要在这里被拔高,结果是有可能对身心健康有益,有可能是益害兼备,也可能被推到极端,有害于身心健康。享受性需要中相当多的部分是非自然性的需要,是完全有损于人的身心健康的需要。所以享受性需要主要是"经济人"属性的需要。它的产生引领着人的发展进入第二阶段。这个阶段人的需要的满足是通过对自然资源的高强度开发来实现的。

与自然资源的高强度开发方式相适应,这个时期人类聚落的主导形式是城市聚落。工业化城市聚落实现了人员和材料、能源、信息的密集配置,产生了空前的物质财富和精神财富。人要获得较高程度的物质享受,就得进入这种聚落。而人进入这种聚落之后,要提高物质享受的水平,就得参与高度分工和高度竞争。这种环境客观上使人很容易奉行经济利益特别是个人经济利益至上的处世原则。一方面要切断天然的人地联系,另一方面要切断天然的人际联系,形成以"经济人"心理为主导的聚落心理——物缘心理。

其次,推动聚落演变的基本规律。

进入以城市聚落为主导的社会以后,人的聚落心理呈现出一种复杂的状态。

对乡村聚落主体来说,亲缘心理仍然存在。如果对亲缘心理做细致考察就可以发现,其实亲缘心理当中既有自然人属性的成分,又有"经济人"属性的成分。在城市的比较优势还不十分明显的时期,主要是在城市劳动强度下降并不十分显著和收入差距并不十分明显的情况下,乡村相对舒适的生活条件和相对亲密的人际关系,可以抑制"经济人"属性的生长。一个人要进入城市,就得忍受住房狭窄的苦痛,承受严格的人际约束。虽然乡村劳动强度相对较大、显性收入相对较少,但以隐性收入加上居住条件和人际关系,乡村总体幸福感仍然会高于城市。所以乡村聚落安土重迁的亲缘心理异常厚重,而且这种心态有巨大的惯性。然而,当城市的劳动强度和实际收入优势逐渐明显起来之后,这一切就开始倒置。在城市巨大引力的作用之下,"经济人"属性就会逐渐成长。"村落社会的纯朴根基原本是深入在土地之中的;城市却颠倒了村落社会的价值观念,将其根基送上天堂,使农民的宇宙来了个上下颠倒。从此,所有人的眼光,都是向上观望……从根本上提高了人类生存的可能性。"①在这种情况下,一部分人就会向城市涌动,而基于各种原因留在乡村的人,其亲缘心理也很难保持,这种心态就会使原有的聚落风貌受到侵蚀甚至是瓦解,使乡村聚落出现集城市和乡村弊端于一身的畸态。

对于城市聚落主体来说,工业化之初以及在工业化之后的相当长时期内,在城市聚落这种特殊环境下,物质享受水平的提高会带来极大的物质满足,同时人对他人的依附关系被解脱之后,会使个人专长得到充分发展,这种追求物质享受的心理又会反过来推动城市规模的不断扩张。城市化对于社会发展是一个必不可少的阶段,正如以物的依赖为基础的人的独立性,对人的个体发展来说是必不可少的阶段一样。但是任何事物都是有两面性的。在物缘心理中,虽然"经济人"属性居于主导地位,但并不等于说自然属性就会完全泯灭,因为自然属性毕竟是人作为人的基质,除非人完全丧失了理性。从生态学的

---

① [美]刘易斯·芒福德:《城市发展史——起源、演变和前景》,宋俊岭、倪文彦译,中国建筑工业出版社1989年版,第28页。

角度来看,任何人都是生态系统的一员,不仅生理元素的交换需要贴近自然,而且精神愉悦的获取也需要贴近自然。城市尤其是大城市聚落使人与自然高度隔离,加上环境的恶化,使人的身心健康受到损害。人是需要亲情欢娱和社会交流的,但在城市聚落的高度竞争环境中,亲情欢娱和社会交流中的情感交流被业务交流挤压到狭窄空间。更严重的一点在于,人有天生的自由创造性欲望,这种欲望往往会被高度分工的生产组织形式所压抑。享受性需要很难有一个满足度,但不等于说不会引起人们的反思,当它的负面影响超过正面影响时,自然人属性和"经济人"属性的地位就会逐渐发生转换,从而促使聚落在一定条件下发生演变。

4. 小结

聚落演变是社会发展的空间投影。人类聚落在不同时期体现不同的主体需要,它的发展过程与人的需要的发展过程同步推进。聚落发展过程中自始至终贯穿着"自然人"与"经济人"的矛盾。自然人表现出人既有背离自然的一面又有亲和自然的一面,既有利己的一面又有追求人际交融的一面。"经济人"指人在特定时期的社会属性,这种属性是历史性的,在历史发展中的一段时间内利益本性会得到强化。聚落心理是社会心理的一个重要组成部分,它是在一定聚落的基础上产生的,同时又反作用于聚落的发展。前工业化时期人类聚落以分散的乡村为主,聚落心理以亲缘心理为特征,它以自然人属性为主导。工业化时期人类聚落以聚敛的城市为主,聚落心理主要以物缘心理为特征,它以"经济人"属性为主导。所以聚落演变中的心理冲突,实质是自然人属性和"经济人"属性的冲突。我们通过对不同历史时期聚落发展的矛盾分析发现,聚落演变会出现从分散到集中,再从集中到分散的过程。

第三章　物缘心理与聚落生态化进程

　　城市聚落,包括聚落发展进程中的乡村聚落与城市聚落,在聚落心理的层面上都是以物缘心理为基础的,是社会、经济、自然整体协调而稳定有序状态的聚落模式。每种聚落模式作为人类的聚居方式都受到社会经济结构的制约,同时反映着价值取向的差异,满足聚落主体的生存需要与发展需要,实现物质财富的积累从目的转化为手段。①

　　在聚落变迁的历史过程中,较为突出的形态有三种,即原始聚落、乡村聚落和城市聚落。考古学研究表明,三种聚落形态并非历时态出现,也就是说不是一种代替另一种的线性发展模式,而是呈现出形态交错互动的状态。究其根本,每种聚落形态的产生和发展都与聚落主体的社会心理紧密相连,社会心理的发展变化是对聚落形态变迁的反映,同时对聚落形态的选择与适应具有反作用。城市聚落是现代文明的载体,城市聚落的发展既带来空前繁荣也带来前所未有的困境。城市聚落以高密度人口、高分工生产和高质量消费为基本特征。事实上,城市化进程中呈现出城市聚落发展过快而社会心理相对滞后的矛盾,引发了人与人关系、人与自然关系的困境,最终还要反映在人与人的关系之上。

---

　　① 计彤:《建构后城市化聚落的可能性分析》,《兰州学刊》2011 年第 8 期。

一、物缘聚落及其心理起源

城市是社会发展进入现代化的重要空间手段,成为经济学家、社会学家研究现代化的重要视角之一,马克思主义经典作家对城市问题也作了精辟的论述。城市的集聚功能带来工业化的发展,在新兴工业化城市中突出地表现为工人阶级的集合,与资本相结合,为资产阶级提供了"在丰裕与繁荣中悠闲地共度更美好的生活"①的可能。继而马克思恩格斯在《德意志意识形态》中指出"城乡之间的对立……它贯穿着文明的全部历史直至现在,"②更进一步明确工业化城市是工业文明的载体,预言工业化城市将代替乡村走向现代文明。正如马克思在《资本论》中所述,"一切发达的、以商品交换为……基础,都是城乡的分离……全部经济史,都概括为这种对立的运动。"③在从城市乡村化走向乡村城市化的进程中,以分工为基础的城乡分离得以凸显,以生产方式决定空间形式的新时代到来。马克思恩格斯对城市给予了极高的评价,指出工业化生产促使城市化发展成为历史必然。第一个社会主义实践者列宁也曾说过,城市是人民的经济、政治和精神生活的中心,是进步的主要动力。④ 可见,城市将主体的物质需要与心理需要融汇在聚落空间之内。

1. 物缘心理与城市聚落发展

城市是人类文明的主要载体,聚落主体的行为方式、交往模式必定与生存环境和生产方式相匹配。人—环境的交往系统是通过外在环境作用于人,深植于人的内心,形成心理认知,再由交往形成群体性心理(社会心理),反映出

---

① ［意］乔万尼·波特若:《论城市伟大之至尊之因由》,刘晨光、林国基译,华东师范大学出版社 2006 年版,第 3 页。
② 《马克思恩格斯选集》第 1 卷,人民出版社 2012 年版,第 184 页。
③ 《马克思恩格斯选集》第 2 卷,人民出版社 2012 年版,第 215 页。
④ 《列宁全集》第 23 卷,人民出版社 2017 年版,第 358 页。

群体性需要。由于居住方式的差异,人们的思维方式也发生了变化,必然引起心理的发展。目前,城市聚落逐渐成为住居主体(全球有 58.5%的人口居住在城市中)。伴随着近百年的城市化进程,就城市聚落的社会心理问题,学界已经展开了以社会心理学与跨文化心理学为基础的理论研究,关注城市聚落发展过程中的微观与宏观的社会心理问题。① 在社会学领域中以涂尔干为代表,他将农业与工业社会中的聚落主体的行为方式进行对比,通过对机械关联与有机关联的论述,阐释了不同聚落主体的心理认同与人际沟通。

聚落心理与城市的发展几乎是同步的。城市聚落心理是缓慢地跟随着聚落空间的变迁而发生变化的。城市聚落的发展逐步形成新规则,要求聚落主体的心理转型。目前全球城市聚落进入高速发展时期,城市与乡村聚落主体都不可避免地受到聚落城市化的影响,在聚落心理形态、内容以及对外界的正向反馈等方面均明显处于滞后状态,由于聚落快速转型带来的心理压力与危机成为聚落发展过程中的隐性因素,并逐渐被显化出来。当聚落心理成为社会成员的主流共识,那么就会引发由个人心理问题而导致的社会心理危机。"如果人的心理成长跟不上社会变迁,很可能促成心理困扰与人格解组甚至精神完全崩溃。"②

城市聚落从产生时起就成为人类社会演化过程中发展速度最迅猛的空间形态。城市聚落的形态与功能没有发生根本性的变化,但由于聚集效应的连锁反应,呈现出人口规模的巨大化,城市空间生产的无限化,以及城市机制运作的复杂化,特别是科技水平不断提升所带来的智能化……城市聚落中的主体改变原有的生活状态,聚落主体的新旧融合与新旧更替成为城市聚落发展过程中的重要因素,特别是城市聚落中的原住民受到新移民的冲击,生存与生活压力不断增长,新移民为了更好地在城市聚落中生存也必须改变原有的状

---

① 张海钟:《城市化背景下的城市社会心理研究课题导论》,《重庆科技学院学报》(社会科学版)2012 年第 23 期。

② 丁立平:《人格与社会》,中国铁道出版社 2002 年版,第 201 页。

态。这些外在因素必然会映射到聚落主体的心理层面,形成城市聚落中具有历史性特征的聚落心理范式。

按照社会心理学理论:"个体(及群体)在特定的社会文化环境中对于来自社会规范、群体压力、自我暗示、他人要求等社会影响所作出的内含及外显的反应。"①城市聚落的特点决定了城市聚落中主体的行为与心理,集聚效应需要相应的社会治理,包括社会管理制度、居民行为规范等,所有的制度总是从尽可能完备的理想出发,但不足也是必然存在的,城市聚落的特殊性决定了城市聚落主体在交往与互动的过程中所形成的心理特征,它一方面具有城市聚落的独特性,就是集聚后向往疏离,另一方面也具有聚落的共性特征,向往聚集与彼此的交流与互动,因此在城市聚落心理中表现为"聚"与"散"的结合。

2. 物缘心理在城市聚落中的表现

在聚落的城市化进程中,因马克思主义学者列斐伏尔、大卫哈维等从经济地理学的视角研究城市,使城市聚落从地理学、城市社会学、经济学等领域进入了哲学的视域中。但对于聚落主体以及聚落主体的需要,特别是由此引发的聚落心理,往往作为次要因素被关注。事实上,聚落的存在与发展都离不开聚落主体的群体性选择,因此关注聚落主体的心理是研究聚落走向与城市问题的重要视角,特别是在城市聚落的研究中,更需要从根源上厘定城市聚落的心理,关注聚落内部缓慢而连续的因素,更有利于对城市聚落以及对人居聚落走向的研究。

第一,物缘心理中的冷漠与孤独。

物缘心理主要存在于城市聚落中,聚落中"物"的聚集与分散,决定主体的集聚与分散。由于城市聚落,特别是在聚落城市化的过程中,聚落主体趋之

---

① 全国 13 所高校编写组:《社会心理学》,南开大学出版社 1995 年版,第 5 页。

若鹜于"物"的生产、分配、交换与消费。人口高密度地集中于城市聚落中,造成城市聚落的拥挤。按照生态学的基本理论,一定的空间有一定的密度容量,如果容量过高,就会引起排斥反应。城市聚落集聚效应为城市带来大量人口,城市空间生产的速度明显低于人口增长的速度,表现为人口密度大,单位空间人口数量多,居住空间相对狭小。不仅在住居方面,在公共空间中,如在交通工具中也出现了人口密度高的状况,城市聚落特别是特大城市中的居住密集区中,聚落主体获得独处的机会极少,削弱了人与人交往的热情,渴望独处与独居就成为聚落主体的居住需求。人与人相处是人的基本需要,但交往从缺失性需要转向补充性需要,撼动了人与人的交往方式,这必将反映在聚落主体的群体性心理中,人与人之间的冷漠也就成了必然结果。与城市构成鲜明对比的乡村聚落,一直以聚落主体的强烈聚集心理为主要特征,乡村聚落主体对于城市聚落中聚落主体对他者的排斥心理极为不理解,认为在城市聚落中主体心理以冷漠为主。在亲和力极强的乡村人的眼中,城市人往往以冷漠著称,并且似乎越是在大城市,市民的冷漠程度越深。日本是高速城市化的重要成功范例,高度密集的东京就出现了"人与人之间的相互联系和人与社会的必然衔接已经淡化到几乎没有"的问题。据日本国立社会保障人口问题研究所提供的数据,"1980 年,日本的独居人口不足总体的 20%,但是到了 2012 年,独居人口已经接近 40%",在一个小区的 900 户中有近三分之一是独居者。在特大城市中人口集聚,交往不被看作是必需的甚至对交往产生厌恶情绪。交往的商品化特征也很明显,人的交往也成为商品,如在大城市中的"问路"也多被商品化,更为严重的表现是在危险时求救经常会遭到拒绝。城市聚落主体之间的冷漠,越来越成为城市聚落研究的重点。越来越多的研究得出高度密集城市化与都市冷漠具有关联性的结论。人口密集仅仅是直观的城市空间生产的表现,其内部由于人口密度高、交往频繁,必然会产生大量的信息流,包括人口流、物质流、交往过程中的信息流。正如美国心理学家米尔格兰姆在实验基础上提出的"六度分割理论",说明两个陌生人之间的关联只需要六个人就可以完成,城市高密度人口基数大,实现关联的可能性就更多。大城市中海量数据信息充斥着城市化生活,构成了城市生活的重要特征,足以证明"过量的信息激发了过多的紧张激素。"①

城市化进程中人口高密度与信息高增长,聚落主体按照商品化价值取向判断交往的价值性,在关于利己与利他性的抉择中,与利己因素相关性强的交往被优先选择,对于他者求助的冷漠正是利己价值取向的表现。另外,城市内部的精细化分工与专门化机构设置,也让城市聚落主体认为保护帮助他者是城市专门机构的任务,而非个人感性行为,"城市还建立了专门机构,如警察、福利组织等来照管市民,从而在整体上保护市民不为他人负责。"②城市聚落主体拒斥交往,造成城市聚落中的冷漠、缺少亲和力的心理特征。

城市聚落中的人口密度越大,其吸引力也相应地增长,高度的人口集中与人才集中使得就业的竞争压力突增,面临着激烈竞争,各阶层在面对职业发展时,外在由于更多能力更强的新人入行,内在由于自己生活压力与生理、心理的变化,对于越来越复杂的外部环境都出现了疲于应对的感觉,这种感觉造成聚落主体的心理焦虑状态。职场中的孤独是城市聚落心理的重要组成部分,因此对同行也表现出职业上的冷漠,主要原因与高压之后的排他性有关。职场中的核心力量,通常在私密空间中总会出现紧张、失眠以及焦虑,淘汰制与复杂利益纠葛导致职场中层压力大增,职场中的底层则为了人的生产与物的生产更要保住基本的收入。竞争压力引发提升自己的行为,消费异化也体现在教育消费的异化上,所有城市人无论年龄差异,还是学历区别,都把业余时间用来储备力量以应对竞争。城市竞争的持续与蔓延更体现在学生群体以及幼儿甚至婴儿群体中,参与各种学习以储备竞争力,可见城市中的竞争会迁延很久。现代化内在的竞争,使得城市聚落主体疲于人与人的交往,并且将他者

---

① 《鲍尔吉·原野散文选》,作家出版社 2003 年版,第 196 页。
② 徐磊青、杨公侠:《环境心理学》,同济大学出版社 2002 年版,第 33 页。

列为竞争者或者是隐性竞争者,因此独立性、排他性极强。快节奏高压力的城市生存规则导致过劳现状突出,亚健康状态比较明显,城市聚落主体以健康为代价换取生存竞争力,冷漠与孤独的心理状态更为突出。

第二,物缘心理中的流动与迁移。

物缘心理不同于亲缘心理,聚落主体普遍持有一种移民与过客心理。无论是乡村聚落还是城市聚落,主体对于聚落有天然的归属感,空间归属感是社会心理的重要组成部分,生存空间是社会心理建设的重要部分。乡村聚落中的亲缘心理与城市聚落中的物缘心理对空间的生产与主体的整合具有重要意义。聚落主体以某种社会关系存在于一定的空间之中,对整个社会空间具有系统整合作用。

城市聚落主体构成复杂,包括原住民与新移民。空间归属对于城市化进程中的移民而言有着特别的意义。城市聚落完全不同于传统乡村聚落,城市聚落承载了工业生产,而工业生产则以"工厂"为单位。城市聚落主体不同于乡村聚落主体依赖于土地与亲缘,而是将空间情感归属于"单位(工业生产场所)",以强烈的心理依赖归属于生产空间,对生产场所以及与之相匹配的城市空间有高度的归属感与认同感。空间归属最终将体现在集体意识与群体依赖上。空间归属感可以划分为单位归属感、社区归属感、组织与群体归属感,因此生产方式的变化,人口(人才)流动制度的变迁,都会使空间归属感发生相应变化。乡村聚落被城市化消解后,就出现了乡村聚落空间归属的缺失状态,乡村人口进入城市所引发的"乡愁"就是空间归属缺失的表现。城市聚落被城市化以后,城市空间生产进入快速期,聚落主体的归属感也会被再次消解,而归属感重建的过程异常艰难。聚落主体间的联系日益松散,缺少沟通与交流,城市聚落被反向力量所影响,城市空间生产受阻,社会发展受到了影响。城市聚落中的移民,由于对城市归属感不足,参与城市生产的目标是为了重返乡村增加家庭财富,进入城市有明显的捞金色彩。所以,城市化进程中的第一代移民通常持有深厚的过客心理。

第三,物缘心理中的幸福与满足。

物缘心理以物为尺度,评价聚落主体的幸福度与满足度。由于消费的异化,造成的幸福指数下降、满足感缺失。消费是人与社会的关系问题,不仅仅是经济活动。工业革命以来,消费是人类社会生活中最活跃的核心因素。消费成为社会生活中的引导活动,为生产活动限定了规模与水平。对空间的消费日渐成为聚落主体消费行为的组成部分。城市聚落中主体的生产能力与消费能力都得到极大的释放。消费从早期仅仅满足基本生活需要转向对享受性需求的大肆追逐,将人的需要平面化为物质层面的需要,在城市聚落中消费被异化。消费异化成为城市化,特别是快速城市化进程中的重要标志。消费异化解构了生产与消费的社会过程,背离了消费的本质,是人们为了补偿自己的劳动异化而致力于获得商品的一种现象。马克思说:"人同自己的劳动产品、自己的生命活动、自己的类本质相异化的直接结果就是人同人相异化,当人同自身相对立的时候,他也同他人相对立。"①城市聚落主体,"人的本质在这一时期被异化了,人不再是完整的人,而成为机器的一部分。"②消费异化将消费理解为生产的目的,事实上消费是实现聚落主体不同层次需要的手段而已。恩格斯说:"追求幸福的欲望受到双重的矫正。"③马克思对幸福的理解可以分为四个层面,即"理性、情感、欲望以及它们所混合成"的幸福,在消费异化过程中"不是肯定自己,而是否定自己,不是感到幸福,而是感到不幸。"④享受性需要变成了消费过程,而非消费的物质对象,消费本身成为消费的目的,无度的需要导致满足感成为生存需要的标准,转化为无限需要的指标,显然这是不可能达到的目标,正如商业宣传中所宣讲的,"没有最好,只有更好"的消费目标。消费异化导致幸福度下降、满足感缺失。

① [德]马克思:《1844年经济学哲学手稿》,人民出版社2000年版,第54页。
② 孙会:《从马克思到芒福德:对劳动异化的批判》,《江南大学学报》(人文社会科学版)2019年第3期。
③ 《马克思恩格斯选集》第4卷,人民出版社2012年版,第244页。
④ [德]马克思:《1844年经济学哲学手稿》,人民出版社2000年版,第54页。

第四,物缘心理中的个性与规范。

工业革命以后,以机器大工业为背景的城市聚落快速发展,在科学技术的渗入过程中,社会群体以遵从于"物"的选择为媒介,以物的生产为规范,因此聚落主体的个性完全以物的生产与物的消费为标准,个性化逐渐被消解。城市聚落进入城市化阶段有两个标准,即人口密集与工商业发达。人口增长需要与之匹配的经济基础与上层建筑,科学技术的投入使工业生产更加规模化,分工更精细。城市的压力增大,应激性增长以满足城市人口的物质与文化需要,以经济需要为根据,认为有了科学技术就有了一切。芒福德认为工业革命初期的工业城市为"焦炭城",如果"19 世纪城市的历史是一部疾病的历史,那么,20 世纪城市的历史就是一部奇怪的医疗史,这种医疗一方面寻求减轻病痛,另一方面却在维持着导致疾病的一切令人痛苦的环境。"①科学技术成为聚落发展的核心力量,消解了聚落主体的个性。由于科学技术的程序化与规范化,聚落主体在享受丰富的物质财富的同时,复杂的空间系统也是其时时要面对的问题。城市聚落的集聚效应需要聚落主体形成相对一致的规范化的行为方式,与其他人不相符合的行为都被认为是异类。城市聚落中以"集聚"为特征的群体性心理,造成了聚落主体产生一种离群索居的愿望,以弥补个性的缺失。城市聚落规模越大,人口密度越高,聚落主体独立的愿望越强烈,瓦解被挤压的现实空间,因为真实的互动是"在社会进程中,反互动现象被称为'孤寂疏离',这种现象随着现代科技生活的进展而日增。"②事实上,高科技与智慧城市等新的发展理念,仅仅是城市聚落发展的阶段性标记,但对聚落主体的心理与存在方式的影响不容忽视。聚落主体的孤独心理与个性化人格的宣称,与科学技术的飞速发展相关联。同时,现代城市的管理制度以提高效率为目标,按照马克斯·韦伯的观点,以城市聚落为空间承载的社会生活中,实

① [美]刘易斯·芒福德:《城市发展史——起源、演变和前景》,宋俊岭、倪文彦等译,中国建筑出版社 2004 年版,第 545 页。

② 丁立平:《人格与社会》,中国铁道出版社 2002 年版,第 241 页。

现管理理性化与高效的需求,城市聚落的运营依赖于严格的社会规范、社会制度与科学程序,构成"认真、精确而有效的行政管理的典范","也使科层制自诞生以来,就被赋予了一种贬义的内涵,通常与图章、低效及浪费等联系在一起"。① 城市聚落中市民生活被精致地管理着,使每个市民都按照城市的规范生活、参与社会劳动,使聚落中的每位主体都是被动地接受管理,凡是突破界限的主体,人的个性(主体性)被消解。

3."物缘心理"的优势与不足

物缘心理产生于城市聚落中,是指聚落主体由"经济人"以"物"媒介产生的群体性心理活动。生存的物质空间决定着生活方式与行为方式。聚落心理与聚居方式相连,决定聚落主体对聚落的建设与选择。聚落主体的群体性心理与社会认同模式受到住居特征的限制。乡村聚落中形成的以"自然人"为聚落主体的群体性心理为"亲缘心理",以血亲与地缘为媒介,形成以聚落空间为标志的乡土情结、乡土思维,与之相对应的就是发生于城市聚落中的以"经济人"为聚落主体的群体性心理——"物缘心理"。事实上,聚落是相对稳定的空间载体,但也在发生着缓慢的变化,因此亲缘心理与物缘心理也都在发生相应的变化,早期城市聚落中的物缘心理与城市化聚落中的物缘心理也不相同。按照社会学家所关注的,聚落心理在社会发展缓慢时期要经过多代人才能集合而成,个体心理被群体心理所包容、化解并且相适应,慢慢汇聚于聚落群体性心理中,新的社会规范也必须与之匹配,解构心理冲突与矛盾带来发展的不稳定因素,个性心理危机被瓦解,不会成为社会动荡的因素。相反,当聚落处于急速发展时期,如20世纪的日本高速城市化以及中国改革开放以后的高速城市化进程,就出现聚落与心理相剥离的状态。聚落住居的急速变化,个体心理还没有足够的准备与接受的时间,心理压力与危机就会出现,如前所

---

① [英]安东尼·吉登斯:《社会学》,北京大学出版社 2004 年版,第 439 页。

述城市化进程中的物缘心理所呈现出来的现象就是有力的体现。压力与危机感如果得不到途径宣泄，就会形成普遍的群体性心理问题，最终影响社会的发展。

西方学者普遍认为城市承载着人类文明，是现代性的发源地。人类从传统社会走向现代性乃至后现代主义，都依赖于独特的空间载体，既铸就了人类文明也实现了文明的转型。城市聚落是社会剧变的空间载体，其形态功能急速变化，聚落主体必须不断改变，而且这种改变不仅是技能性与知识性的，更重要的是心理性的。相对于简单稳定的乡村聚落，城市聚落中以"物"为核心催生出的经济方面的人口老龄化、贫困问题以及就业等问题，对聚落主体的心理造成影响，由于得不到适当的疏导，形成非良性循环，造成更大的社会问题。

首先，"物"缘心理的优势特征。

"物"缘心理的多维度转向。城市聚落系统更烦杂，价值取向与评价标准呈现出多元化态势。"物"缘心理以"物"为核心，但城市聚落中的"物"是复杂的系统，认识与实践工具因科学技术水平的提高更发达了。主体对客观事物的认识更趋向于强调事物的客观性、复杂性与多样性，多维价值观让聚落主体对待对象世界更具包容性。多元化主体在城市聚落中的交往方式因理解能力、沟通方式以及交流渠道无论在量上还是质上都日益发达多了。"物"缘心理呈现出标准的多元化、心态的宽容性以及标准的相对化困境。在聚落快速转型期中旧范式失范，新范式还没有真正确立起来，进而造成物缘心理中有物无心的状态；同时标准多元与相对化困境，多元化产生标准泛滥困境，确定性被解构，不确定性成为主要的心理状况，不确定性产生叠加效应再循环起来，会使聚落主体对聚落产生怀疑不满等心理，日积月累就会反作用于聚落的生产过程。目前城市化进程中的聚落由于相应的社会困境与生态困境就引起了聚落主体对城市化发展的质疑。众所周知，城市化是现代化的必经之途，因此在聚落城市化可否的问题上就出现了选择的困境。

"物"缘心理对世俗观念的双重影响。文艺复兴以来的工业革命走上了实现"物"的极大丰富的道路,在物的丰富过程中世俗观念发生正向与负向的生成过程。正向非异化世俗观是城市聚落中的"物"缘心理在社会生活中的工具理性增强的表现,聚落主体的精神世界发生深刻的变化。机器工业化生产最直观地实现聚落主体对物的需要,满足生存需要的同时也实现享受性需要,特别是享受性需要中表现出物质享受、大众生活,是个体性的现实利益与价值取向,要求聚落主体相应的社会心理准备;负向世俗观是物缘心理中将"物"从实体异化为"度量衡",聚落的急速转型主体没有足够的心理准备,世俗化就是出现负面效应。负向世俗观将人的全部生活与生存依赖于物的重构,严重消解了人类的精神世界、终极价值,将人文精神完全归属于对物的需要,对于主体的生活意义、社会理想与终极幸福等精神诉求完全解构等价为物的拥有量,人完全归属于物的属性,附属于高技术与大科学,人本身成为消费主义语境中丧失自我反思能力的"消费品"。以"物"缘心理为核心的负向世俗观,在相对物质资源不充沛的国家或地区,由于聚落快速转型,群体性社会心理中工具理性居主导地位,于是就出现"物"缘心理的负向世俗化倾向。事实证明,聚落心理是聚落发展进程中的隐性因素,它缓慢地积累,影响和制约着聚落的发展。社会中的主流价值观就是社会凝聚力与正向世俗化的核心聚落心理内容。

"物"缘心理中的浮躁现象。在工业化生产过程中,公平的行为准则是聚落主体普遍持有的心理准则。聚落主体之间主要是一种非血缘、地缘关系,彼此之间以契约制主导交往,公平成为交往的基础,也形成"物"缘心理的基础。而且在城市聚落中的公平原则与乡村聚落中不同,乡村聚落中的公平是形式上的公平,只关心"物"的分配上的平均。工业化生产中的公平原则不是对劳动产品平均分配,而是引入公平竞争的原则,按照主体愿望,都有参与竞争的机会,个体性差异并在考虑范围内,极大地激励了聚落主体的劳动积极性,使竞争观念深植于聚落主体的内心,"物"缘心理包含着获得物的竞争性心理,更激起了聚落主体对"物"的向往,需求往往不是获得的主要原因,而是为了获得而获得。工业化大生产由市场自由配置生产资料,自由交换劳动产品,聚落主体的个体取向与主体性随着机器化程度的升高逐渐提升,在聚落心理中以"物"为中心的利益意识,以获得更多"物"作为成功的心理动机,不断成为主导,并被强化在"物"缘心理中。在以美国为代表的缓慢城市化进程中,物缘心理是亲缘心理自然转换的过程。如果关注发展中国家的城市化进程,我们就会发现,在快速城市化进程中,从亲缘心理向物缘心理转换的过程中缺少过渡。从早期稳定状态进入突变时期,聚落心理急速转型,对"物"的缺失性需要,完全被享受性需要所代替,特别是对新聚落模式的认知还相对模糊,规则与机制还在建立与完善中,聚落心理就会从早期进取型发展为浮躁型,对聚落稳定性产生很大影响。

"物"缘心理中的进取。在物缘心理中的进取,通常体现为聚落主体对空间与财富的态度,城市聚落打破了乡村聚落中以平均主义为基础而形成的平均视角下的不公平,以契约精神为基础实现社会公平正义,聚落中衡量发展的标准从多元转向单一维度,即"物"的唯一尺度,聚落心理的隐性因素被显化出来,聚落主体的进取冲动得到释放。标准单一,方向明确,实现自我价值就变得十分简易。"物"缘心理成就了城市聚落中的新财富观,自我价值实现的目标变得更加明确。将复杂的价值系统都转化为进取与物质丰富,这构成聚落发展与社会进步的内在动力,成为聚落主体中重要的心理基础。以"物"为基础的进取心态成为城市聚落中的主流社会心理,成为聚落主体普遍认同的基本观念。聚落主体的差异被抹杀了,但聚落主体的认知能力与对资源的拥有度的差异性是普遍存在的,在普遍的"进取心态"的引领下,对"物"的获得的差异性是必然存在的。聚落中的群体分化导致了社会阶层的分化现象,极端的社会分化是工业化发展的结果。反过来社会阶层分化再次激发了聚落主体的进取心,在认同社会分层的基础上,更希望通过自身的努力实现现实中的阶层跃迁。纵观历史,聚落发展进程中的社会分层始终存在,相同阶层内部因个体差异不尽相同。由此,公正性是社会原则体制化的关键,也是聚落主体的需求。在现代城市聚落中，社会阶层分化以"物"的拥有量的多寡为标准，利益差异凸显，社会公正原则成为聚落凝聚力的根本措施。城市聚落以商品社会的市场机制为主体，以竞争过程中的有序性为标志，追求"物"的利益的最大化。由政府制定有效的制度对竞争的秩序进行管理、监督。制定有效的制度与政策，维护社会公正，成为社会公正的基本保证。

"物"缘心理中的诚信。城市聚落中人与人的交往成为社会生活中最重要部分。诚信是一种文化习俗和民众的行为习惯，在人与人的交往中长期存在，是聚落心理的重要组成部分，也可以相应地显化为一种社会状态，普遍存在于聚落主体的共识中。在城市聚落中特别是快速城市化进程中，社会阶层复杂化，新移民群体、各种商业群体以及新技术创业群体，使诚信建立的基础从彼此的情感维度转向于"物"的维度。乡村聚落中交往主体单一，交往工具简单，交往空间狭小，以现实空间中的交往为主，失信发生的可能性相应较低。城市聚落中以陌生人交往为主，交往方式以通信与交通工具为主，交往更多地发生在虚拟空间中，失信成本低，人际交往从直接型转向中介型。城市聚落中的交往中介是以"物"为核心的媒体，人与人之间只进行"物"的交换，交换主体可以没有直接接触，对于交往对象的认知完全处于黑箱状态，失信成本大大降低。诚信需要媒介等符号增加失信成本，提高诚信交往的可能。在法理社会中，城市中的契约精神与法律规范，增加了聚落主体的诚信愿望，构成聚落主体重要的心理机制之一，现代社会中诚信度的高低成为衡量社会文明程度的标准之一。

其次，城市聚落心理问题中的缺位与不足。

如前所述，快速城市发展进程中，特别是聚落城市化以后，与之相匹配的城市聚落心理从外缘到内涵都发生了相应的变化，这些方面不仅对城市聚落主体造成极大的负面影响，使他们无法享受生活，想要逃离城市，但很遗憾的是城市聚落主体又很难在乡村聚落中生存。因为他们很难离开城市的生活方式。强烈的被剥夺感与心理不平衡以及过度的焦虑与浮躁都是影响人的生存质量的重要指数。

1)幸福感被削弱。"只有幸福才能被确定为人生目的,因为只有幸福才符合生活对生活目的的要求,才符合生活目的所必备的条件。"①在城市经济学理论中,城市规模与主体幸福之间的关系成为学界关注的焦点问题之一。城市聚落的聚集与分散的力量平衡决定了城市的规模,事实上城市规划与幸福感并非同增同减的关系,如萨缪尔森在《经济学》中"分析了个人劳动供给理论:个人劳动供给即在不同的工资率下,个体劳动主体所提供的使其效用最大、幸福感最强的劳动时间组合。"②幸福感主要分为体验式与评价式两种,城市聚落中主体的幸福感主要来自于城市生活过程中的主观体验,通常由享受的过程所获得的愉悦感构成,高兴或悲伤的强度与出现频率表明了幸福感的高低。③ 西方学者在20世纪70年代就提出,城市规模与居民效用呈现出倒U型关系。大体可以分为两类,其一认为城市规模的增长,并不是城市主体幸福感的决定性因素。城市的GDP、基础设施以及城市地标建筑等刚性指标与幸福感无关。而拉丁美洲学者研究发现,城市过大幸福感减少,等等。其二认为城市规模增大,城市主体幸福感增强,以中国的新兴城市为例,此特征相对更加明显。④ 从社会学的田野调查的研究方法出发进行的城市规模与聚落主体幸福感研究数据显示,聚落主体并不认为城市高速扩展、经济发达就是能提升居住者的幸福感。特别是目前城市以及大城市病都显示出,城市过快增长发生的问题,而且认识到城市过快发展不仅不能提升幸福感,相反会消解城市的吸纳功能,使更多人返回到乡村中去。

2)交往方式的单一化趋势。城市聚落中的特殊性就是以社区为单位,目

---

① 皮家胜:《论幸福是人生的终极目的》,《江汉论坛》2003年第3期。

② 陈芬等:《城镇居民可支配收入与居民幸福指数的经济学思考》,《商业时代》2013年第2期。

③ 张晓楠:《空气污染对居民幸福感和居住城市选择的影响效应研究》,博士学位论文,清华大学,2020年。

④ 孙三百等:《城市规模、幸福感与移民空间优化》,《经济研究》2014年第1期。

前的大城市多采取区格式管理,有利于城市治理。聚落主体对于深度交往是有内在需要的,否则网络虚拟空间中也不会有如此大的需要,只是现在空间的交往责任大于权利,复杂大于享受。作为理性主体的人,情感系统发达,交往的情感诉求有很大的要求,渴望与他者进行交流,来缓解城市中孤独感与生存压力。城市中的生活方式,由于空间过大,时间相对就被缩短,信息流过于洪大对聚落主体产生极大的冲击,过细的分工严密的组织限制了聚落主体的活动范围,再有就是城市聚落以社区为区格单位,社会化分工过细,规模过大导致空间变大时间变短,社区中的居民不仅属于社区还属于各自的生产部类,但由于住区与生产部分距离过远,人与人的交往受到空间与分工的限制。聚落主体是理性与感性的集合体,在忙碌地积攒物质财富的同时也有更多的情感诉求。更渴望人与人更多的交流缓解由于城市规模与工作压力影响所造成的心理压力与情绪偏向。聚落城市化进程中更充斥海量信息,组织严密以及因城市规模形成新的生活方式。城市聚落主体在物质层面得到充分满足,相对而言人与人之间的情感需求却没有得到相应的满足,因此城市聚落中建立良好的交往空间,减少聚落主体的城市生存压力,消除负面情绪,建立城市聚落维度的基本文化,满足了情感交往与精神充实的需求。

　　3)聚落心理缺少公平性。平等的聚落环境是最有利于满足聚落主体情感诉求的途径。公平的社会环境、平等的发展机会是城市聚落所建立追求的目标,只注意"物"的需要并不能全面满足主体的需要。实现普遍公平不是朝夕之功,但在相对有限区域内建立公平机制还是可能实现的。如在家庭中建立平等的两性、代际关系,夫妻权利义务平等、彼此尊重、有效沟通;父辈对待子辈不采取高高在上的姿态,一味说教,唯我是尊,而是将孩子作为独立的个体予以尊重。又如,在单位,如果你是一个负责人,无论级别高低,哪怕只是一个小小的班组长,也要在自己的职权范围内营造出和谐、民主、宽松的气氛,让每个下属都能心情愉快地工作、相处。如果是这样,至少我们可以帮助缓解他人与自己的心理紧张问题,部分地消解心理问题,而不是使其愈加积累、激化。

4)物缘心理必须确立正确的价值观。城市化进程特别关注效率与竞争，以增长观代替发展观，可以视为聚落的"异化"。聚落从最初以保护人类的生存与发展、承载人类文明的历程，转向为机器工厂生产线上的一个零件抑或一个铆钉，呈现出马尔库塞所说的单向度的人，"将成功狭义化，所谓积极进取就意味着在竞争中取胜，所谓奋发向上变成了踩着别人往上爬。……这种长期竞争不能不让现代人感到身心疲惫。"①因此，要改变城市人的"物"缘心理所带来的困境，重新树立价值观，正确处理竞争问题，扩大正向效应，既保有对城市的建设性竞争，也要制止城市中的恶性竞争。以相互包容性实现城乡合作，以开放的心态培育以人的自由全面发展为目标的"城市人"。正确认识"物"仅仅是实现发展的手段，而不是其终极目标，个体的"城市人"将发展的标准从"财富观"中解放出来，承认发展的多元性与差异性，实现整体"城市人"的价值观转向，城市聚落才能实现多维空间融合，社会成员健康和谐发展的状态，从根本上解决城市聚落中人与人、人与自然的矛盾冲突。

二、物缘聚落城市化阶段的心理因素互动

研究聚落发展及其过程，聚落主体的心理因素是一直被忽视的问题。通过对聚落的历时态与共时态两条线索的研究，纵观聚落从产生到发展，以及多样化形态的出现，其中始终隐含着一股潜在而巨大的力量——聚落心理，它伴随着聚落的发展呈现着多样性的特征。考察聚落心理在聚落稳定态与激变态中的发生效应，对于研究聚落自身的发展和走向是一个非常重要的环节。从现代性意义上研究聚落，城市与乡村是聚落仅有的两种模式，虽然形态简单却以丰富的多样性记录着人类社会的演化。聚落形态体现着聚落心理。聚落形态的发展变化为聚落心理提供了养分与基础，当然聚落心理也引导着聚落形

---

① 王小波：《城市发展中的社会心理问题》，《理论与现代化》2005 年第 4 期。

态的发展。思辨地认识聚落形态与聚落心理的辩证发展过程,是预测未来聚落模式的先决条件。

1. 城市聚落对社会心理的强作用

城市是文明的同义语,既是文明的产物也是文明的载体。城市聚落心理是城市发展的内在动力,是聚落发展进程中"最活跃最革命"的因素。聚落心理体现着聚落中生活的人的一切需求和需求满足的尺度。按照聚落发生学理论,城市是由于生产力的增长,需要商品交换的场所以及政治军事的需要而产生的新型聚落。显然城市是聚落系统中的新事物,最早于六千年前出现在旧—新石器文化的社区之中。从起源上讲,城市聚落相对于早期人类的聚居点和原始的乡村聚落而言,它是新生事物,不仅仅是数量上的增长,而是带来了人类社会全面性的变革。从早期雅典的自由公民居住的城邦,到中世纪城市复兴以及工业革命以后的城市及城市化发展进程,都显示出城市这种新型聚落在人类社会发展中的作用。探索城市聚落的起源,在城市中乡村聚落传统的精神与文化元素被传承,不符合生产力发展需求的元素被扬弃。新旧元素集结于新的空间载体中,被重新组合,成为比原有聚落形式更复杂易变的新聚落形态,城市聚落从产生之初就具有革命性特质,构成人类社会发展的新可能。城市聚落的吸纳功能,集聚更多的乡村人口,使其在城市这个巨大容器中被融合。新的聚落形态加上新的聚落主体,使聚落系统变得更加复杂,聚落主体也形成不同于乡村的聚落心理。城市正是凭借着这样的复杂多样性,创造出更高的统一体。以"物"缘为媒介在城市中产生的聚落心理,对城市的发展起着引导性作用,同时城市也影响着聚落心理的发展。

1.1　聚落的自然条件制约着"物"缘心理的特征

城市聚落所处的地理位置影响和制约着城市的发展,同时对聚落心理起到制约作用,对聚落心理的多维因素产生重要的影响。聚落心理的多维因素构成了聚落心理的基本结构,主要包括聚落主体的共同认知、基本需求、基本社会动机以及社会态度。

聚落模式决定聚落主体的认知范围。聚落主体的认知能力与认知范围主要是对他者与聚落中的公共事务的认识与理解,包括对聚落空间与聚落主体的系统性认知。城市聚落成为主体认知的对象,以普遍的社会成员的社会心理为依据,产生了对聚落空间的认知,是由聚落发展的速度与规模决定的。城市聚落中的生产力要素,对于聚落的发展起决定性的作用,对于与之相符合的聚落心理起决定性的作用。

城市聚落的地理位置决定了聚落主体共同的需求和动机。城市是聚落主体的自然选择,受地理环境的影响,体现着社会群体性需要,表达着社会成员对聚落实现需要的程度。聚落主体对聚落的需要体现着居住在聚落中的群体的心理需要和行为倾向,在社会心理学中通常称之为社会动机。聚落主体的社会动机会影响聚落的变化、发生及跃迁,社会的需要和社会动机也是随着聚落满足主体需要的条件和手段的变化而变化的。相反,聚落的不同地理位置,对于聚落主体需要的满足度也有很大影响。人类社会的生产方式相对稳定,地理环境对生产方式的影响十分显著,特别体现在生产力上,作为生产方式中最活跃的因素——生产力,无论是其中的自然力还是智能性要素,都会引起聚落主体的需要和动机的改变。城市聚落的地理位置也会影响聚落主体的群体性心理,表达为一种整体性的社会态度。"罗伯特·阿德瑞是第一个认为人们不仅仅有刺激、安全与本体这三个重要的空间需要的,而且这也可以有助于解释区域性行为的缘由。"①三种空间需求对应相应的社会态度,表达着对特定空间的综合性心理倾向,而且这一倾向形成之后便具有相对的稳定性和抵抗变化的力量。事实上,空间是我们行为环境的重要部分,正如环境心理学家巴克(Barker,1968)所描述的"行为环境",聚落主体的行为受环境的影响甚至

---

① [英]布莱恩·劳森:《空间的语言》,杨青娟等译,中国建筑工业出版社2003年版,第23页。

是束缚。社会态度是人们在生产生活实践中形成的,社会环境和社会经历是影响态度形成与改变的重要因素。在现代社会生活中,虽然科技的影响深刻而广泛。"空间的一个功能是创造一种环境,一种有利于我们按照我们日常生活中身份的范围来行事的环境。"①马克思曾说:"已经得到满足的第一个需要本身、满足需要的活动和已经获得的为满足需要而用的工具又引起新的需要。"②

生产力中的智能性生产力就是聚落中的主体,因此智能性因素也会受聚落所处的地理条件的影响与制约,不同的聚落环境产生新的需要和动机,这不仅是原始社会的现象,而且是所有社会的现象。在聚落产生初期,人类的自然认知能力有限,生产力中的科学元素几乎为零,所以在早期聚落中生产处于神秘与宗教的自然观中,生产实践更多地是从巫术的技术层面进行解释与理解的。随着城市聚落的发展,人类认知能力的提升,工具的使用使得肢端延长,社会认知的内容和范围也发生了根本性的变化,城市聚落中的科学技术成为满足聚落主体需要的重要方式,特别是进入到城市化发展阶段此特征就更加明显。

1.2 城市聚落发展速度决定心理定式保持的时限

聚落心理是以空间为视角界定的社会心理维度,体现为固有的空间特征,任何空间特征都固化了一定的文化要素,主要包括习俗、道德以及宗教信仰等,体现着一定空间中聚落主体的行为规范,是聚落主体得到群体性认同的主要依据,对聚落心理具有重要的调节作用。空间特征记载着空间中聚落主体的生存状态,具有鲜明的历史性。与乡村聚落相比,城市聚落特别是在快速城市化的进程中,聚落心理受到空间骤变的影响,社会心理定式受到冲击并不断

---

① [英]布莱恩·劳森:《空间的语言》,杨青娟等译,中国建筑工业出版社 2003 年版,第36 页。

② 《马克思恩格斯选集》第 1 卷,人民出版社 2012 年版,第 159 页。

调整和改变。

前工业化城市聚落心理变化缓慢。农业技术是技术的主体,以经验为主,少量创意为辅,大部分集中于农业生产单位中,农业技术的传播通常是以家庭和家族为单位而进行的,在早期的城市或城镇中只有少量的因交换而产生的技术,因此技术(包含于技术中的科学)发展得非常缓慢,聚落主体更多地依赖于乡村聚落,城市聚落主体数量较少。中国的乡村城镇化大约出现在公元前3000年到公元前2000年之间,新城镇不断从大型村落中涌现,这是走向城市化的必经阶段。与西方城市化进程相似,中国古代的城市化最主要的因素也是军事与政治的需要,少数大型城镇开始向城市转化。按照张光直的说法,中国初期的城市,不是经济起飞的产物,也是政治领域的工具。显然城市是聚落等级分化的结果。中国早期的城市开始于夏商文明,考古证据表明,夏商时代是都城时代,到了周时期中国才真正进入了城市时代[1]。西方城市的起源有防御说、集市说、宗教中心论以及地利说、社会分工说、防洪说等。芒福德认为:"要详细考察城市的起源,我们必须首先弥补考古学者的不足之处……我们如果要鉴别城市,那就必须追寻其发展历史,从已经充分了解了的那些城市建筑和城市功能开始,一直回溯到其最早的形态,不论这些形态在时间、空间和文化上距业已被发现的第一批人类文化丘有多么遥远。"[2]主要观点则认为文化是城市发生的原始机制,同时是城市发展的最后目的。先有人类原始的文化与精神活动,随后才有城市与村庄的形成,文化是城市形成发展的直接原因。凯文·林奇(Kevin Lynch)在《城市形态》中指出:城市的城市过程是从乡村聚落中有了剩余产品,有了共性的忧患……有了永久性的中心场,这些场所为聚落主体提供了解忧的精神环境。[3] 可见,东西方关于城市早期的理解是

---

[1] 段宏振:《中国古代早期城市化进程与最初的文明》,《华夏考古》2004年第1期。

[2] [美]刘易斯·芒福德:《城市发展史——起源、演变和前景》,宋俊岭、倪文彦等译,中国建筑工业出版社2004年版,第3页。

[3] [美]凯文·林奇:《城市形态》,林庆怡等译,华夏出版社2001年版,第5页。

不同的,以中国为代表的东方城市起源认为是实用功能方面带来了城市的发展,似乎没有观照聚落主体的精神需要与心理状态,而西方关于城市起源的重要学说,关注城市聚落与人类精神以及社会心理之间的关联性更多些,而且对于城市聚落中所形成的心理定式给予了充足的认知。雅典卫城被称为高处的城市,是希腊人宗教与公共活动的中心,膜拜神灵的禁地。而中世纪城市则以独立与自由精神的生成为特点,为聚落主体与自由贸易和自由的科学精神提供了生长的沃土。①

　　进入工业社会,城市聚落自发地聚集了大量的人口,随着交往的增长,聚落心理也发生了相应的变化。城市聚落给科学技术以宽广的发展空间,也冲击了传统的社会心理定式。在工业化进程中,将人与自然的关系转化为人与技术的关系,因此聚落心理就表现为聚落主体与技术之间的关联性。"机械化并不是表达人类伦理意志的自由而又自觉思考的结果,倒不如说,它并不是有意成长的,甚至于是不知不觉地。尽管它有着理性的和决议的结构,它却是自然界的一种沉默无言的过程,而不是一种出自抉择的过程。"②工业化对于城市生活给予了决定性的动力,把大量的人口纳入生产过程,导致了城市化。在工业文明中上层建筑已经变得自主化而又异化了,使得个人的内心与行为都采取适应的形式,此过程的进行仅部分是有意志的和受控的,而在更大的程度上则是无意识的。例如由技术更新所引起的思想变化通常是不被主体意识到的。事实上,文明存在于社会结构中,在工业文化中社会心理带有工业化的特征,马克思在《共产党宣言》中论及:"由于一切生产工具的迅速改进,由于交通的极其便利,把一切民族甚至最野蛮的民族都卷到文明中来了。它的商品的低廉价格,是它用来摧毁一切万里长城、征服野蛮人最顽强的仇外心理的

---

① 何跃:《自组织城市新论》,博士学位论文,山西大学科学技术哲学研究中心,2012 年。
② [德]盖伦:《技术时代的人类心灵:工业社会的社会心理问题》,何兆武等译,上海科技教育出版社 2003 年版,第 14 页。

重炮。"①工业化生产模式产生了相应的人格特征,表达着城市聚落中的生存方式、消费方式以及新价值观。斯宾格勒也在《西方的没落》中认为,巨大的都市、金钱和理性的智力,而且认为自由科学就是城市化的精神形式。工业化社会中的"种种技术的必要性以及与它们相关的心态,刚是有目的地成长起来的,历史地发展出来的各种构造,直以深深植根于人心之中而被赋予了合法性的各种现实之间的东西。"②工业社会是靠技术创新来维持和发展的,科学技术的加速发展,使社会心理定式保持的时限越来越短,对变化的追求和期待成为工业社会里人们的社会心理定式。

1.3 城市聚落的复杂性与聚落心理的多样性

城市聚落经历早期城市、城市以及城市化三个历史阶段,科学技术作为第一生产力,城市与城市化进程中形成的聚落心理与此密切相关。城市聚落的复杂度也体现在聚落心理中,传统工业化城市由于工业化仅仅是城市生活的一部分,聚落心理中依然保留着原有民族、宗教、政治与信仰的部分,它们都拒斥科学技术。城市聚落中越来越细致的分工,给从事科学研究的人必要的时间和空间选择。所以,在城市聚落中科学技术的发展异常迅猛。科学技术作为第一生产力的观点在获得聚落主体的认同的同时整合了聚落主体的心灵。爱因斯坦曾说过:"科学对于人类事务的影响有两种方式。第一种方式是大家都熟悉的,科学直接地,并且在更大程度上间接地生产出完全改变了人类生活的工具。第二种方式是教育性质的,它作用于心灵。尽管这种方式好像不大明显,但至少同第一种方式一样锐利。"③

城市聚落的集聚效应,使得城市聚落成为一个复杂的综合体。功能多样,

---

① 《马克思恩格斯选集》第 1 卷,人民出版社 2012 年版,第 404 页。

② [德]盖伦:《技术时代的人类心灵:工业社会的社会心理问题》,何兆武等译,上海科技教育出版社 2003 年版,第 109 页。

③ 《爱因斯坦文集》第三卷,商务印书馆 1979 年版,第 135 页。

社会分工不断细化,对物的依赖得到了最大的彰显。在为物质利益这个目标奋斗的过程中,途径是多元化的。当然这也必然会带来聚落主体心理的多样性。城市聚落的发展,还只是一个过程,并没有完成,所以聚落中不同分工的聚落成员从自己所进行的行业中获得不同的阶层认同。利益的差别也由此产生。有差别的阶层的心理反应有时也是相对的。

1)城市聚落发展的正负面效应会引起不同的心理反应。根据聚落主体阶层的复杂性,引起聚落心理的多样化。城市聚落以其高度的聚集,将最先进的科学技术成果纳入聚落之中,目的是使聚落主体群体能够获得更高的生存质量。在面对困难,摆脱由于无知而产生的桎梏时,聚落主体认同聚落由传统模式向城市阶段的转向和发展。然而城市的扩大,人口的激增、土地的减少、生物多样性的破坏等问题,说明城市聚落的非理性发展会导致严重的生态困境,具体表现在环境污染、生态破坏、能源危机、核事故和人口膨胀等方面,这些对于人类生存是极大的威胁,自然条件与生态环境的衰退,显示出城市聚落,特别是特大城市与超大城市生存状态的不可持续性,促使人类对全球性的前景感到担忧和不安。城市聚落成就了工业化道路,工业化正是依赖于城市聚落的承载而走上现代化发展的道路。城市聚落中的主体并不仅仅是为了生活于城市之中,而需要借助于城市聚落而获得幸福生活,这是聚落主体普遍的心理。同时,聚落主体过分地依赖于城市聚落,就会感受到心灵自主意识的削弱。工业化时代城市聚落的加速发展使聚落心理滞后于聚落本身的发展。同时城市聚落的发展也带给主体无形的压力。城市聚落规模和内涵的加速度发展使聚落主体产生严重的疲惫感。城市聚落中的大工业生产虽然增加了主体的成就感,提高了财富收入,但是使聚落心理出现了异化趋势。

2)由于城市聚落发展道路的复杂化,使聚落心理呈现出多样化的特征。从林林总总的城市聚落可以看出不同的城市聚落都与最相匹配的聚落心理相伴而生。聚落心理与不同的聚落类型相对应,即使同一类型的聚落由于内外环境的差异也会呈现出不同的心理状态。在现代化城市中聚落主体借由发达的技术,对城市公众生活产生了巨大影响,所以城市中聚落主体的物缘心理也各有不同。城市聚落中经济支柱的多样化,导致聚落心理的多样化。生产技术对生产者和消费者的社会心理都有决定性的影响。不同的城市聚落都是以物的依赖为主的社会形态的一部分,所以城市聚落不同的经济支撑模式和支柱产品,也影响聚落主体的心理变化。

从整体聚落的选址,到内部的建构过程、规划与设计都体现出聚落主体的选择。企业家与政治家都特别崇尚科学技术,因为科学技术产生于城市并在城市中生长,在城市中科学技术沙文主义盛行,聚落心理普遍认同科学技术是解决城市生活困境的有效手段。哈贝马斯认为:在"晚期资本主义"社会,科学技术成为第一生产力这一发展趋势,使资产阶级政府可以将政治问题变形为技术问题。①

2. 社会心理对城市聚落的反作用

聚落形态与规模、生产方式,制约影响着聚落主体的群体性心理。聚落主体的群体性心理反作用于聚落,聚落心理并不总与聚落形态相一致,而是被动地接受影响,以缓慢的柔性的状态,反作用于聚落的形态,促使聚落心理与聚落模式之间达到和谐状态。

从城市聚落的空间生产来看,城市聚落空间生产既是物质形态的也是属于精神领域的。列斐伏尔把空间定义为居住空间的生产,在城市空间的生产过程中始终伴有文化空间的生产。柯布西耶认为:"如果我们从感情和思想中清除了关于住宅的固定观念,如果我们批判地和客观地看这个问题,我们就会认识到,住宅是工具。"②柯布西耶的观点抹杀了精神空间生产的维度。阿多诺的"文化工业"描述文化的商品化与标准化问题。技术的进步在城市聚

---

① 参见陈学明:《哈贝马斯晚期资本主义论述评》,重庆出版社 1992 年版,第 182 页。
② [法]勒·柯布西耶:《走向新建筑》,陈志华译,陕西师范大学出版社 2004 年版,第201—202 页。

落中得到最多的实践,表现为建筑技术与交通工具的发展,将传统意义上的时空观进行解构,时空完全呈现出商品化的特征,"大工业建立了由美洲的发现所准备好的世界市场。世界市场使商业、航海业与陆路交通得到了巨大的发展。这种发展又反过来促进了工业的扩展,同时,随着工业、商业、航海业和铁路的扩展,资产阶级也在同一程度上发展起来,增加自己的资本,把中世纪遗留下来的一切阶级排挤到后面去。"①工业社会早期,在马克思恩格斯的经典论著中都有论及,马克思认为:"一个工业城市或商业城市的资本积累得越快,可供剥削的人身材料的流入也就越快,为工业安排的临时住所也就越坏。……由于资本和劳动的大量流动,一个工业城市的居住状况今天还勉强过得去,明天就会变得恶劣不堪。"②因此,聚落心理是具有空间性的。人类社会的空间本身就是人类实践活动的产物,正如马克思所说:"思想、观念、意识的生产最初是直接与人们的物质生活,与人们的物质交往,与现实生活的语言交织在一起的。人们的想象、思维、精神交往在这里还是人们物质行动的直接产物。"③城市聚落是将分散的资本集中到同一空间的聚落形式,"许多同时劳动的工人在同一个空间(在一个地方)的密集、聚集。"④集聚造成了有限空间的生态环境的恶化,"每一个大城市都有一个或几个挤满了工人阶级的贫民窟。的确,穷人常常是住在紧靠着富人府邸的狭窄的小胡同里。可是通常总给他们划定一块完全孤立的地区,他们必须在比较幸福的阶级所看不到的这个地方尽力挣扎着活下去。"⑤马克思认为,"就住宅过分拥挤和绝对不适于人居住而言,伦敦首屈一指。……在伦敦,大约有 20 个大的贫民区,每个区住 1 万人左右,这些人的悲惨处境超过了在英国其他任何地方所能见到的一切惨

---

① 《马克思恩格斯选集》第 1 卷,人民出版社 2012 年版,第 401—402 页。
② [德]马克思:《资本论》第 1 卷,人民出版社 2004 年版,第 762—763 页。
③ 《马克思恩格斯选集》第 1 卷,人民出版社 2012 年版,第 151 页。
④ 《马克思恩格斯全集》第 47 卷,人民出版社 1979 年版,第 291 页。
⑤ 《马克思恩格斯全集》第 2 卷,人民出版社 1957 年版,第 306 页。

象,而这种处境几乎完全是由住宅设备恶劣造成的。"①恶劣的生态环境影响聚落主体对聚落空间与生态环境的选择。

从城市聚落的兴起与聚落心理之间的关系看,物缘心理产生于城市聚落中,是在城市化进程中城市聚落主体对物质与精神生活追求的结果,聚落心理在聚落中形成,也反作用于聚落的结构与解构的过程。遵循着空间文化学派的基本观点,聚落精神与文化通过主体的群体性心理表达出来,对聚落的发展提供合理性支撑,构成城市聚落的基本特征和城市性格。任何聚落都承载一定的聚落主体的社会生活,也会相应地反映到聚落主体的社会心理中,形成相对稳定的聚落心理。它的目的性、计划性、创造性和社会协作性都需要社会心理功能的支持。城市聚落的发展是在一定社会条件下进行和发展的,它必定要求与其相适应的某些社会心理要素。换言之,城市聚落是科学和技术的空间载体,城市实现了科学技术的实体进程,聚落主体对城市的认知与理解最终都体现在聚落的构建中。

首先,"物"缘心理适应城市发展的过程性。

聚落心理对城市聚落的存在及其发展的适应是一个过程,重要的在于要分析这种适应过程的一般特点和适应模式。

1)聚落心理具有适应城市聚落发展的次序性。城市聚落中的社会心理表现为"物"缘心理,包括知觉、态度以及情感。物缘心理包含的元素对城市聚落的空间生产而产生的各种聚落效应,表现出相应的变化。聚落心理中最核心的就是与物相关联的部分,如"物"的消费就会首先发生变化,特别是对空间的消费是最先作出反应的,然后才是聚落心理中的各种心理定式,包括习俗、文化等,基本的信仰和价值观则最后发生变化。"物"缘心理中对聚落选择影响最大的部分,就来自于价值观与信仰。按照社会心理学理论,社会心理中的知觉是直接受外界影响的,是敏感的传感器。新型的聚落形式产生,通过

①　[德]马克思:《资本论》第1卷,人民出版社2004年版,第759页。

社会知觉进入聚落心理中,成为其中最基础的部分。此时,聚落心理会进行衡量,它与聚落形态与主体需要是不是基本和谐,引起社会需要与社会动机发生相应的变化。事实上,聚落主体对于能满足需要的东西都很容易接受,聚落城市化满足了聚落主体一直以来对"物"的需要。聚落主体就会相对稳定地与城市融合,其中有情感成分,更多的是以主体需要满足度构成评价标准,衡量聚落是否与聚落主体的需要相符合。聚落心理中的评价体系通常出现较晚,而聚落心理的情感因素则出现得更晚一些,速度也更慢一些,它的变化总是发生在新旧事物更替的过程中,社会心理的充实化必然在社会心理状态之后。新的聚落模式需要与之相适应的聚落心理,成为聚落主体的社会心理的主导,在社会心理定式适应之后,价值信仰才发生相应的变化,表现出聚落心理中的次序性与递进关系。

2)聚落心理具有适应城市聚落发展的灵活性。对物缘心理层次性的分析,说明物缘心理本质的结构性与差异性。差异性对于聚落主体而言就是聚落适应度的一种弹性适应。聚落心理产生于聚落之后,又会反作用于聚落的选择过程,并不是严格地、绝对地按照层次性来适应聚落的发展,聚落心理的层次性也是大致脉络上的顺序。聚落主体的复杂性决定了群体性心理的复杂度,因此聚落心理对聚落模式的适应表现出灵活性特征。心理知觉最先接受来自于外在物质世界的影响,但社会心理中的其他部分就不见得一致严格地按照顺序进行感应并作出反应,聚落心理对空间选择的适应、对空间规划以及规模的接受度都表现出灵活性的特征,从开始的融入到中期的磨合,最终作出相应的选择过程。更为直观地体现为聚落主体对城市聚落中的技术的适应过程。如果当普通公众或居民在聚落中不能实现其自身价值,社会需要与自身需要得不到满足时,就很难改变其社会态度和情感。聚落心理可能还保持着乡村聚落中的亲缘心理的基本特征。聚落心理的适应灵活性还表现在对不同城市聚落的选择与接受次序上。一般来说,能满足人们基本社会需要的容易被优先接受,但是由于风俗习惯、宗教信仰等心理定式的调节,符合这些心理定式的技术更容易被引进。当聚落发展基本成熟,可以满足聚落主体的需要,就会保持基本的稳定,形成稳定的聚落文化与聚落精神,实现空间的非物质化。但由于生产力的持续发展,聚落也会发生相应的变化,此时聚落心理又会出现相对的滞后性。"一种文化观点认为,机器、工厂、房屋等都是物质文化,而知识、信仰、道德和风俗都属于非物质文化。发明和革新经常出现在物质文化领域,而非物质文化,总是落后于前者,从而形成了文化变迁上的滞后现象。"①非物质文化"知识""信仰""道德""风俗"等聚落心理元素的变化过程,一般来说在时间上要迟于聚落的发展,当然也有超前的心理意识,但总的来说,聚落心理在达到了主体需求之后就会逐渐增加与聚落之间的契合度。

其次,聚落心理对城市聚落发展的引导性。

城市聚落是人类实践的最新空间载体,在聚落城市化进程中表现得更加突出。聚落主体在聚落中从事实践活动也需要聚落心理来参与和引导,城市聚落的发展方向、发展形势以及社会属性,都会受到来自聚落心理方面的引导。聚落心理对聚落实体不存在阻碍作用,它以集合方式表达主体的意愿与要求,先以适应为主,当遇到不可调和的冲突时就会作出相应的调整。当聚落心理合力达到极大程度时也会影响聚落的发展方向。

近代城市聚落的发展与革命都是在聚落心理的引导下进行的。马克斯·韦伯认为"资本主义精神"是"植根于宗教之心理和实际背景中的现实冲动力",是"理性而有系统地追求利润的态度。"②默顿认为英国16世纪的清教徒的新的宗教态度"研究自然现象是促进赞颂上帝的一种有效手段",使"科学被当作强有力的技术工具,而这样的科学是值得高度推崇的。"③只有新教徒

---

① 陈凡:《技术社会化引论》,中国人民大学出版社1995年版,第104页。

② [德]马克斯·韦伯:《新教伦理与资本主义精神》,生活·读书·新知三联书店1987年版,第64页。

③ [美]默顿:《十七世纪英国的科学技术与社会》,四川人民出版社1986年版,第98—99页。

才有这样的态度,从而推动了城市聚落中的科技、经济发展。

聚落心理表达着聚落主体的空间需要,对聚落形态建构以及发展方向都有具体的指向。如果聚落不能实现主体需要的满足,聚落结构很快会被聚落心理所解构,最终形成与聚落心理所向往的聚落模式;当聚落心理与聚落形态达到一致的稳定结构以后,就会自动地排斥其他类型的聚落。虽然从人类历史角度上看,推动社会进步的强劲动力来自社会生产力,而科学技术又是第一生产力,所以科学技术应该是推动聚落发展的根本动力。这种说法在一般意义上来说并无错误,但还不能解决聚落演变的动因问题。因为科学技术对于聚落的建构只能提供一般意义上的手段,至于在何处以及如何构建却有着多元的选择空间。这里涉及聚落主体复杂的社会心理因素,决定聚落建构的心理因素有些来自主观选择,有些来自客观条件,还有些则是由主客观的相互作用构成。科学和技术应该说是有一定区别的,科学的社会功能除了用于技术发明以外,还将潜移默化地改变人们的世界观,更突出地表现在改善人们思维方式方面。但科学知识的传播和接受只能解决求真的问题,但聚落的改变不仅牵涉"真",而且牵涉"善"和"美",同时对真、善、美的评价还牵涉历史因素和社会潮流的价值取向,更重要的还有个人的切身利益。人们对聚落空间需要的改变,从客观条件上看是受科学认识水平与技术手段提高的影响,尤其在现代社会此特征表现得更突出。但科学理性只能在一定程度上发挥作用,而且这种作用必须渗透到聚落心理中,使聚落心理发生改变后才能得以发挥。技术的主要功能是改变自然客体,聚落发展与社会的总体技术水平密切相关,各种聚落的演变都会被技术潮流牵引。但技术进步带来的社会后果是带有两面性的,即使对人有益的技术也有一个接受过程,以及是否有能力利用和如何利用的问题。更多技术的使用体现在评价与选择的问题上,如利与害的权重,因时间、地点和主体的差异而不同。人类聚落同时还是文化色彩十分浓厚的复杂系统,如果不考虑技术与聚落心理的结合问题,即使动用强大的行政手段硬性灌输,也可能出现南辕北辙、得不偿失的后果。事实上,聚落空间对社会心理的作用以及社会心理对聚落发展的反作用总是交织在一起的,影响势必是双向且可逆的过程。认识聚落发展与社会心理的辩证关系,对聚落发展和社会心理的要求都必须给予充分的考虑,兼顾二者各自的需求特征,不能为了一方而损害另一方。人类聚落与社会心理的矛盾运动,推动人从分散走向集中,也势必还将从集中再度走向分散,所以聚落演变也将呈现出由分散到集中,再由集中走向分散的反复过程,只要这对矛盾存在,该过程就不能完结。

3. 城市化对聚落心理的物(异)化

无论选取何种聚落模式,其目的都是让人通过可持续性的发展获得更多层次的自由。城市化道路是工业化和生产的社会化的必然选择,也是人类获得财富最大化的最优选择。实践证明,人类通过城市化的发展道路,只收获了财富,而并未通过实现可持续性而得到更多的自由。在极度追求财富和过度消费的过程中,聚落心理呈现出一种异化的状态。即聚落心理的物质一维化及对资源的过度占有。

3.1 聚落城市化对聚落心理的物化可能性

人类历史上的第一次城市化发生在公元 10—12 世纪的中世纪中期,因为没有现代意义上的科学技术,史称黑暗时代。但详解中世纪城市发展史就会发现,中世纪的城市化为科学技术的萌发提供了空间上的可能,为以科学技术为根本动力的工业生产提供了空间可能,为城市化进程提供了动力来源。随着人造物越来越丰富,聚落心理才逐渐从亲缘心理转向物缘心理,反过来物缘心理又带来了人们对"物"的生产空间的迁徙,城市化的进程才由此展开,人类物质生活的丰富,便由此生发而来。

中世纪早期,由于城市生活方式的衰落导致科学走入停滞不前的黑暗时代。中世纪中期的城镇化发展,城市中出现了大量的自由人,特别是他们所具有的自然主义倾向带来了对自然了解的愿望,促进了科学精神的觉醒。经过了公元 5 世纪罗马帝国的破裂以及日耳曼民族的大迁徙,早期的人类城市几乎全部消失了,直到公元 11 世纪的中世纪才开启了城镇化的进程。公元 12—13 世纪,城市中的有贤智士进行了大量翻译活动,从故纸堆中实现了理性精神的复苏。中世纪后期,特别是以哥白尼的《天体运行论》为代表,不仅标志了近代科学的诞生,而且从城市中的教育、研究机构等多方面彰显了中世纪城市为科学成长提供的氛围与空间支持。因此探寻中世纪城市,对于当下科学生长空间的建构具有一定的现实意义。

"近代科学(Modem science)一词通常意味着对经验检验的完全开放性。"①"中世纪在文明史上首次成为这样的一个社会:'提出了无数个关于自然界的问题,然后几乎只用理性就将其解决了,这种不同寻常的成就依靠合理性分析为科学的进展奠定了基础。'"②众所周知,近代科学诞生的背景主要是中世纪后期的文艺复兴与宗教改革运动。但事实上,公元 12 世纪的城市中就埋下了近代科学的种子。"真理不仅是时代的儿女,而且是地理空间的产物。城市是把思想如同货物一样运载的转车台,是精神贸易的市场与通衢。"③因为"城市是人类的工具,它是人类对自然的一种掌控,它是一种人类作用于自然的活动,一种为人类庇护和活动的有机组织。城市是一种创作"④。近代科学成为后世发展的最强劲驱动力,其中集结的知识成果不仅是其物质层面的,更重要的则是它的精神文化成果。它是经历了千年的酝酿历程,才在某个特定的历史时刻涌现而来的。从中世纪开始,近代科学的发生与西欧城市的形成、建构与发展浑然一体。城市独特的集聚功能,集聚了大量的自由市民,集聚了精神成果,集聚了精神生产条件,创立了大学,等等,在成就了宗教成长的同时,作为神学婢女的哲学与科学也随之生长。

---

① [英]约翰·H.布鲁克:《科学与宗教》,苏贤贵译,复旦大学出版社 2000 年版,第 27 页。
② [美]爱德华·格兰特:《科学与宗教:从亚里士多德到哥白尼(400B.C.～A.D.1550)》,傅有德等译,山东大学出版社 2009 年版,第 11 页。
③ [法]雅克·勒戈夫:《中世纪的知识分子》,张弘译,商务印书馆 1996 年版,第 11 页。
④ [法]勒·柯布西耶:《明日之城市》,李浩译,中国建筑工业出版社 2009 年版,第Ⅸ页。

1）城市生活方式对科学的影响。

城市聚落中生活方式衰落造成科学走进黑暗时代。"如果说适度的政治稳定、城市生活方式以及某些渠道的庇护对于科学探索是必不可少的，或者至少是有所帮助的话，那么，这些东西的缺乏便会使我们大致理解，在西欧历史中，科学的势头何以衰退并停滞如此长的时间。"①从公元 5 世纪到 10 世纪的五百年中，整个欧洲都呈现出一片沉寂与萧条的景象，这是欧洲从帝国文明向新文明转型的重要的历史时期，打破原来的城市生活状态，"西欧……随着强大中央政府的崩溃，以及作为公元初几个世纪内帝国标志的都市生活的逐渐消失，西半部智力生活遭受到的厄运是不足为奇的。"②在公元 4—9 世纪间，罗马帝国分裂，贸易衰落、经济恶化、外族移民侵入，使原有的西欧城市中心受到了严重破坏，教育与学术只能保留在农村地区。大约到了公元 11 世纪时，新地中海开始重建，农业开始发达，贸易的繁荣使城市生活重现活力。

回顾在基督教诞生最初的几个世纪里，历史学家共识性地认识：中世纪早期是一个无所建树、沉闷黑暗的时代，是不断发展的历史进程中的一次缓慢的暂停。特别是公元 6—7 世纪，有学者形象地描述为"一具即将被拉下舞台的尸体，以便下一幕好戏能赶快开演。"③考古学证明，此后的一两个世纪中，城市渐渐崩溃，有些地方的城市几乎消失了，城市生活方式被彻底瓦解。以城市为载体的学术场所与学术氛围由于城市的消解而受到严重的影响，由此人们把中世纪称之"黑暗时代"。所谓"黑暗"指的就是从罗马帝国灭亡到文艺复兴时期，城市生活被破坏，进而科学与技术也出现停滞不前的状态。"黑暗时代"中的战乱与杀戮使中世纪早期的城市生活方式被完全消解，科学与理性

---

① ［美］爱德华·格兰特：《中世纪的物理科学思想》，郝刘洋译，复旦大学出版社 2000 年版，第 2 页。

② ［美］爱德华·格兰特：《中世纪的物理科学思想》，郝刘洋译，复旦大学出版社 2000 年版，第 1 页。

③ ［美］朱迪斯·M.本内特：《欧洲中世纪史》，杨宁等译，上海社会科学院出版社 2007 年版，第 52 页。

失去了生产的空间,它的停滞是不可避免的。同时,由于基督教教义的规范作用,人们更加关注来世,更加关注天堂,对于世俗生活失去了兴趣,更多地寄希望于来世生活,原有的城市生活方式在早期中世纪城市复兴时期也没有得到及时的恢复,甚至被抛弃。教会组织大都建立在城市当中,但由于并没有真实地践行城市生活方式,对于生产力的发展没有更多需要,所以智力生产也没有生机与活力。城市不再生产,人们也不再相信自然力量,更多地寻求超自然力量的支持与庇护,成为科学停滞不前的另一个重要原因。

虽然在中世纪,整个城市生活方式受到基督教的影响,整体上呈现出安定平稳的状态,但"在这个异常沉寂的历史表象背后,社会内部却悄悄蓄积起推动变革产生的巨大力量。故而,从 11 世纪起,大大小小的城市和城镇突然像蘑菇般地冒了出来,散布在西欧的各个地方。"①新型城市所提供的人与人的交往方式成为重要的条件,集聚了大量的异质性人口,成为科学文化传播、交流、展示与丰富的物质空间场所。"世俗的和教会的领主们到处建立'新城'。这是称谓在处女地上建立起来的村庄,村庄的居民以缴纳年金的办法得到一块块的土地。这些新市的数目在 12 世纪时一直增加,它们也是'自由城市'。"②科学在异质性人口集聚的城市中,在新城市人的彼此自由交流的过程中,以自由与自然为核心词的近代科学在中世纪的"城市化"的土壤中生根萌发,城市开放、分化与流动的特征也为科学理性精神的培植提供了天然的可能性。文艺复兴与宗教改革是近代科学诞生的文化沃土,但城市空间的特性也不该被忽视,特别是在文艺复兴与宗教改革的前复兴时期,正是公元 10—12 世纪西欧"城市"化发展与城市生活方式的复兴。

2)新城市主体对科学的兴趣。

中世纪城市形成新的社会组成分子,即知识分子,虽然与现代意义上的知识分子有所区别,但不可否认,公元 10—12 世纪的城市化,形成新的社会阶

---

① 刘景华:《西欧中世纪城市新论》,湖南人民出版社 2000 年版,第 3 页。
② [比]享利·皮纳雷:《中世纪的城市》,陈国梁译,商务印书馆 2006 年版,第 138 页。

层,即中世纪城镇化发展中的知识分子,其对于科学与学术复兴也起到至关重要的作用。

中世纪城市的兴起也带来了西欧政治、经济、文化和社会的复苏,史学家将其称为"第一次人文主义复兴",与16世纪欧洲的文艺复兴遥相辉映,可谓是启蒙运动的启蒙运动。从公元12世纪始,伴随着城市化的生长,城市中的知识分子逐渐成为社会中的独立部分,特别是在中世纪中期的人文主义复兴(第一次文艺复兴)的过程中。历史证明,知识分子、世俗大学和翻译家都是在中世纪城镇化进程中产生的,他们主要从事自由研讨、翻译希腊手稿等工作,而这些恰是近代科学诞生的重要因素,科学产生的智力因素,因此,更充分地说明,没有中世纪的城市化进程,科学也许就不会在那样的时间节点发生。

"中世纪的知识分子随着城市而诞生。在城市同商业和工业(说得谦逊一点是手工业)共同走向繁荣的背景下,知识分子作为一种专业人员出现了,他在实现了劳动分工的城市里安家落户。"①"知识分子(The Intellectuals)"一词与特定社会阶层都出现在中世纪,其内涵虽与现代意义的知识分子有差别,"一个以写作或教学,更确切地说同时以写作和教学为职业的人,一个以教授与学者的身份进行专业活动的人,简言之,知识分子这样的人,只能在城市里出现,"②"中世纪城镇取得了过去城市文化从未获得的成功。除少数特殊集团如犹太人外,城市中的大多数居民第一次成为自由人。"③因此,"自由"始终是知识分子与其他社会阶层相区别的最大特征之一。没有人身自由的人不可能成为知识分子,而这种自由人正是城市人的主要特征,知识分子正是城市中自由人中分化出来的一个重要的社会阶层,同时自由人"知识分子"也成为近代科学诞生的智力因素。可见,在文艺复兴与宗教改革的宏大背景生成之

---

① [法]雅克·勒戈夫:《中世纪的知识分子》,张弘译,商务印书馆1996年版,第4页。

② [法]雅克·勒戈夫:《中世纪的知识分子》,张弘译,商务印书馆1996年版,第4页。

③ [美]刘易斯·芒福德:《城市发展史——起源、演化与发展》,宋俊岭、倪文彦等译,北京建筑工业出版社2004年版,第336页。

前,"11~12 世纪,巴黎、奥尔良、托莱多、沙特尔、科隆等许多欧洲城市中的总教堂学校成为吸引学生和授课教师的思想中心,"①可见其智力准备已经早在公元 11 世纪城市人出现时期就已经开始酝酿发生了。事实而言,中世纪的"知识分子"与今天科学研究者的实质性特征相去甚远,即中世纪早期的知识分子最初只是为了基督教教义的宣讲与阐释而诞生的,但他们所共有的科学理性精神与兼容并包的科学理念,为科学的诞生与成长提供了重要的智力载体。"知识分子"在城市中诞生,城市为其提供了自由的交往空间,可以按照他们的意愿进行理性思考。"在中世纪的政治背景下,城市有着特殊的地位,尽管从 11 世纪初到 14 世纪中期城市的市民阶层始终只是一小部分,但却不断地、迅速地发展,直至成为全体居民。"②至此,城市与近代科学的产生就有了不可割裂的关联性。

3)翻译家与翻译活动对近代科学产生的贡献。

翻译家是中世纪的知识分子中非常特殊的群体,他们的研究工作与关注的视角对于近代科学的诞生与科学理性的复兴具有重要的意义。事实上,即便到了加洛林时代,西方人"对希腊著作和哲学、科学思想机体的无知几近一贫如洗的境地。"③直至"12 世纪,随着亚里士多德的自然哲学被介绍到西方基督教中,自然会变得更加自主(尽管伴随着挣扎),但远远超出了所有教父的思想。"④翻译家翻译希腊的科学著作,促使希腊时期的科学精神与科学方法又重新回到了中世纪人的视野中,为文艺复兴与科学的兴起带来理性的复兴光芒。翻译活动与翻译家主要居住于中世纪的新兴城市中,成为一个新的

---

①　[美]爱德华·格兰特:《近代科学在中世纪的基础》,张卜天译,湖南科学技术出版社 2010 年版,第 26—27 页。

②　[意]贝纳沃罗:《世纪城市史》,薛钟灵等译,科学出版社 2000 年版,第 354 页。

③　[美]爱德华·格兰特:《科学与宗教:从亚里士多德到哥白尼(400B.C.～A.D.1550)》,傅有德等译,山东大学出版社 2009 年版,第 87 页。

④　[美]爱德华·格兰特:《科学与宗教:从亚里士多德到哥白尼(400B.C.～A.D.1550)》,傅有德等译,山东大学出版社 2009 年版,第 89 页。

社会阶层,主要从事着从故纸堆中寻求文化与精神精华的工作。"到了公元500年,懂得希腊语的人已经很少了,了解精确科学的人就更少……在西欧人认真地从邻近的文明和文化中寻求新的知识之前,他们必须首先被唤醒,激发出对科学和自然的新兴趣。"①从1125年到1200年出现了一次真正的拉丁翻译高潮,它使相当数量的希腊和阿拉伯科学重见天日,"在12世纪,当西方国家几乎还没有原材料可出口时(不过纺织品生产已日趋繁荣),从东方,从拜占庭、大马士革、巴格达和科尔多瓦运来了珍奇的产品和昂贵的物品。除了调味品与丝绸外,中世纪的手抄本把希腊—阿拉伯文化带进基督教的西方。"②真正使西方科学思想发生革命,并决定其数百年进程的大翻译运动直到公元12—13世纪才出现,13世纪后涌现出更多译本。大翻译时代后期,西欧替代了阿拉伯学术中心,成为科学思想交流重镇,以西班牙的托莱多为代表的一批新翻译中心诞生了,公元十二三世纪的翻译著作集中于科学和哲学领域。

4)中世纪城市中的"世俗"学校与图书馆对近代科学产生的影响。

"世俗"的城市学校满足市民对知识的好奇心。中世纪城市中的"世俗"学校发展很快,主要有三种类型,包括拉丁文学校、写字学校与算学学校,是新兴市民阶级反对教会对文化教育的垄断而开办的世俗学校。城市学校大约产生于公元10—11世纪,到15世纪,城市学校已经遍布西欧国家的各大城市,它的存在与发展更多地得益于城市经济的发展、人口的增长与市民对文化知识的需要,也显示出当时国家对世俗学校相对宽松的政策要求。在英国1406年的法律就有相关的规定,指出教会不得垄断教育,学校在政府备案后可以建立,任何市民以及适龄学生都可以自由选择城市学校。城市学校适时地满足新旧市民对于世俗文化知识的需要,所以市民对城市学校表现出极大的热情,纷纷把自己的子女送进城市学校学习。

---

① [美]爱德华·格兰特:《近代科学在中世纪的基础》,张卜天译,湖南科学技术出版社2010年版,第26页。
② [法]雅克·勒戈夫:《中世纪的知识分子》,张弘译,商务印书馆1996年版,第1页。

在科学发展的历程中,图书馆的作用是不可忽视的。图书馆收藏的图书资料反映出时代的知识、文化和思想,图书馆所进行的传播知识的工作反映出一个时代、一个社会的文化水平。最初中世纪的图书馆是教会为了基督教的文化与教育而设立的,为了复苏古代的"自由与七艺",其中包括《蒂迈欧篇》等,由此西欧各地宗教图书馆收集基督教与世俗图书,并在文字方面作出大量工作,创立了新的字体,后来一直保留在西方语言中,在英法德西等现代语言中仍然有着中世纪拉丁文的印记,史称"加洛林文艺复兴"。在学习古典文化的过程中,还将文字配好绘画图式,保留下来,成为有价值的文化标记物。随后宫廷学校消失了,但图书馆随着修道院保留了下来,成为各地的文化中心。大约在公元 10 世纪初期,在基督教最高权力的争夺过程中,再次引起研究图书馆中收藏的拉丁古典文献的热潮,并且努力寻找未被发现的古典文献,同时还大量翻译了希腊古典哲学著作和犹太教、伊斯兰教文化中的经典文本。"至 11 世纪末意大利阿玛尔非城的一所图书馆里,发现了 6 世纪上半叶东罗马帝国法律文献的手抄本。"①"注释法学派"的形成就是因博洛尼亚的一位修道士进行注释和评注而得名的,与之同名的就是中世纪西欧的第一所大学,开启了 12 世纪文艺复兴运动。公元 12 世纪的城市化过程,因人口的流动,"而记录社会流动的登记册如婚姻登记册、死亡登记册、财产登记册之类的档案,以及各种类型的编年史、地方志和教科书等,"②成为图书馆内的新内容,丰富了藏书。另外,随着翻译运动的广泛展开,古典书籍也成为大学图书馆里的新宠,丰富了馆藏。虽然手抄本耗时非常多,但图书的数量与种类都有了显著的增长,成为"前文艺复兴"时期的重要特征。随着活字印刷技术的广泛使用,图书数量激增。此后,西欧的各类知识暴涨,图书数量再次出现激增,各类型图书馆如雨后春笋般地建立起来。另外,大学图书馆也丰富起来,最典型的就是巴黎大学和牛津大学。

---

① 王亚平:《中世纪西欧图书馆的发展》,《光明日报》2019 年 8 月 12 日。
② 王亚平:《中世纪西欧图书馆的发展》,《光明日报》2019 年 8 月 12 日。

5)中世纪城市中"城市生活方式"的重构。

中世纪末叶,城市市民为了适应商业和手工业的发展需要,"只有学识渊博的人才能走遍天下,即使他被剥夺了财产,没有朋友,但他仍是每个国家的公民,并且能够无所畏惧地蔑视命运变化。"①城市中新市民重构的自由生活方式,成就了思想交流、自由交流与科学的自由传播,为科学成为生产力中的核心要素提供了空间上的可能。中世纪后期,西欧很多独立的学科相继出现,如物理学、天文学、动植物学等学科成熟起来,成为中世纪大学中主要研究的内容,相应的教材也逐渐丰富起来,众所周知的《几何原本》就是其中的代表性典籍。数学知识、"解三(四)次方程"的方法、对数表的发明等学术成果的传承对文艺复兴时期数学的发展产生了重要影响。天文学也有巨大的发展,从阿波罗尼斯的圆锥曲线理论、行星运行轨道是椭圆,成为牛顿万有引力理论的理论基础。有理论考证,解析几何正是由于受了圆锥曲线理论的启发。此后,变量被引入数学,成为"数学中的转折点",微积分也借此发展起来,为近代科学的兴起奠定了理论基础。

大学,是城市文化容器中的重要部分,为城市文化辐射功能提供了源源动力。"在12~13世纪,欧洲的城市里到处是老师和学生的声音。……北方的教会学校和南方的公立学校都发生了变化。很快地,大学——男生在里面受到文科以及医学、法学、哲学的专业训练——的建设也跟上了步伐。"②继中世纪后期的文艺复兴与宗教改革成为科学诞生的基础,其丰富的文化土壤正是中世纪城市中大学所提供的强劲发展动力。欧洲的城市化中就清楚地描述出:"中世纪城市一直是具有原创性和影响力的文献著作所热衷探讨的对象……中世纪的城市被描述成一种独特而崭新的现象,由此赋予中世纪一个

---

① [法]雅克·勒戈夫:《中世纪的知识分子》,张弘译,商务印书馆1996年版,第24页。
② [美]朱迪斯·M.本内特:《欧洲中世纪史》,杨宁等译,上海社会科学院出版社2007年版,第334页。

重要的功能,即推动了近代世纪的诞生。"①同时也谈到关于中世纪城市属性的变化,从封闭走向开放,城市在中世纪后期承担起来资本主义工业化的空间载体的功能,"中世纪城市作为一个独特的产物为后来工业资本主义的兴起奠定了基础。"②原来封闭的城市阻碍了文化交流与商业流通,本有的区域贸易,经由中世纪城市的发酵逐渐成为洲际贸易的港口与城市,城市在法律、结构与经济上更加开放,其社会和文化功能也变得更加复杂和有影响力了。

空间功能性视角展示出城市与大学有着极高的相关性,通常"大学"都是建立在城(镇)中,"城市可能是为大学提供安全、稳定、并不昂贵的房子、食物和啤酒的唯一可能场所"。现代意义上的大学大多始于公元 10 世纪期间的欧洲城市,基本上是由当时教会主办的行会学校发展而来,最初的目的是为精英阶层提供世俗宗教、王权、商业等机构所需的专业人才、专业技能。任何一座城市真正的文化趣味主要在于"探思想之造化、究生活之美化"的崇高境界,顶尖大学从来就是城市名片中最简约、精致的典范。大学可以"描绘出理智的疆域,在那里对任何一切既不侵犯也不屈服。"③正是因为大学的这种纯粹的人文特质,循着岁月古老印迹去探索城市的那些悠久书香的雅韵,我们会发现,一座城市可以因为有古老的绵延存在的大学而得以成为闻名于世的著名景点,甚至成为国际化的大都市。众所周之的博洛尼亚大学被称为大学之母,位于意大利艾米利亚罗马涅大区的首府——博洛尼亚市,建立于 1088 年,已有近千年的历史,早期科学家大都在这里学习过。随后知识分子与科学家成为相对独立的新市民,学界对大学与城市的相互关系研究也变得越来越热门了。与博洛尼亚大学齐名的牛津大学的诞生是十分偶然的,在博洛尼大学

---

① ［美］简·德·弗里斯:《欧洲的城市化 1500—1800》,朱明译,商务印书馆 2014 年版,第 4 页。

② ［美］简·德·弗里斯:《欧洲的城市化 1500—1800》,朱明译,商务印书馆 2014 年版,第 5 页。

③ ［美］简·德·弗里斯:《欧洲的城市化 1500—1800》,朱明译,商务印书馆 2014 年版,第 5 页。

成立后的不到一百年中成立,于 1168 年成立并开始迅速发展,从牛津大学的起源上看,大学已经摆脱了宗教、教堂等空间对大学的影响。城市成为牛津大学的空间载体,1167 年的贝克特(Becket)争端导致英格兰同乡会的学生和教师迁出巴黎,在新的城市中形成新的大学模型,自由成为大学与学者的成长空间,为近代科学的萌发提供了可能。

在科学的助力下,生产力得到极大的发展,工业革命与机械大工业的发展,成为人类物质极大丰富的重要手段。在工业化城市中,物质丰富与主体心理的满足促进空间按照主体的意愿变化发展着。

3.2 城市化过程中的消费与异化

人居聚落建构的目的就是为了人,促使居住于其中的"人"以可持续性发展,获得更多层次的自由。科学技术成为核心生产力,城市化进程成为工业化和生产社会化的必由之路,成为人类获得财富最大化的最优选择。近三百年工业化实践证明:人类通过城市化的发展道路,物质财富得到相对丰富,遗憾的是,生活在城市中的"人"并未获得可持续性发展,以至于也不可能获得真正的自由。消费是商品社会的重要环节,城市促进了商品生产,同时加速城市中的消费。城市中的"人"过度消费促进对财富的追求。在极度追求物质财富的过程中,消费心理异化促进了聚落心理的异化:即聚落心理的物质一维化及对资源占有的过度。

1)消费异化及聚落心理物化的原因。

人具有自然属性与社会属性,人的自然属性要求人属于自然,依赖于自然,并在自然中生存与发展。在现代语境下"人"更是社会属性的,在社会生产与生活中满足自身的物质需要的基础上,消费成为"人"存在的基本状态。特别是工业革命以来,物质消费以及建立在物质消费基础上的意义消费就逐步替代了纯粹的生理性需要或者说是缺失性需要中的实体性部分。"劳动是人类的本质,资本主义的私人与其自身类本身发展异化:人与人之间相互关系发生异化。"①聚落城市化进程中,生活在大城市中的人往往会出现一种"过度获得商品"的消费现象,"异化消费是人们为了补偿自己单调的、乏味的、非创造性的,且常常是报酬不足的劳动而致力于获得商品的一种现象。"②在城市聚落中,当异化消费构成消费行为的主流部分时,人类的消费活动表现为物质消费的过度与意义错位,实质上就是城市异化消费。

一方面,对生产资料(自然资源)的异化消费。

"物"的生产目的是为了"人"的生产,因而天然物消费以及人造物的消费,其目的就是满足主体的需要,即人的生产,包括自身的生存和满足自身生产的需要。"不管是资产阶级或无产阶级,还是政治上或社会上的右派都认为人的异化充斥了当今时代。"③在城市聚落发展过程中"人的异化"通过发展的不平衡性表现出来,成为关键性的问题,即全球性问题。特别是先发展中国家,更早地进入工业化与城市化阶段,在借由先进的技术手段、强大的生产能力聚集了更多人口的同时也是更多地占有生产资料与劳动资料,物质极大丰富的过程。聚落主体的物质消费却呈现出普遍"过度"的状态,因而造成了资源和能源的匮乏与生态环境的破坏,进而造成了人类社会发展的不可持续性。"充其量只占全球人口 1/5 的工业发达国家消费的原料、能源及其他资源占世界产量的 4/5。因此,把这些国家所具有的人均资源、能源消费水平推广到全球所有居民,将对自然环境产生巨大压力,以至造成不可逆转的生态灾难,将使地球不再适合人类生存。"④在比较发达的国家和地区,消费异化是由于物质的极大丰富,铺天盖地的宣传广告把各种各样的商品强行灌输给消费者,使消费者内心的享受欲、占有欲被唤起,情不自禁地购买、消费,而这些消费行为大多已超出了人的合理需要,抑或表现出丧失理性地占有与浪费。

---

① ［德］马克思:《1844 年经济学哲学手稿》,人民出版社 2000 年版,第 59 页。
② ［加］本·阿格尔:《西方马克思主义概论》,慎之等译,中国人民大学出版社 1991 年版,第 494 页。
③ ［匈］卢卡奇:《历史和阶级意识》,商务印书馆 1992 年版,第 17 页。
④ 安启念:《科技革命与人类新方向》,《中国经济时报》1996 年 8 月 2 日。

"在这个社会中,浪费式消费已变成一种日常义务。"①浪费式的消费所产生的"快感""幸福"势必因自然资源、生产资源的不足而受到制约,产生生态危机。

从过度消费到浪费消费,与人的需要并非有直接的关联性。在马尔库塞看来,追求物质享受并不是人的本质特征,在人的各种原始欲求中,也不是人的重要欲求。因此,物质需求的满足并不能给人带来幸福体验。在《单向度的人》中,马尔库塞对"真实需求"和"虚假需求"作出区分,"什么是真实需求,什么是虚假需求,这个问题应该由个人来回答。……只有当他们能自由地做出自己的回答时,才能这么说。只要他们不能够自主,只要他们被灌输和操纵(下降到他们的本能上),就不能认为他们对这一问题的回答是他们自己的。"②事实上,发达工业社会则通过制造"虚假需求",如"按照广告来放松、娱乐、行动和消费,爱或恨别人所爱或恨的东西",以实现"强迫性的消费"。③而"虚假需求"是那些在个人的压抑中由特殊的社会利益强加给个人的需求:这些需求使艰辛、不幸和不公平长期存在下去。一旦把这种需求强加于人,便会使人在需求上趋于单向度。"我们再次面临发达工业文明的一个最令人苦恼的方面:它的不合理性的合理特点。它的生产力和效率,它增加和扩大舒适面,把浪费变成需求,把破坏变成建设的能力,它把客观世界改造成人的身心延长物的程度,这一切使得异化的概念成了可怀疑的。"④

另一方面,对物质需求的追求异化。

商品社会赋予物质消费更加丰富的意义内涵,包括消费的异化。相对于仅为实现生存与发展的基本手段的消费而言,商品社会则是异化的消费。特别是城市化后,物质消费的过程呈现出明显的对意义的追求。在人类的社会生活中,不仅要进行物质消费活动,还要进行意义消费活动。事实而言,特别

---

① [法]让·波德里亚等:《消费社会》,刘成富等译,南京大学出版社2000年版,第30页。
② [美]马尔库塞:《单向度的人》,张峰等译,重庆出版社1993年版,第7页。
③ [美]马尔库塞:《单向度的人》,张峰等译,重庆出版社1993年版,第8页。
④ [美]马尔库塞:《单向度的人》,张峰等译,重庆出版社1993年版,第9页。

是在物质加速丰富的过程中,意义消费也开始了异化进程,体现为城市主体的意义消费完全被物质消费所替代,呈现出单一化的趋势,造成了意义消费的错位。宗教改革之后的新教伦理曾被用来激发节俭的积累,人们积累物质财富的活动具有上帝的形上意义,也就是教徒企图通过"拼命捐钱"来获得成为上帝选民的机会。可是,这种新教伦理不久就被资产阶级社会抛弃了,剩下的便只是沉浸于物质财富之中的享乐主义了,资本主义制度也随之失去了它的超验道德观。丹尼尔·贝尔对此叙述道:"一旦社会失去了超验纽带的维系,或者说当它不能继续为它的品格构造、工作和文化提供各种'终极意义'时,这个制度就会发生动荡。"①波德里亚曾经专门研究过洗衣机在发达社会中的作用与意义,并对意义消费错位的现象做了深刻的分析。"洗衣机就被当作工具并被当作舒适和优越等要素来耍弄。而后面这个领域正是消费领域。在这里,作为含义要素的洗衣机可以用任何其他物品来替代。无论是在符号逻辑里还是在象征逻辑里,物品都彻底地与某种明确的需求或功能失去了联系。确切地说这是因为它们对应的是另一种完全不同的东西——可以是社会逻辑,也可以是欲望逻辑——那些逻辑把它们当成了既无意识且变幻莫定的含义范畴。"②物质产品与某种明确的需求失去了联系,消费者与物的关系因而也就出现了相应的变化:"他不会再从特别用途上去看这个物,而是从它的全部意义上去看整体的商品。所有商品除去其实体性的价值之外,也就是除了各自作为器具之外,都蕴含着其他的意义。橱窗、广告、生产的商号和商标在这里起着主要作用,并强加着一种一致的集体观念,好似一条链子、一个几乎无法分离的整体,它们不再是一串简单的商品,而是一串意义,因为它们相互暗示着更复杂的高档商品,并使消费者产生一系列更为复杂的动机。"③由此,

① [英]罗伯特·法兰克等:《赢家通吃的社会》,席玉苹译,海南出版社 1998 年版,第67 页。

② [法]让·波德里亚等:《消费社会》,刘成富等译,南京大学出版社 2000 年版,第67 页。

③ [法]让·波德里亚等:《消费社会》,刘成富等译,南京大学出版社 2000 年版,第 3 页。

对商品的需要转向对商品符号的需要,追求异化引发的消费异化随之发生。

2)消费心理异化的表现。

从资本的视角看,发达的工业社会正是从"文化论"来理解消费以及消费社会,正如同"信息化社会"是从"技术论"的角度理解发达工业社会一样。在发达工业社会里,消费从人类行为转变为支配人类的行为,消费的异化也由此发生。消费从一种行为衍生成一种文化,构成了探讨消费异化的社会心理视角,事实而言,引发消费心理异化的原因有两个,一是个人方面炫耀地位的心理;一是社会方面意识形态的整合功能。

首先,商品社会中的炫耀性心理的泛化。在城市化发展过程中,人们的物质消费结构已经不再只是满足生理需求,而是更多的满足心理需求。心理需求是因为结构性匮乏引起的,而结构性匮乏永远也不会有圆满的满足,因而发达工业社会的物质消费就呈现出一种过渡状态,而且这种过渡状态目前还看不到收敛的迹象。正是这种过度的物质消费导致了资源和能源的不足以及生态环境的恶化。正如英国著名经济学家 E.F.舒马赫说:"人的需要无穷尽,而无穷尽只能在精神王国里实现,在物质王国里永远也不能实现。"[1]炫耀性心理与不平等的心理始终具有共通性,叠加于不平等心理引发人产生不可规避的嫉妒心。卢梭在《论人类不平等的起源与基础》中谈及人的妒忌心理时认为,"为了能像最漂亮的人或最能歌善舞的人一样,其他人便开始……并用化妆品遮掩自己的丑陋粗笨。"[2]可见,嫉妒心理部分是由于某些人的炫耀而产生,是不可避免的。

炫耀性心理是人性中的弱点。由于人类社会的不平等性,"高贵"的群体总以某种方式体现出他们的与众不同。在古代,不同等级人的物质生活,包括衣食住行都有严格的规定,明确并充分地体现出等级的差异:地主贵族阶级穿

---

① [英]E.F.舒马赫:《小的是美好的》,虞鸿钧等译,商务印书馆 1984 年版,第 20 页。

② [英]罗伯特·法兰克等:《赢家通吃的社会》,席玉苹译,海南出版社 1998 年版,第 68 页。

的是华美的衣服,吃的是精美的食物,虽然此间包含着某种文化含义,但更多的则体现出炫耀性的浪费,特殊阶层、等级就是通过某种炫耀性的浪费来证明和体现其阶层的优越性。近代以来,现代社会逐渐突破政治上等级制度所带来的不平等,但取而代之的则是以经济财富的多寡来表示不同阶级的不平等性。波德里亚认为"对于那些不再过多提及过剩物质,而只是提及筛选出来的、补充性的、供选择选用的以及供消费者做连锁心理反应的某个方面的商品的那个整体来说,古董商的橱窗就是贵族的奢侈模式。"①同样,米奇·高斯也表达过同样的看法。当代社会,以物质财富的占有来标识社会阶级与阶层的不同,富人的与众不同往往通过大肆的过度消费来表示。形成社会共识后,就会出现其他人的争相效仿。在不愿落后的心理支配下,竞相攀比消费。消费水平逐渐潜移默化为社会成员的心理特征。在这种情况下,消费已经不再是针对商品的使用价值,而是为了消费而消费,此时消费只是一种符号,即商品的"品牌"。可见,"名牌"商品除了一般商品的价值与使用价值之外,具有更多的虚拟的"象征地位"的价值。弗洛姆认为,"我们在'吃'一个幻想而与我们所吃的物品没有关系。我们的消费行为根本不考虑我们自己的口味和身体……在喝'商标'……因为广告牌上有漂亮的青年男女在喝可口可乐的照片……我们在喝'停一下,提提精神'的广告标语。"②由此,消费社会中往往会把附加在商品上的重要性等同于它的效用,把购买欲望等同于需求,商品交换的意义不仅只有使用价值,而且更多地体现为符号价值。欲望对人的驱动力是超过商品价值,霍布斯曾描绘过,人们受到欲望冲动的驱使,在追求满足时可以达到凶猛的程度;亚当·斯密也曾肯定过,地位冲动力对经济发展的重要性,他认为如果只受经济动机驱使的话,那么将不会有足够的刺激力来生产超出本能必需的产品了,正因为人的地位冲动力的推动,经济的"发展"成为可能。商品广告宣传正是利用了人性中炫耀性心理的特点,通过社会成员对

---

① [法]让·波德里亚等:《消费社会》,刘成富等译,南京大学出版社 2000 年版,第 2 页。
② [美]弗洛姆:《健全的社会》,中国文联出版社 1988 年版,第 133 页。

商品的普遍认同,使用价值与象征价值的叠加,增强对消费者获得欲望的刺激。关于广告的作用,社会学家则认为"挟持起来的生产攻势激起购买欲望,这种购买欲望常被人讽刺地称为'消费癖',表明它已成为一种流行病。产品的新颖实际上已变成一个价值,为推销更多商品而对认为需要进行的开发获得优先考虑,压倒了特权阶层、中间阶级和工资收入阶级中境况较好者的真实消费"①。由此可见,从广告到炫耀性心理,构成了消费社会中群体性心理的主要特征。

其次,聚落成员群体的意识形态的整合功能。

在发达工业社会,消费的异化成为一种普遍现象,日益呈现出社会意识形态的功能,逐渐呈现出整合整个社会的作用。在发达工业社会里,消费"取决于"消费水平,消费水平使消费"合法化"。事实上,如果消费水平下降的话,就会对整个社会的凝聚力和稳定性产生一种破坏作用。商品社会中只要有足够的钱,在消费商品上人人平等,"平等"似乎不再是遥远的期盼,而是在眼前的看得见、摸得着的东西。随着商品的发达,消费逐渐具有意识形态的特征,对社会具有维护与加固的作用,社会主体成为对现存社会持肯定态度的"单向度的人"。"如果工人和他的老板享受同样的电视节目并游览同样的娱乐场所,如果打字员打扮得像她的雇主的女儿一样花枝招展,如果黑人挣到一辆卡德拉牌汽车,如果他们读同样的报纸,那么这种同化并不表明那些用来维护现存制度的需求和满足在何种程度上被下层人民所分享。"②正如波德里亚在《消费社会》中指出的,观看同样的电视节目,只是消费平均化的表现,并不是真正的平等。如果这种平均化的消费一旦侵犯了"差异编码",就会遭到压制。因此,"在作为使用价值的物品面前人人平等,但在作为符号和差异的那些深刻等级化了的物品面前没有丝毫平等可言。"③平等假象的背后,形成社

---

① [法]佩鲁:《新发展观》,华夏出版社1987年版,第98页。
② [美]马尔库塞:《单向度的人》,张峰等译,重庆出版社1993年版,第9页。
③ [法]让·波德里亚等:《消费社会》,刘成富等译,南京大学出版社2000年版,第85页。

会成员对消费行为、消费结果的趋之若鹜,反过来也更加促使消费的异化。"消费并不是通过把个体团结到舒适、满足和地位这些核心的周围来平息社会毒症……恰恰相反,消费是用某种编码及某种与此编码相适应的竞争性合作的无意识纪律来驯化他们;这样消费才能只身替代一切意识形态,并同时只身负担起整个社会的一体化,就像原始社会的等级或宗教礼仪所做到的那样。"①

3)异化消费的扬弃。

聚落主体的消费行为本身是历史的过程,消费并非工业社会所独有的行为,它贯穿于人类社会与聚落空间产生发展的全过程。当人类社会进入工业社会后,相对于其他历史时期商品极度丰富,消费的这种"人类生活过程"的含义隐蔽了起来,"消费"便归属于资本主义的生产方式,并日渐呈现出异化状态。

尽管在前工业社会也存在着惊人的"浪费",如我国封建社会历来有"朱门酒肉臭"的现象,罗马帝国末期,封建贵族的骄奢淫逸也很出名,"但这并不构成社会经济结构有机运转的组成部分,而现代消费社会的浪费现象,是资本制市场经济社会赖以维持和扩大其再生产的有机构成。"②消费已经不是单纯为生存而进行的活动,变成服务于资本的逻辑、追求无止境的利润欲望。马克思认为消费本来是"人的自我生活过程",而在资本主义生产方式中却被当作劳动力的再生产过程。在工业社会中,人们把自己的劳动力以工资的形式同货币交换,再拿货币去购买商品,就完成了一般意义上的消费活动。同时认为,人们这种消费活动的完成,却是劳动力再生产的开始,即这种消费只是为了再生产劳动力,这样就把本来作为"个人生活过程"的消费纳入巨大的资本主义生产系统之中,消费和生产共同统一于资本主义的生产方式之中。在《〈政治经济学批判〉导言》中集中分析消费与生产的关系,"消费不仅是使产

① [法]让·波德里亚等:《消费社会》,刘成富等译,南京大学出版社2000年版,第90页。
② [日]堤清二:《消费社会批判》,朱绍文等译校,经济科学出版社1998年版,第182页。

品成为产品的终结行为,而且也是使生产者成为生产者的终结行为。另一方面,生产出消费,是由于生产创造出消费的一定方式,其次是由于生产把消费的动力、消费能力本身当作需要创造出来。"①消费只是"个人生活过程",而并非本来就呈现出异化状态。因而,在我们弄清消费成为异化消费的根源之后,完全有可能还消费以本来面目,使消费重新成为"人的消费",成为"个人生活过程":使物质消费从"高消耗资源、高排放污染"的类型转向"低消耗、低污染"的类型,扬弃"意义消费",并促使其回归"人的消费",成为构成人类平等幸福的手段之一。

波德里亚《消费社会》一书的任务就在于:"砸烂这个如果算不上猥亵的,但算得上物品丰盛的、并由大众传媒尤其是电视竭力支撑着的恶魔般的世界,这个时时威胁着我们每一位的世界。"②正如他所描述的,财富量仅仅标识着物质层面的富足与穷困,它是通过财富量的多寡,呈现出人与人的关系乃至人与自然的关系。"城市工业界的影响使得稀有之物出现:空间和时间、纯净空气、绿色、水、宁静。"③他特别强调,人类社会工业化以来的丰富的物质财富累积,是人类劳动的产物,不仅要受到生态法则的约束,更受交换规律的制约。学界深知"消费社会"的弊端,建立于理论批判基础上,实践途径的探索也成为重要的研究点。日本学者堤清二也较为具有代表性,他在对消费社会作出审视"批判"后,大力度地试图寻找摆脱"消费社会"的可能途径,并且认为申农的信息论具有很大的启发意义。他认为申农在信息理论基础上所提出的"将产生出摆脱消费社会的巨大动力",把"信息量"定义为"使不确定性减少的尺度","通过选择使不确定性减少,所得到的信息源就会增多,因而就越有可能出现低熵状态"……"信息理论如果的确适用于消费社会的话,出现低熵

① 《马克思恩格斯选集》第2卷,人民出版社2012年版,第693页。
② [法]让·波德里亚等:《消费社会》,刘成富等译,南京大学出版社2000年版,第1页。
③ [法]让·波德里亚等:《消费社会》,刘成富等译,南京大学出版社2000年版,第56—57页。

消费社会的可能性也将增长"。① 推而广知,如果全球化的网络关系"能建立在尊重各民族或各地区所固有的文化和习惯的基础之上",就可能实现申农的理论,而这样就"必须排除大众媒体国际性的控制和网络关系的一国主导型控制",因为信息化的发展并不会导致社会的自动进步。这样,堤清二最终把视线锁定在社会结构和社会体制的调整上,把摆脱消费社会的希望置于"人的逻辑"之上。杰罗姆·卡尔也在《关于人类和地球状况的评论》这篇文章中指出,消费社会将会给人类带来极大的威胁,并且呼吁人类社会实现制度化方案,将极度消费降低,加强文化、伦理的与人道的价值观念。②

较具代表性的消费主义学者波德里亚、堤清二和杰罗姆·卡尔共同的观点认为,消费社会的弊病的根源就是人自身的问题,同时走出消费社会的途径就在于对人自身的改造,即改造价值观念、社会组织和社会结构。作为类存在,在本质上人是自由的存在物,自由自觉的活动是人的最根本的类特性。事实而言,自由并不是人存在的恒常态,而是呈现出从低级到高级、不断实现的历史过程。物质生活水平的提高、物质财富的增长,为人的自由创造了条件,但它并不是自由本身。物质欲求的满足通常没有超越人的生存性需要,而发展性需要(自由)也是人的需要的重要组成部分,更加符合人的本性。如果仅仅以满足人们的生存性需要为目的,发展性需要得不到满足与实现,人的全面而自由的发展就无从谈起。而且,仅从生存性需要来满足人的需要,在生存竞争中可能会将"人性恶"最大限度地发挥出来,使人类共同体的无序性剧增而趋于解体。人的思维方法与价值取向都会在人与自然的关系中有所体现,以环境与发展的困境出现,促使人类反思在与自然的关系中消费的尺度与边界。从价值观的角度上看,每个社会成员个体都有责任节约资源、节制消费,而且要身体力行地实践节约型消费方式,走出物质消费过度和意义消费错位的魔

---

① [日]堤清二:《消费社会批判》,朱绍文等译校,经济科学出版社 1998 年版,第 167 页。

② Karle Jerome, *Some Remark Sonthe Human and Condition*, England:Adamantine Press Limited,1997,p.1.

区,走出异化消费,促使社会主体解构异化消费,实践节约型消费方式,人的多重需求维度都成为支配消费的目的,平衡物质需要,消除物质贪欲,厘清需要与贪欲的差异,既保持人的存在需要,又避免异化消费给自然带来的侵害与灾难。事实而言,对于经过三百多年异化消费的社会成员,消费习惯已经形成固化思维,经过了长期实践经验而形成的消费习惯是难以立刻改变的,即使改变也将会是个长期而且漫长的痛苦过程。

社会组织与结构的变革通常是从社会经济活动的变化呈现出来的,按照弗洛姆所说,如果目的要异化消费转变为人的消费,那就必须改变产生异化消费的经济活动过程,"这就意味着将生产引向那些现存的实际需要还未完全满足的领域,而不是那些人为制造需要的领域。"①消费者是消费社会的主体,以"经济人"为其主要特征,与社会生活中的摆脱"经济人"的根本目的相悖,同样社会生产也要摆脱追求巨额利润的目的。舒尔曼指出:"一旦经济主义主宰了技术,利润取得了核心的地位,商品的生产就不再受到消费者当前需要的支配。相反,需要是为了商业性原因而通过广告创造出来的。技术的产品甚至不经人们的追求而强加于人们。"②这说明社会需要建立正确的生产目的,无节制的利润追求并非生产的根本目的,满足社会主体的物质生活需要才是生产力发展的终极目的。中国是世界上最大的发展中国家,人口规模巨大,自改革开放特别是进入新时代以来,中国的发展已经取得了举世瞩目的伟大成就,物质财富得到了极大丰富,但仍然存在着发展的不平衡不充分的问题。在较发达的地区,人们的消费活动也有过度奢侈、炫耀性消费的倾向。这种现象如不加以自觉防范,就难免重蹈发达国家的覆辙。中国特色社会主义市场经济体制,生产资料以公有制为主体,多种所有制并存,以按劳分配为主体,多种分配方式并存,既遵循市场经济的运行规则又必须坚持社会主义制度的根

---

① [美]弗洛姆:《弗洛姆文集——我相信人有实现自己的权利》,改革出版社 1997 年版,第 314 页。

② [美]舒尔曼:《科技时代与人类未来》,李小兵等译,东方出版社 1995 年版,第 359 页。

本要求。而社会主义生产之区别于资本主义生产,就在于其目的不是追求巨额利润。走全体人民共同富裕、物质文明和精神文明相协调的发展道路,正是新时代新征程的发展目标。这对于全面推进中国式现代化具有重要的理论与现实意义,也为世界上的其他发展中国家避开中等收入陷阱提供了中国方案与中国智慧。

3.3　社会心理对于城市聚落的发展也具有引导作用

从总体上看,社会心理通常会经过适应性调整,逐步符合聚落的发展,甚至在诸多方面还会影响科学技术的发展趋势和内容。但细究其详,社会心理也并非始终处于被动的态势,相反更是以潜移默化的方式,融汇于公众舆论和公众行动中,通过聚落自发或者决策者的理解与认识,使聚落结构与功能更好地满足聚落主体的需求和发展。

首先,最有效的方式就是决策者通过规划,把城市聚落心理的变化体现在城市发展中。

在相对富裕社会里,社会成员的基本生存需要得到足够保证之后,商品和劳务将要侧重于消费的心理偏好和心理要求,在城市聚落的规划中则越来越考虑和迁就聚落主体的心理因素,所以规划者往往在聚落空间的基本功能上还会考虑到聚落主体的精神需要,使聚落主体的心理倾向得到更多满足和体现。20 世纪 80 年代,日本学者堺屋太一就预测:"生活在未来社会的人们由于有足够的时间和丰富的知识,他们的消费需要将会进一步的多样化。当购买商品时,比起商品本身普遍的使用价值,将更加重视它是否符合自己主观上的需求与爱好问题。无论任何时代、任何地点,人的美学意识与伦理观念始终发挥它的能动作用。"[1]通过这句话,我们可以清晰地看到在聚落发展的过程中,聚落主体的心理因素将影响和调整聚落的发展方向与模式。聚落发展也

---

[1]　[日]堺屋太一:《知识价值革命》,黄晓勇等译,东方出版社 1986 年版,第 201 页。

将在满足主体社会心理方面下功夫。

"从文化演进和空间尺度来说,城市化运动的兴起和随之而来的超越观念的发展,剪断了人与地方性连接的纽带,打破了新石器时代所具有的就地取材的孕育型社区。"①城市聚落中主体物质需要的满足度不断提升,消费也不断升级,日益转向对美学、身份、感官享受的、个人爱好的、追赶潮流的等方面的个体差异的社会需要的关注。由此,聚落从基本的生存空间转化为聚落主体对美好生活需要的追求空间。未来人居聚落更趋向于聚落主体社会心理的满足。

其次,城市聚落心理对城市及城市化发展的制约。

城市人对城市空间的需求是多样化的。在生存空间基础上也需要发展,和平成为生存与发展的基本条件。聚落生存条件不足往往呈现出资源不足,聚落城市化带来发展的物质资源匮乏现象此起彼伏。资源竞争形成重要的非和平因素,成为聚落城市化(大城市、超大城市)的发展瓶颈,水、土地、空气以及垃圾都严重地制约着聚落的发展。生存现状与生态危机,促发聚落主体的反异化消费,同时物缘心理中的适度物化也迫切地需要改善城市聚落的生态状况,汇聚而成的聚落心理也促使主体间的关系得到相对和解,有助于缓解因争夺资源而引发的非和平问题。聚落主体心理反映于社会舆情,环境问题通常成为舆情重点,伴随着环境污染与生态恶化的城市病,使城市聚落主体的自然属性完全被城市聚落所解构,城市人完全与天然自然分离,生活于由人工自然物所建构的钢铁森林中。对天然自然的盼望(盼环保)在城市聚落心理中由弱小的辅助因素逐渐上升为主导要素,形成人与自然关系的共性认识。聚落城市化加速发展过程中,空间的聚集功能发挥到极致,空间的和谐共生被打破,取而代之的就是由土地博弈而引发的资源竞争性占有,此时的城市聚落产生"吸纳"效应,类似于"黑洞",使周边的有益于城市、工业生产的自然资源完全被"吞噬"。城市人与自然之间展现出来的仅为物质生产共同体,其"生命

---

① [美]段义孚:《恋地情结》,志丞、刘苏译,商务印书馆 2013 年版,第 89 页。

共同体"的本质特征被解构。新世纪的二十年来,城市化发展成为全球现代化道路的基本空间范式,但城市病与生态环境问题的瓶颈也成为发展的桎梏。世界各国普遍尝试解决一城的微环境、一国的资源问题以及关注全球性气候变暖,努力建构人类命运共同体、"人与自然生命共同体"以及"地球生命共同体"的创造中。除了全球性共识、环境政治治理,微观层面也发生了相应的变化,城市人的环境保护与生态修复意识得到增强,资本也逐渐转向生态技术、绿色技术、信息技术和环境科学的开发研究,生态为模板的新的社会发展机制在"城市人"的需要之下,逐渐生成与运作。

再次,聚落心理的牵引下聚落城市化的新阶段。

聚落城市化进程中,由于城市病的无法回避,部分城市人有愿望离开城市生活,引发逆城市化(Counter-urbanization)、反城市化。事实而言,逆城市化与反城市化并不是聚落城市化的倒退,而可以理解为城市化的新阶段,既兼顾物质生产的需要也观照聚落主体对空间的需要。

逆城市化趋势是先进城市化国家普遍存在的社会现象。城市集聚了大量的人口、生产资料,大规模的工业化生产,满足了城市生活丰富的物质需要。同时城市人也割裂了人与自然的关联,反映在城市人的社会心理中,呈现出几千年农耕生活所建构的"亲缘心理"的枯竭。无论是乡村人口还是城市人口,对自然的渴望都是主体内心中不可忽视的组成部分,由此离开城市、"逃离"城市正是这种社会心理的表现。逆城市化最早是由美国学者赖恩·贝里(B. J.L.Berry)(1976年)提出的,并不是指城市人口乡村化,而是大城市向小城镇迁移的过程,体现出郊区化和乡村化的特点。逆城市化现象往往发生于城市化水平超过人口总量50%以上的国家。较为发达的逆城市化国家有美、德、日、俄等,其中美国的逆城市化发生于20世纪的50—70年代,大城市周边普遍出现离心分散化的卫星城镇,特别是在田园城市思想的影响下,城市空间结构形态多呈现出核心与边缘的空间特征,目前城市空心化的特征也很明显;德国的城市发展以中小城镇为主要特征,大规模城市少,以中心城镇为主,城市人口保持负增长,也呈现出城市空心化的趋势;亚洲较有特点的国家应属日本,在高速经济发展时期集聚了大量的人口,达到峰值后,出现与美国较相似的情况,即呈现出城市郊区化发展状态,城市群出现;英国则呈现出由中心城市向城市边缘地带转移;俄罗斯出现城市居民对土地的需要引发第二居所郊区化发展,反映出市民财富的空间分布格局。[①] 发达国家的逆城市化趋势的出现,对发展中国家的城市化进程具有较强的借鉴意义,有助于发展中国家更好地认识聚落主体心理需要对聚落发展的牵制作用,有助于发展中国家根据城市化发展规律对逆城市化回归过程作出理性分析和判断。

城市聚落主体可以享受高质量的生活以及不断更新的生活方式。正是这两点吸引了相对于现代化而言的乡村聚落主体进入城市,两种聚落主体之间的文化心理碰撞,必然引发城市发展中的问题。在生存需求方面比较突出的就是人居环境问题。与此同时,主体与自然之间的矛盾也变得十分突出,即聚落中主体生存密度问题。城市人口高度集中,环境保护问题比较突出。面对迅速发展的城市化进程,聚落主体应该理性思考城市应该如何发展,城市人(包括人口数量和组成)以怎样的城市区位方式聚集,才能发挥城市的优势,满足城市人的需求。可以认为,只要这一矛盾没有解决,"反城市主义"就会客观存在,"反城市主义"的根源在于城市人和城市区位之间的矛盾,是这一客观矛盾在人们头脑中的主观反映。[②] 千禧年以来,世界城市化进程一直呈现出正向发展态势,城市成为聚落现代化的主要空间载体。世界各国义无反顾地走上城市化发展道路,以中国为例,预计到2050年,中国的城市人口总量将达到10亿至11亿,中国每年将有1200万农民转入城市。规避城市化困境,深究其原因往往是人口聚集引起的,但究其根源则会发现,环境恶化仅为

---

① 孟祥林等:《城市发展进程中的"逆城市化"趋势及其经济学分析》,《经济经纬》2004年第1期。

② 潘允康:《城市化与"反城市主义"》,《福建论坛》(人文社会科学版)2004年第6期。

显性因素,而隐性因素则是聚落主体的精神世界发生异化的过程。城市化正是由于此种精神异化造成的,换言之,反城市主义也是聚落心理的必然体现。城市化进程中最普遍的景象就是,一方面为了获得物质财富,劳动人口向城市里聚集;另一方面由于聚落心理的差异与冲击,他们又很难适应或获得心理的满足。在理性与非理性的交互作用之下,出现远离城市的愿望,从根源上看,矛盾的焦点是聚落心理和城市聚落的冲突。

三、"物"缘心理与聚落的生态困境

乡村、城市以及大城市、超大城市、巨大城市群、全球城市……都是人居聚落的基本形式,构成主体生存发展的空间载体。乡村聚落作为聚落的基本形式历史久远,纵观聚落发展的阶段性成果,都是以人的发展为核心内容,即人居聚落是"属人"的。人的全面发展是终极目标。在后城市化进程中,很多发展中国家都没与先进入城市化的国家收到同样的效果,不平衡问题影响着城市化与现实化的步伐。特别是人口规模巨大的发展中国家,更是压力重重。

1. 城市化进程中的困境分析

1.1　世界城市化进程中的困境表现

首先,工业污染。工业化是城市化的原动力。世界城市化进程中的困境是滞后性的,也是灾难性的。这是自工业化社会以后,随着经济的发展,人们对资源的重新整合,以大工业化为基础的发展模式所带来的后果。"资产阶级在它不到一百年的阶级统治中所创造的生产力,比过去一切世代创造的全部生产力还要多、还要大。自然力的征服,机器的采用,化学在工业和农业中的应用,轮船的行驶,铁路的通行,电报的使用,整个大陆的开垦,河川的通航,仿佛用法术从地下呼唤出来的大量人口——过去哪一个世纪料想到在社会劳动里蕴藏有这样的生产力呢?"① 工业化既是城市化的孵化器和发动机又是城市化的产业基础,工业化与城市化有着密切的关系,发达国家工业化与城市化的相关系数达到了0.997。② 三次工业革命促进城镇化的进程,乡村人口迁入城市,城市郊区化(逆城镇化)以及依赖于信息技术的"再城镇化"、城市人口再中心化。通过聚集经济效益降低生产成本与空间交易费用,人口不断向城镇聚集,工业与服务业得到进一步发展。同时,工业化依赖于城市化,城市化发展带来的集聚经济效益、规模经济效益、优位经济效益以及外部经济效益,又反过来加速了工业化的进程。因此,工业化和城市化既有相互制约又有相互促进的关系。正如《经济发展理论》一书中:"这些组合的结果就是产品。……一般说来,就是所有各种的物体和'力量'。部分地说,它们又是由产品构成的,只有一部分物体是自然赋予的",指出工业化过程的开始。③ 1962年《寂静的春天》一书将工业发展引发环境问题的事实显化,成为人类环境自卫的里程碑,虽然当时工业化之福祉掩盖了环境灾害,但回想西方发达工业化国家的三百年历程,环境问题已经不为鲜见。历数工业革命以来的多次环境灾害,无论是20世纪的八大公害,还是近二十年雾霾、水污染以及土壤问题,甚至全球性的气候变暖的现实,为人类未来的发展敲响了警钟,构成制约人类可持续发展的瓶颈。

1.2　中国城市化进程中的困境

城市及大城市发展困境是全球性问题之一,也是中国城市化进程中的关键问题,主要可以体现在五个方面,即城市资源浪费、城市发展失衡、环境污染问题、城乡土地博弈问题以及城市空间结构问题。中国聚落发展的不平衡性

---

① 《马克思恩格斯选集》第1卷,人民出版社2012年版,第405页。
② 谢文蕙等:《城市经济学》第一版,清华大学出版社1996年版。
③ [美]约瑟夫·熊彼特:《经济发展理论》,何畏等译,商务印书馆1991年版,第19页。

始终存在,有原始的农耕聚落,也有达到甚至超过发达国家的城市化区域。就城市化现象而言,我们的直观感受是,中国城市化发展过快,城市过大,集聚力过强,但数据显示却相反。中国城市人口流动过快,但不稳定,城市之间由于户籍制度限制了人口流动,城市建设与乡村土地之间的矛盾以及城市人口和建成面积的扩张并不明显,中国开展新农村建设以来,再次出现城市中的流动人口返乡潮。在土地利用方面,中西部城市的面积扩张速度远远大于非农业人口的增长速度。

1.3　城市发展进程中的"病诟"

聚落城市化进程实现了物质极大丰富,带来了经济繁荣,因城市化困境的并生,出现了乐观主义与悲观主义两种观点。

乐观主义观点认为,城市化发展是全球现代化的通途。由于城市规模过大,城市发展的问题也成为城市聚落群体选择逃离城市的主要原因。对于城市,赞誉与批判并存。当物质需要得不到满足时,城市是最好的空间载体,但物质需要不是聚落主体的唯一需要,特别是当生态环境影响聚落主体的基本生存质量时,对自然与生态环境的需要再次成为聚落主体的第一选择。《城市的胜利》一书以实例的方式,列举了世界各国城市化中的优势与劣势,"就城市而言,失败似乎都是相似的,成功却各有不同……城市总是拥有大量的不同方式来表现自己,并有能力给自己所特有的空间作出定义。"[①]集聚人口是城市的基本功能,但每个大城市吸引人口的力量与方式则不完全相同。17世纪的东京依靠政治的力量吸引人才,中国香港与新加坡则是从混乱的经济自由化与法治化中实现经济繁荣,波士顿、亚特兰大则依靠大学实现经济发展,巴黎则是依赖生活品质吸引人口,而芝加哥则是依靠降低居住成本来吸引人

---

① ［美］格莱泽:《城市的胜利》,刘润泉译,上海社会科学院出版社2012年版,第206页。

口。① 城市提供了合作的可能,创造了人类知识。虽然卢梭说,城市是人类的深渊,但实际上城市是让人更加成为人的空间载体。城市的集聚可以产生加合作用。城市是放大器,由于集聚而产生的公平竞争放大了人类的力量,跨国企业与国际移民成就了全球化。城市与学校是相辅相成的,教育政策在城市的成功中占有非常重要的地位。从美国的城市发展过程看,城市接纳了大量的贫困人口,并向他们提供帮助。城市中生活着最富有与最贫困的人口。吸引更多富有人口,标志着城市的成功,城市创新具有自上而下的性质,人口集聚于城市实现消费需求。城市拥有许多重要的功能,可以使人类的文明达到更高的水平。城市既创造价值,又毁灭价值。城市的生命力反映了人类强大的社会属性。交往能力是人类的标志性特征。集群居住是原始版的城市生活,它为人类智力的演化奠定了基础。城市创造了文明和文化。中国也认识到城市化可以实现富裕,印度却与中国不同,采取了英国的土地利用模式,导致人口分散,贫困问题更加严重。城市高度集中带来了成本和效益,说明了城市的最终胜利。

悲观主义观点并不这么认为,《美国大城市的死与生》一书就对当下城市规划与重建进行了理论的抨击,从城市的特性、城市多样性和条件以及城市的衰退与更新的势力的研究中,提出了不同的策略,试图指出城市的问题所在,无论是老城还是新城的衰落,城市就像生命科学一样,是一种复杂的系统性问题,大都处于相同的情形中:"十几或者是几十个不同的变数互不相同,但同时以通过一种微妙的方式互相联系在一起。"②另一个与生命科学相同的地方是,城市这种有序复杂性问题不会单独表现出一个问题,而是互为关联组成一个有机整体。

---

① [美]格莱泽:《城市的胜利》,刘润泉译,上海社会科学院出版社 2012 年版,第 207—227 页。

② [加]简·雅各布斯(Jane Jocobs):《美国大城市的死与生》,金衡山译,译林出版社 2006 年版,第 397 页。

城市的成败,并不是从聚落发展的片断中可以得到的,只是当下城市聚落存在的城市化困境是现实存在的。也就是通常所说的城市病,指伴随着城市发展或城市化进程,在城市内部产生的一系列经济、社会和环境问题,主要有城市环境质量的恶化、住宅和交通的拥挤、城市贫民区的出现和犯罪率上升等问题。虽然城市病的轻重,可以因城市政府的重视程度和管理方法的差异而有所不同,但从目前世界城市发展的历程来看,城市病已是大多数国家面临的问题。

首先,人口密集问题。人口是城市的财富源泉,也是导致城市困境的根源。人口生产的规模和速度超过城市空间的生产速度,结构与空间的失衡成为导致城市化困境的主要因素。人口规模过大,城市供给相对受到压力,城市治理与市政建设都更加困难,城市循环与自组织运行能力受到阻碍,城市活力下降,城市人口容纳能力被弱化。

其次,城市交通能力下降。拥堵的交通是城市、大城市以及特大城市的共性问题,城市路网的建设是城市规划中最消耗土地的项目,但仍然不能根本解决城市交通问题。世界各国都采取不同的方式,但总体就是地面加地下与轨道交通,机动车与人力车共同形成城市路网。目前国际通行的方法就是以接驳的方式来缓解路网压力,世界各国都采取了不同的应对措施。德国通过建立小型换乘接驳站,实现轨道交通与公共汽车、自行车和私家车的便捷换乘,而且可将微型交通工具带上轨道及公共交通。伦敦以社区公交为特色,规定在晚上9点运输高峰期之后,自行车允许乘坐地铁,同时还配有通达的社区公交。瑞士洛桑以近距离公交设站和小间隔发车为特点,甚至公交直到居民家门口。法国巴黎、意大利罗马公交车每天在社区内穿行,直达居民家门口,有效解决了"最后一公里"的难题。新加坡已有丰富的公共交通网络,为了缓解越来越大的交通压力,方便居民出行,在社区和交通站点之间建设了很多有盖走廊,将有盖走廊视为交通系统的一部分,就意味着交通系统可以从家门口开始直达公众的工作场所,到2018年新加坡有盖走廊的长度已超过200公里,相当于新加坡宽度的 4 倍。东京为了使各种交通方式实现无缝衔接,方便居民出行,采用小尺寸的社区公共汽车,实现商业区和居住地的直接连接。在中国各超大城市与大城市,随着公交网络系统的迅猛发展,城市居民的出行问题成为各大城市建设的重中之重。对于"最后一公里"的问题还没有更优化的应对方法,而这正是公交网络系统压力得以缓解的重要环节。根据北京汽车集团的调研报告,对于出行"最后一公里"问题,依赖于电动公交小型车与出行 APP 相结合,实行定时与机动预约相结合的方式来解决。

再次,城市空气恶化。城市空气污染也是城市困境中的典型问题,而且所有发达的工业城市几乎无一幸免。工业革命发端于英国,伦敦的雾都称号就是来自于工业污染所造成的空气污染。《洛杉矶雾霾启示录》①一书揭示了美国半个世纪之前的光化学烟雾污染的形成、发展和治理。由于洛杉矶的人口与工业发展速度过快,燃油工业化的负面效应形成光化学烟雾污染。中国的北京,由于改革开放 40 多年的城市化与现代工业化高速发展,也出现过严重的空气污染,一度严重影响了居住者的身体健康,使城市成为不适宜居住的区域。空气质量的恶化,出现了相应的身体和心理的不健康症状,因此"打赢蓝天保卫战"成为了北京生态文明建设的主要工作之一。

还有,城市产业结构不合理。传统工业化模式都建立在城市中,由于资源与环境的限制,原有的工业化模式已经不足以支撑庞大的人口数量与空间规模。传统产业结构以重工业为基础,二三产业为辅助,显然依赖于不可再生资源的传统工业已经成为夕阳产业,而新兴产业培育不足,因此,传统的工业化城市生产方式明显落后,生产力大幅下降。传统工业化城市的结构不合理,通常表现为对资源的依赖、以计划经济为主,生产多为粗放式,同时工业化模式也较为单一。比如,中国的大庆市以石油开采为主,美国底特律的汽车城市都是比较典型的资源依赖型城市。目前资源依赖型城市大都进入转型期,资源

---

① [美]奇普·雅各布斯等:《洛杉矶雾霾启示录》,曹军骥译,上海科学技术出版社 2014 年版,第 91—108 页。

枯竭的压力与动力羸弱倒逼新型工业化进程,建立非资源型城市,以低碳、零碳为目标,建构智能化聚落,兼顾城乡二元结构的低碳人居聚落,最突出的是以智能、"互联网+"、"创新+"为理念的城乡镇形态。

最后,城市治理能力薄弱。城市治理包括权利和空间两个向度。空间是权利运行的载体工具,权利是影响空间的最基本因素。……治理主体之间的权利关系在特定的空间内展开,空间反过来维持权利关系。① 现代城市的治理水平对于发展中国家的城市化来说,治理的能力很单一,面对急速城市化,没有经验与能力,城市经济要素的配置无法实现优化,因此,市场不灵敏,城市逐渐失去竞争力,人口呈现出分散的趋势,城市自然走向瓦解过程,政府严重缺乏驾驭市场和调控经济的能力。2020 年以来,全球经济进入下行通道,突发的新冠疫情席卷地球,世界各国面对百年未有之大变局,全球城市化水平高达 60%,更体现出城市治理能力水平的重要性。大城市治理现代化是国家治理体系、治理能力现代化的前沿,当前中国超大城市的进程世所罕见,要走出有中国特色的城市治理之路。

2. 城市聚落心理中的反城市主义思想分析

反城市(anti-urban)主义,主要体现在对城市价值的讨论上,在城市与现代化性的社会学视域展开的,从齐美尔到芝加哥学派的路易斯沃斯,指出城市主义是一种"均质人"(average preson)的生活方式,由于劳动分工将个体性解构,引发"对现代化性的一种保守反应:而对城市空间加剧的原子化和失序生活,人们开始探索别种空间资源以拒斥现代形式的生活和意识,并由此构建起有别于城市的情感意识、生活形式和社会联系方式。"②

① 王海荣:《空间理论视阈下当代中国城市治理研究》,博士学位论文,吉林大学,2019 年。

② Thompson, Michael, "What isantiurbnism? Atheoretical prespective", *In Fleeing thecity: Studiesin the culture and politics of antiurbanism*, edited by Michael Thompsom, New York: Palgrave Macmillan, 2009.

2.1 西方关于城市价值的悲观论

事实而言,早进入城市化发展阶段的国家也较早地反思城市聚落发展的瓶颈。较早地提出反城市声音,并积极地展开反城市化运动,美国的"反城市化"过程充分体现出,城市所获得的赞誉并不是与生俱来的。反城市主义,经历了对城市由恐惧到适应的过程,"城市,它是一种精神状态,是各种习俗和传统构成的整体,是这些习俗中所包含并随传统而流传的那些统一思想和感情所构成的整体。换言之,城市绝非简单的物质现象,绝非简单的人工构筑物。城市已同其居民们的各种重要活动密切地联系在一起,它是自然的产物,尤其是人类属性的产物。"①《弗吉尼亚纪事》中"大城市的暴民之于纯洁的政府,正如脓疮之于健康的身体,"②把反政府市民比喻为脓疮和暴民。梭罗在《瓦尔登湖》中以超自然主义态度来反对城市生活,表达出反城市化情绪,指出这种聚落形态割裂了人与自然的关系。通过对聚落极端城市化的否定、批评指出城市聚落中自然的消失主要源于城市过密的人口以及对城市生活中自然因素匮乏的不适应。城市化成为现代化的空间载体,世界各国都不约而同地步入城市化进程,产生各种城市病,引发各种不同的对城市的批评和否定,或者是理论上的,或者是实践上的,问题的矛盾和焦点都集中在聚落主体空间需求与城市化发展的自洽性上。

现代西方社会的"反城市主义"主要表现在对新的生活方式的追求上,城市居住者适应城市生活之后再次向往自然生活。美国是西方城市化进程中的后发国家,但很具代表性,因其速度快、规模大,成功地实现了现代化,同时"反城市主义"思潮也很强列。事实而言,不管居住民如何反对城市,批判城市生活,浓厚的"反城市情绪",都没有阻挡城市的快速膨胀。聚落主体清晰

---

① 杨长云:《近代美国知识分子城市态度的演变》,《社会科学战线》2016年第5期。

② [美]彼得森注释编辑:《杰斐逊集》(上),刘祚昌、邓红风译,生活·读书·新知三联书店1993年版,第312页。

地认识到城市化进程不可改变,然而"反城市主义"并没有消失,这种与城市主义相对应的聚落心理也是文化、心理,更表现为逃离和躲避城市趋势的心理态势。在城市聚落中聚落心理就包含着主体自身的逃离与躲避愿望,同时存在着对于城市中的外来者的主观排斥心理。

目前,西方城市中按照产业群集的方式规划出不同产业的园区,要求各产业工作在城市相对中心的区域,而居住则在离城市相对较远的乡村小镇。20世纪30年代以后,工业动力机的实用化得到了飞速发展,早期工业化国家都经历了"运河时代""汽船时代""铁路时代"的蜕变,城市规模已经不是"步行城市"的规模了。英美等国家的城市化大都借由汽车与公路的发展,基本实现了城市工业化与聚居乡村化的反城市化发展,反城市化反映出聚居主体的基本需求。通过美国的街头随访调查,对于居住地的喜好,大多数被访者都表示愿意居住在城市中。而且,喜欢居住在大、中城市中的人最多;愿意居住在乡村小镇的人相对很少。实际选择与居住愿望之间正好相反,美国成为主要代表,同时,其他发达国家和发展中国家也是如此。很多早期工业化发展国家均呈现出此特征,如英国的城市和西欧部分城市都出现了相应的反城市运动,城市的离心力正在加大。另一些国家,都曾经尝试着使用立法强制措施来延缓大城市的空间生产以及人口规模,如苏联、波兰及尼日利亚。还有一些发展中国家也先后出现反城市化思潮,因没有形成产业集聚效应就出现了城市规模过大的趋势,如印度与墨西哥都出现了城市郊区的不规则居民点的快速扩张,城市治理的能力相对薄弱,无力解决反城市化困境。

城市为工业化、城镇化的发展提供空间载体,由于一二三产业的合理匹配,给城市住居者带了物质丰富与诸多利益和便利。相对就业便利与生活舒适的城市人都愿意生活居住于城市中。相反,由于城市空间生产过快,城市人口密度过高,管理与治理能力相对不足,城市的拥挤、嘈杂、肮脏和诸多的城市困境,居住者极度需要逃离工业化城市,向往"看得见山、望得见水、记得住乡愁"的美丽城市,如若没有,只能返归乡野重回清新、恬静、美丽农村田园生活。在对城市发展与乡村居住的新生活方式的追求中,形成了反城市运动。

2.2 中国城市化进程中的反城市主义

中国城市化进程与西方完全不同,古代时就是从军事与政治需要开始的,如先秦的都城是政治中心,周代城市的政治性更显著。春秋战国以后,政治体制虽然有些改变,但城市的政治功能还是被明确地保留下来。战国以后,城乡人口才实现了自由交流。随后,城市人口稳步增长,虽然战乱中城市也会受到破坏,但由于劳动力充足,再建的速度也很快。相比之下,农民安土重迁的心理状态保证农民固守于土地上,流动性相对较弱。从 19 世纪中叶,受世界现代化进程影响,中国城市中也出现了现代式学校。1850—1950 年,中国有许多发展可能,当时不少城市中出现了现代式的学校,将外国的科技、政治、哲学、历史译成中文讲授,同时也派出了许多留学生去学习欧美的工程和科学。新中国成立以来城市化的进程以改革开放为分水岭,城市发展的状况各不相同。直至 20 世纪 50 年代,中国还是个以农业经济为主的国家,城市化进程相对缓慢。

第一,改革开放前的城市化进程中的"反城市主义"。中国农业人口多,新中国成立以来仍保留着走"农村包围城市的道路","反城市主义"成为新中国第一阶段的空间生产特征。新中国成立伊始,人口仅仅 4 亿,至 20 世纪 60 年代,因生活稳定,经济提升,出现第一个生育高峰,人口数量倍增,城市空间也有很大发展,但与世界城市化平均水平仍有很大差距。新中国成立后的工业化建设为城市发展提供了契机,"'一五计划'之后,中国城市的发展出现快进快退、大起大落的波浪式态势。"[①]"新中国的城市建设工作必须为社会主义工业化服务,而只有城市的生产恢复和发展了,消费型城市转化为生产型城

---

① 何一民:《新中国城市的发展与主要特征》,《中华文化论坛》2019 年第 4 期。

市,人民政权才能得以巩固。"①新中国成立后开展"以 156 项工程为中心的大规模经济建设",形成工业核心城市以及辅助类型的工业城市群,成为新中国的工业与城市基础。新中国成立后的最初十五年,中西部重工业城市发展快,沿海地区则以轻工业为主。但 1958 年国家实施城市化发展策略,主张合理发展和新建中型城市,控制大城市规模,建立卫星城,减少农村人口流入城市,同时组织大量人口离开城市,出现新中国首次反城市化浪潮。

第二,改革开放后的反城市主义。改革开放四十多年来,中国进入了以经济建设为中心的高速发展时期,经历从又快又好到又好又快的发展的新认识阶段,并在党的二十大报告中提出"高质量发展"的发展理念,在新型工业化建设中提出城镇化发展的战略部署。对城市发展也有新要求,20 世纪 80 年代中国的城市化发展进入高速阶段。"反城市主义"具有历史与现实特征。最初,由于城乡矛盾,表现为城市居民与农民工的冲突。改革开放初期,农村过剩劳动力进入城市新兴工厂,成为城市化的主要动力,但户籍与管理成为常驻市民与新工人(农民工)的矛盾与文化差异冲突的主要问题。城市的工业生产与城市服务业离不开农民工的补充与支持。农民进入工厂成为农民工,双重身份再次演绎了历史上的旧式问题,即农民进城遇到了遗留的旧的城市管理体制方面的障碍,在城市中农民工没有城市户口,其身份就受到一定程度的质疑和歧视,无论是就业问题还是人口生产以及生活福利都与城市居民有所不同。2000 年后,在中国以经济建设为中心的发展战略中,城市发展也进入高速阶段,大城市、超大城市与大城市群在沿海地区产生,城市化困境伴生而来,其中很重要的原因之一就是大量外来移民所造成的人口突然高速集聚所引发的一系列相关问题。② 拥挤的城市、混乱的秩序以及恶化的环境造成城市原住民对新城市的反叛,企图离开城市,转入城市近郊生活,兼顾工作与

---

① 薛凤旋:《新中国的"城市之光"》,《中国经营报》2019 年第 4 期。
② 潘允康:《城市化与"反城市主义"》,《福建论坛》(人文社会科学版)2004 年第 6 期。

居住的双重诉求。由于更多社会问题都被归结于新城市人口,这些客观因素和主观认识都成为阻止农民进城的力量,构成"反城市主义"和反城市化的内生动力。

3.城市聚落心理适应城市化发展的可行性

3.1 城市聚落及聚落城市化的社会心理条件

城市经济以高投入、加速化、集约化为特征,带来城市规模巨大的效应,同时过大城市对聚落主体也产生了很大的影响,汇聚成聚落主体的心理合力再融入聚落生活中。在社会心理的构建中,空间条件也是重要的要素,人们也开始广泛关注城市的发展对人类身心及其生存环境的各种影响。聚落城市成为全球各国现代化进程的主要空间载体,成为社会心理的空间映射,也呈现出"双面效应"。

首先,聚落空间的发展适应主体需要。探寻城市化困境的根源成为城市学、社会学、历史学……诸多学者的学术责任。哲学家的反思更有必要成为学界思考的基础与起点。城市化困境的显现至少包括三个方面:从空间上理解,资源利用的有限性与主体需要的无限性之间的矛盾;从时间上理解,可以视为生态环境自洁能力的长周期性与工业化污染的短周期性的矛盾;从技术上理解,可以视为污染治理技术的滞后性与新工业工程的超前性之间的矛盾。但这三个方面的解决,只是城市聚落的修补,并非从根本上解决问题,其中隐性但力量巨大的因素是全体聚落成员的社会心理合力。以科学技术为第一要求的生产力,成为城市发展扩张的主导力量(因为生产力弱时对自然环境的破坏程度也很小),共同造成城市环境的不可逆的恶化。城市聚落主体对曾崇拜和向往的城市聚落失去了兴趣,以至产生了某种失望乃至绝望。城市聚落与主体心理是辩证统一的。虽然城市化高速发展以来,出现了资源局部枯竭、人口高度密集、空气质量差等负面效应,但也不必完全否定和质疑城市聚落对人类文明发展的功用。事实上,聚落城市化的高速集聚效应,打破传统聚落与环境之间的和谐与自洽,从而引发城市(生态)困境,俗称城市病。聚落的高速发展使聚落呈现出新问题,异化的过程体现在聚落与主体多维关系的每个层面,最终汇聚于聚落心理而呈现出来。恩格斯在19世纪就指出了人类"不要过分陶醉于我们人类对自然界的胜利。对于每一次这样的胜利,自然界都对我们进行报复。"①人类社会的发展离不开对自然资源的利用,因为人类"一天天地学会更正确地理解自然规律,学会认识我们对自然界习常过程的干预所造成的较近或较远的后果。特别自本世纪(19世纪)自然科学大踏步前进以来,我们就越来越有可能学会认识并从而控制那些至少是由我们最常见的生产行为所造成的较远的自然后果。"②

其次,城市聚落中社会心理的稳定性。社会心理本身就是开放系统,由诸多个体心理交互融合而成,影响因素多,呈现出灵活开放的态势。主体生存发生在固定空间中,由社会心理构建而成的城市文化或多或少地呈现出住居的空间特性,它既具有稳定性,又随着聚落现代化的发展而呈现出较强的灵活性。当聚落模式发生变化时,个体从乡村到城市,甚至直接进入巨大城市生活,心理发生重要转变,而且每个个体所处的环境不同,映射出的心理情境也会存在巨大差异。变化的心理态势替代稳定的心理模型成为城市化进程中聚落主体的心理框架。聚落的发展必须满足聚落主体形成的心理合力,新聚落才能吸引更多人口流入,聚落发展具备基础条件。由此稳定的社会心理成为支持和引导城市聚落可持续发展的内生动力。宜居成为体现聚落主体需要的重要条件。

再次,聚落主体的社会心理构成城市意识。自聚落城市化以来,新市民与新移民进入城市,只有部分人获得了行政管理上的城市身份,而大部分农民工、新移民没有得到管理制度上的保障,在文化与心理上更没有建立起市民应

---

① 《马克思恩格斯选集》第3卷,人民出版社2012年版,第998页。
② 《马克思恩格斯选集》第3卷,人民出版社2012年版,第998页。

有的基本条件。聚落城市化承载的城市社会本身是针对"乡村社会"提出的，呈现出从"共同体形式"转向"联合体形式"的趋势，出现通过特定联系而成为的社会关系。由于城市聚落新成员进入新的社会结构，但心理上仍然处于乡村模型，由此影响聚落稳定性。特别是聚落城市化极速发展引发的城市困境，让新进入城市的社会成员更为无力，更需要最基本的生存环境，即优美的生态环境与良好的生活条件。20 世纪最后十年，人类逐渐认识到了人与自然协调的重要性，提出了既保护生态环境又能持续发展的原则和目标。可持续发展目标的实现，其中很重要的一个部分就是城市的可持续发展。从上一部分的城市化困境我们已经明确地说明了目前城市和城市化所面临的困境。

由此，城市病的频发与恶化，显示出聚落城市化发展的不可持续性。聚落发展的目的成为反思的重要视角，最重要的心理建设需要聚落主体再构城市生活原则，即从消耗商品的心理状态转到可持续性追求上来，较为显性的是节俭心理与节约原则。聚落心理的建构，是适应城市聚落和城市化的发展要求，促进城市的持续发展，使城市及依赖城市发展的主体实现全面发展的目标。

3.2 传统聚落心理与城市及城市化的矛盾认识

城乡聚落心理差异的产生有多方面的原因，近现代化城市因经济的优势，使城市与乡村中主体对聚落的认识产生矛盾，这是利益价值取向优先所导致的结果。

首先，城市及大城市具有发展优势。城市以工业化分工为基础，由于分工在广度、深度两个方面都更加细致，而且因分工导致城市人口均具有技术性特征，相对于乡村人口具有优越感。特别是由于薪酬短期可以付现，使人更具有收获感与成就感；乡村中从事农业生产的人口，收益的兑现周期长，受自然条件的影响强，风险高，收获感相对较弱，自卑感强，而且由于农产品生产的周期特性,往往一年一次,或一年两次,由此城市相比乡村则更具有先天发展优势。由此,城乡人口由于聚落形态的不同,以及经济模式的差异,劳动获利方式等的差异,特别是如果考虑叠加科技因素,两种聚落的收益差距更是天壤之别。财富多寡始终是私有制的价值标准,所以个人及群体的利益差异成为聚落主体心理的重要影响因素。乡村人口对城市聚落、大城市强烈的向往,造成了大量农村人口流向城市,使城市空间面临着短期极量人口的容纳问题,新进入城市中的人并没有直接获得他们所向往的生活。空间文化、生活习惯和科技含量等就业要素的差异,使城市新人没有可能直接获得高收入,由此导致他们生存质量相对下降,因为收入差异,或者对生活的不满意,更会引发心理问题,在城市中感受不到尊严,自觉受到鄙视。但渴望城市中的相对高的收入,所以很难回到乡村生活,因为他们往往是出来"闯"的人,被同乡人树立为成功的榜样,往往选择夹缝中的生存状态,但对城市的误解更深。

其次,城市聚落资源永不枯竭。城市的空间生产因为工业化进程而不断呈现出高速增长,空间迅速扩展似乎资源永不枯竭。事实上,城市自身的资源量是极有限的,由于分工细化与工业化大生产,使得城市聚落具有较强的吸纳能力,吸盘效应凸显。从局部看,城市资源强大,但资源的整体性、系统性都因局部的过度使用而被破坏,甚至造成整个生态系统的破坏。生态公害大多是由此引发的,可谓是人类惨痛的代价。不可再生资源的稀缺性成为发展的瓶颈,城市聚落中的短时与巨量特征,导致城市困境普遍发生,最终影响城市聚落的发展,甚至造成城市衰落。现代城市中也有不少实例,如资源枯竭型城市,往往在资源出现断崖式减少时,就会出现人口大量外流,人口负增长的现象,最终使城市发展受阻。此外,大城市或者超大城市由于产业布置多样化、发展动力强劲、吸引力巨大等特征,短期并没有出现人口外流的现象,但严重的城市病也使城市人苦不堪言,如果生存环境与收入的性价比长时间得不到提升,人口外流也是势不可挡的。大城市对资源的占有能力大部分来自于资本的力量,但它往往由于巨大的吸盘效应,剥夺了周边区域的自然资源,使环大城市带并没有获得应有的发展机会,反而造成严重的"灯下黑"现象,甚至相对于大城市而言出现严重的发展滞后现象。所以,城市聚落和城市化经济动力并非永续的,聚合效应成为城市发展的主要动力来源,一旦自然资源不可持续,城市发展动力就会减弱,如果引发城市人口逃离现象,城市发展动力就会出现明显不足,影响城市运行秩序,由此城市聚落研究不仅仅是地理学与政治学意义层面上,更需要明确地认识到离开自然资源与聚落主体间的和谐有序,城市聚落就难以再持续有效的空间生产。

3.3　聚落心理对城市发展的作用

城市聚落中主体的心理模式与状态对城市聚落空间的发展具有重要的作用,可以引导和调节城市发展的走向。

首先,相对于城市空间而言,节约消费观念的建立是首要的。党的二十大报告指出:"中国式现代化是人与自然和谐共生的现代化……我们坚持可持续发展,坚持节约优先……实现中华民族永续发展。"①由此,城市发展困境中最直观的表现就是环境与发展的矛盾,资源有限性与需要无限性的矛盾。当然无论是个人的生活消费还是生产的消费,都需要适度消费观念的支撑。消费是城市的主要功能,快速城市化进程中资源相对不足与社会消费需求之间的矛盾成为主要矛盾,提倡以节约为核心的消费观将成为聚落城市化、大城市、超大城市可持续发展的前提和基础。节约型消费观,针对最大限度提高资源与能源的社会使用效率,以减缓资源与能源消费的增长,加速社会财富的积累。"节约型社会要同时重视生产节约和消费节约两个方面,"②国家节约型经济体系是以节约与集约相结合的整体消费观念,具有强大的系统性,包含着国家的宏观层面以及个人生活与生产消费的中、微观层面。面对社会以至于整个自然界形成社会生产节约资源观念以及对自然资源的集约利用,相对于

---

① 《习近平著作选读》第一卷,人民出版社 2023 年版,第 19 页。
② 付瑶:《当代中国节约型社会建设问题研究》,博士学位论文,东北师范大学,2016 年。

消费观的中观层面与宏观层面,而且宏观层面更为基础,它成为个人与社会节约观念生发的基础与源泉。面对经济体系的运转,不仅需要了解其组成结构(消费与生产)及其功能,而且更需要了解各要素之间的互动作用和动态平衡状况。世界各国均处于城市化进程的不同阶段,以节约消费观为基础的经济体系(节约型经济体系)成为城市得以可持续发展的关键要素。经济发展的进程中,注重的是生产过程自身的节约效益,即所谓单一的节约战略,而进入经济成熟阶段则需要强大的社会消费和生产的动态平衡优化,即强化与倡导全社会、全城市节约观念的确立,将生产节约扩展到分配、交换与消费的全过程。节约消费心理的建立,将导致城市聚落的经济模式发生改变,从传统模式转为知识经济模式。

其次,相对于城市与乡村的关联性而言,可持续发展观念的建立是重要的。

城乡可持续发展。城市化是城市与乡村社会结构、社会环境、生活方式以及价值观念、人口素质等方面的相互融合。在从乡村到城市的人口变迁过程中,通过大量的乡村人口涌入城市中,实现了乡村人口的城市化过程。从城市聚落中产业的特征与比重来看,城市人口的数量和规模都大幅增加;从城市聚落经济结构上看,与第一产业相比,第二、三产业的比重大幅增加;从城市聚落的社会结构上看,居民生活方式通过城市的集聚效应,借助于城市发达的信息与交通系统,逐步走上现代化的进程。中国式现代化是人口规模巨大的现代化,人口总和超过发达国家人口总和。新型工业化成为立足本国国情,重构工业化体系,实现现代化的现实路径。新型工业化道路实现在于工业化、信息化、城镇化与农业现代化的四化并联,特别突出的是工业化与信息化的同时发展,工业化与信息化叠加,以及城镇化和农业现代化相结合的、互相促进的统一过程。工业化的过程是人口的聚集,即人口由农业向非农业产业转移的过程。城市化的发展,使得城市成为各种社会经济活动、科技发展、文化进步和信息交流的中心,从而具有较高的生态位势,引起常住人口的集中和流动人口的向往,使城市成为统一的整体。事实而言,中国式现代化中"四化并联"举措使中国用 50 年实现传统现代化路径的 200 年进程,从串联到并联的转换,走出新的城市化道路。

资源可持续发展。城市中最显性的资源表现在水、土、气三个方面。水是最突出的问题。随着城市数量和规模的扩大,人类大幅度地改变了人类生存的生态环境的组成与结构,改变了生态系统的物质循环与能量转化的功能。城市化导致水资源缺乏与水污染。城市缺水在中国表现得十分尖锐,水源污染和水质破坏,使我国地面水和地下水的质量严重下降。大气环境更为明显,目前城市中强大的检测部分每天对空气质量的报告,都或多或少地引起城市人的关注,所以还有××蓝等热关注效应。热岛效应是人类活动对城市区域气候影响中最典型的特征。城市化也严重地破坏了生物环境,改变了生物环境的组成和结构,使得生产者与消费者的构成比例不协调。城市可持续发展观念的建立对于发展中国家的城市化意义重大,是避开西方城市化困境的重要途径。

城市可持续发展,也需要关注代内平等、代际平等的问题,城市的可持续性,即空间上保持长期的生产态势,城市空间生产的过程中不断实现结构的优化,以高度城市化实现现代化,既满足当代城市发展的现实需要,又满足未来城市的发展需要。城市可持续发展的内涵反映,可持续的城市必须与其自然环境相适应,与环境和谐一体;在生态学视野中,可持续的城市与社区不仅要有良好的生活环境,还应与政治、经济和文化相和谐,是一个健康、自立且能自然平衡的社会—经济—自然复合态系统。城市化成为现代化的空间载体,生产是城市的主体功能,所以城市可持续性发展要求,工业化城市必须调整产业结构,采用清洁生产的新工艺、新设备,改变能源结构等。加速城市生态建设,运用生态思维来设计并实现对资源的高效利用,减少废弃物的产生,更重要的是增加对废弃物的再利用,实现低碳、零碳生产,使城市成为"看得见山,望得见水,记得住乡愁的美丽城市"。

　　综上所述,城市聚落与城市化的健康有序发展的关键在于,符合城市聚落心理的要求。同时,城市聚落心理的理性调整与转向,也为城市聚落的健康发展以及城市化道路的选择提供了必要的尺度。

第四章　聚落发展的振荡复归
及生态化特征

一、聚落复归的条件

1.中心产业技术与生产力

生产力是社会发展中"最活跃、最革命的"因素,依赖于聚落这一空间载体。生产力的发展改变着人类社会,使聚落主体改变生存方式成为可能。生产力高度发展是聚落复归的前提条件。生产力的核心是中心产业技术,考察乡村聚落与城市聚落的变迁,都要以中心产业技术的变迁为观察坐标。

乡村聚落的中心产业技术是传统农业技术,其本质是通过对动植物生理过程的人为干预来获取生活资料,其特点是以家庭为生产单位,使用简单工具和浅层自然力进行资源开发。乡村聚落中心产业技术发展速度缓慢,按照人与人相互依赖的关系,构筑了稳定的乡村聚落社会,聚落的变迁以生态环境的容纳能力为限,只有当聚落中人口的数量超出生态环境承载的阈值时,人口迁移才自然发生。生产力水平决定了乡村聚落的格局及演变,从整体看,乡村聚落呈现出稳定的分散状态。

城市聚落中的中心产业技术——加工制造业技术,是以自然资源的大规模深度开发以及社会分工为基本特征的。它使人类社会的发展进入了第二个阶段,即人的个体发展的"物的依赖关系"阶段。工业化中心产业技术的形成,使社会成员获得了相对独立性,形成了高度集中的城市化聚落。这时一方面是社会关系的全面丰富;另一方面是人的极端片面发展,这种生产方式导致了人与自然的激烈对抗,其历史结果正如马克思指出的那样,需要合理地调节人和自然之间的物质变换,"把它置于他们的共同控制之下,而不是让它作为盲目的力量来统治自己;靠消耗最小的力量,在最无愧于和最适合于他们的人类本性的条件下来进行物质交换。"①

在后工业化期,社会发展势必进入新的阶段,产生推动聚落演变的中心产业技术。欧阳志远在《生态化——第三次产业革命的实质与方向》一书中指出:"在未来的生产力发展阶段中,必须充分继承工业技术体系中的优秀成分,以生物技术和信息技术为主,按照生态学的规律,建立一个以生态化的生物产业技术为中心的生态化产业技术体系。未来的中心产业,将是以生态化的生物产业技术为核心的生态化的生物产业,包括生态化的农业和生态化的生物工业。前者是相对分散的生物产业,后者是相对集中的生物产业,之所以把两者分开,这是因为即使生物技术占据中心位置之后,分散种植也还是必要的,它至少具有通过增加植被以改善和保护生态环境的功能。而未来的物质生产体系,则是生态化的生物产业体系。按照中心生产技术来确定,未来的技术形态应称为'生态化的生物产业社会'。这个技术社会形态是向农业社会的辩证复归,是社会经过两次否定(前一次是工业社会对农业社会的否定;这一次是生态化的生物产业社会对工业化社会的否定)之螺旋式上升的结果,而不是向农业社会的倒退。"②他还指出:"第三次产业革命应称为生态化的生物产业革命。"③

---

① 《马克思恩格斯全集》第 25 卷,人民出版社 1974 年版,第 926—927 页。

② 欧阳志远:《生态化——第三次产业革命的实质与方向》,中国人民大学出版社 1994 年版,第 116 页。

③ 欧阳志远:《生态化——第三次产业革命的实质与方向》,中国人民大学出版社 1994 年版,第 116 页。

第三次产业革命的推进,将为聚落由集中到分散提供物质条件,尤其是通信和交通的发展,使社会化劳动有了新的存在形式,也就是说,并非只有人口的高度密集、资源的集中开发才能使财富增加。社会成员可以按照其心理需要自由地选择聚落模式,而不必要拘泥于乡村或是城市。人类社会经过"对人的依赖""对物的依赖"的发展阶段后,进入全面发展阶段。聚落不仅仅是满足物质消费需要的空间载体,更主要的是使全面发展需要得到满足的空间载体。所以实现聚落从集中到分散的复归,是生产力发展的必然结果。

2. 生产关系与私有制

2.1 私有制与贫富差距

贫富差距是由生产资料占有的多寡决定的。生产资料所有制是生产关系中起决定性作用的因素,决定着人们在生产中的地位,决定着人的分配、交换和消费关系。生产资料所有制是人与人利益关系的基础与核心,当然也是贫富差距产生的关键因素。"私有制,就它在劳动的范围内同劳动相对立来说,是从积累的必然性中发展起来的。"①马克思深刻地描述了资本主义的资本原始积累过程:"第一种人积累财富,而第二种人最后除了自己的皮以外没有可出卖的东西。大多数人的贫穷和少数人的富有就是从这种原罪开始的。"②资本主义的生产关系使贫富分化的"马太效应"被推到极端。恩格斯指出:"几乎把一切权利赋予一个阶级,另方面却几乎把一切义务推给另一个阶级。"③卢梭(Rousseau J.J.)在《论人类不平等的起源和基础》一书中指出:"难道不是富人和有权有势的人得到社会财富的一切好处吗?""富有,他就需要他们的服侍;贫穷,他就需要他们的援助……最后,永无止境的野心,与其说是出于真

---

① 《马克思恩格斯选集》第 1 卷,人民出版社 2012 年版,第 208 页。
② 《马克思恩格斯选集》第 2 卷,人民出版社 2012 年版,第 291 页。
③ 《马克思恩格斯选集》第 4 卷,人民出版社 2012 年版,第 194 页。

正需要,勿宁说是为了使自己高人一等的聚集财富的狂热,使所有的人都产生一种损害他人的阴险意图和一种隐蔽的嫉妒心……这一切灾祸,都是私有财产的第一个后果,同时也是新产生的不平等的必然产物。"①

2.2 城乡差别与集中

贫富差距在聚落空间上的反映表现为城乡差别,生产资料的私有制是差距产生的根源。在历史上,自从城市从乡村中分离出来以后,城市与乡村的对立就客观存在着。城乡对立的态势,是随着资本主义生产方式的兴起而严峻起来的,城乡差别在工业化、城市化的进程中不断扩大。城乡的对立主要体现在生产方式的差异上,城市经济以大机器生产为主导,进行集中的大规模生产;乡村经济由于其农业的弱质特征,始终处于被剥削的地位。基于城乡经济地位的严重反差,城市对乡村人口具有极大的吸引力,所以乡村人口认为进入城市是摆脱贫困的有效途径。

城市吸引力主要有三个方面:

第一,经济的规模优势。城市与乡村中存在着不同的产业结构,这是城乡经济差别产生的主要原因。城市聚落中产业结构以第二产业、第三产业为主,规模效益高、产品附加值高,从而人均收入高。同时,由于社会分工细致,所以就业机会也多。

第二,设施的完善优势。受到社会投入和生产组织形式的限制,乡村聚落的公共设施水平远远低于城市。城市聚落可以通过人为方式满足个体的舒适度要求,而且有强烈的针对性,这对于享受型需要的满足是适宜的。而乡村聚落几乎完全处于自然状态,对非舒适因素的消除能力弱,人的享受型需要很难得到满足。

第三,城市是科学与技术的主要策源地,因此,城市的劳动力比乡村的劳

---

① [法]卢梭:《论人类不平等的起源和基础》,高煜译,广西师范大学出版社 2002 年版,第125 页。

动力更容易获得科学技术知识,从而更容易获得社会地位的提升和经济收入的增加。

资本主义社会的机器工业生产加大了城乡差别,促使大量的农村人口涌入城市,使城市聚落迅速地发展起来。人口向城市的迅速集中,又促进了工业化发展。城市越大,吸引力就越强,这就带来了正反馈式的膨胀效应。

但是,城市的膨胀要受到自然承载能力的限制,因此城市人口加速增长的无度性与自然资源的有限性之间的矛盾是不可调和的。欧阳志远在《生态化——第三次产业革命的实质与方向》一书中指出:"资产阶级根本不考虑自然界的承受能力,不考虑生产对自然界带来的长远的影响,而是不惜牺牲一切代价对自然力进行尽可能多的开发和对自然资源进行尽可能多的消费,为此,从血腥的原始积累手段到现代最先进的科学技术都可能充分应用。因此,从整个资本主义世界来看,生产的发展是呈现加速趋势的,同时,工人阶级的生活条件也相对有所改善。但是对生态环境所受的冲击却无可挽回地在加剧。一大部分新技术及其产品只是为了满足人为地刺激起来的奢侈性的需求,而对真正改善人类的福利并无益处,相反只会造成环境退化并最终导致人从肉体到精神的崩溃。现在,这种不能持久的生产方式和消费方式已经在全球范围内造成了深重的灾难。"[1]

城乡对立的根本点在于人力资源和自然资源的不合理匹配,一方面是人、财、物的高度集敛造成畸形的繁荣,另一方面是人、财、物的高度抽空而带来普遍的贫困。

2.3 共同富裕与聚落的"分散"趋势

共同富裕是社会主义的基本原则。社会主义制度的诞生是资本主义生产方式自我否定的结果。社会主义的最终目的就是实现共同富裕,是缩小城乡

---

① 欧阳志远:《生态化——第三次产业革命的实质与方向》,中国人民大学出版社 1994 年版,第 206 页。

差别,改变城乡不平等发展状况,社会主义的产生有历史的必然。

"自从进入文明时代以来,财富的增长是如此巨大,它的形式是如此繁多,它的用途是如此广泛,为了所有者的利益而对它进行的管理又是如此巧妙,以致这种财富对人民说来变成了一种无法控制的力量。人类的智慧在自己的创造物面前感到迷惘而不知所措了。然而,总有一天,人类的理智一定会强健到能够支配财富,一定会规定国家对它所保护的财产的关系,以及所有者的权利范围。社会的利益绝对地高于个人的利益,必须使这两者处于一种公正而和谐的关系之中。只要进步仍将是未来的规律,像它对于过去那样,那么单纯追求财富就不是人类的最终命运了。"①

马克思在《哥达纲领批判》中关于共产主义阶段的理论,是科学社会主义理论的重要思想渊源。他在该文献中指出:"我们这里所说的是这样的共产主义社会,它不是在它自身基础上已经发展了的,恰好相反,是刚刚从资本主义社会中产生出来的,因此它在各方面,在经济、道德和精神方面都还带着它脱胎出来的那个旧社会的痕迹。……在共产主义社会高级阶段,在迫使个人奴隶般地服从分工的情形已经消失,从而脑力劳动和体力劳动的对立也随之消灭之后;在劳动已经不仅仅是谋生的手段,而且本身也成了生活的第一需要之后;在随着个人的全面发展,他们的生产力也增长起来,而集体财富的一切源泉都充分涌流之后,——只有在那个时候,才能完全超出资产阶级权利的狭隘眼界,社会才能在自己的旗帜上写上:各尽所能,按需分配!"②

从历史上看,实行公有制不是科学社会主义独有的口号,因而公有制一般不等于社会主义,但是以"消灭剥削,消除两极分化,最终达到共同富裕"为价值目标的社会主义制度却必须以生产资料公有制为基础。离开了公有制,也就谈不上社会主义。从这个意义上说,夺取政权后的无产阶级要"利用自己的政治统治,一步一步地夺取资产阶级的全部资本,把一切生产工具集中在国

---

① 《马克思恩格斯选集》第4卷,人民出版社2012年版,第195页。
② 《马克思恩格斯选集》第3卷,人民出版社2012年版,第363—365页。

家即组织成为统治阶级的无产阶级手里,并且尽可能快地增加生产力的总量。"①公有制和按劳分配是社会主义最为深刻的本质。虽然不能将社会主义等同于公有制,但以实现共同富裕为根本价值目标的社会主义却不能脱离公有制。

共同富裕的实现应当使城市与乡村消除差别,让乡村增加自身的吸引力,使更多的农业人口留在农村,同时让城市的发展有助于乡村产业结构的调整,减少进入城市的农村人口,减弱对城市的压力。社会主义公有制,是实现共同富裕的有效途径。所以,只有社会主义的公有制,才能促进聚落从集中走向分散,这是实现聚落复归的最优生产关系。

3. 人的全面发展

为人的全面发展提供必要的空间载体是聚落发展演变的最终归宿。马克思认为,人的个体在经过第二个阶段形成普遍的物质变换、全面的关系、多方面的需求以及全面能力的体系之后,人的全面发展和他们共同的社会生产能力为基础的个性自由的新阶段。

人的全面发展主要包括三层含义:第一,人能参与全面的活动,能适应不同的劳动需求,使自己的一切天赋得到充分发挥,由此产生极大的创造力;第二,全体社会成员的才能都得到充分发挥;第三,人的个体发展和社会的整体发展相互协调。我们还应更深刻地看到,人的全面发展思想与人的自由思想内涵是完全一致的。马克思说:"自由王国只是在由必需和外在目的规定要做的劳动终止的地方才开始;因而按照事物的本性来说,它存在于真正物质生产领域的彼岸。"②也就是说,人实现自由的基本标志是劳动完全摆脱了谋生的消极性质,纯粹作为创造性活动出现。

---

① 《马克思恩格斯选集》第 1 卷,人民出版社 2012 年版,第 421 页。
② 《马克思恩格斯全集》第 25 卷,人民出版社 1974 年版,第 926 页。

达到人的全面方面,需要有三个条件:摆脱对必然性认识的盲目性,实现意识的自由;摆脱自然盲目力量的统治,实现对自然的自由;摆脱人与人关系的束缚,实现对社会的自由。其中意识的自由是前提,社会关系的自由是条件和手段,对自然的自由是基础也是目标。只有对自然和社会的规律有了清楚的认识,人与人之间的关系得到协调,才能对自然过程进行自觉的驾驭和控制。只有在这种背景下,人的本质力量才能得到全面、完整的发挥,实践的积极方面上升为主导地位,异化被控制到极小程度,人的生存活动才能完全融入创造性活动之中。

在以聚落城市化为主体的工业化过程中,由于资本主义生产方式固有的盲目性,危机的出现是不可避免的。从现实来看,真正的危机并不是来自经济秩序的混乱,而是生态系统的崩溃和人们精神家园的丧失。城市聚落由于新技术的广泛应用,带来了发达的物质文明,同时刺激了人的奢侈性需要。受奢侈性需要的支配,人的本质力量被异化,成为人自身的对立面,反过来危害人自身。也就是说,人丧失了目的而仅成为手段。

人的全面发展要求的基本点是在两个层面上获得自由:“一是在自然领域中消除物质匮乏,抗御自然灾害的侵袭,降低劳动强度;另一个是在社会领域中摆脱他人的压抑,争取尽可能多的权利,体现个人的尊严。”①城市化无度推进带来的后果是这样的:从人与自然的关系看,充其量只能在短时期内消除部分人的物质匮乏,但同时由于对自然资源的掠夺性开发会带来有序性的急剧下降,一方面是可用资源的枯竭,另一方面是自然灾害和人为灾害的肆虐。从人与人的关系看,人与人的情感交流沦为干瘪的金钱交往,人的尊严完全被物的丰富取代,本来应当丰富多彩的精神世界被低劣、肮脏的文化垃圾所充斥。所以马尔库塞把高度工业化、高度城市化中的人称为“单向度的人”。可以说,城市化的畸形推进,必将耗尽自然界的活力和人类社会的活力,把人的

---

① 欧阳志远:《最后的消费——文明的自毁与补救》,人民出版社2000年版,第260页。

全面发展完全寄托于聚落城市化,是社会科学认识上的一个严重误区。只要实现人的全面发展是一个历史必然,新型聚落的产生就不可逆转。

二、聚落复归的机制

1. 支配复归的基本矛盾

如前所述,城市化困境是由自然人与"经济人"的矛盾产生的,自然人与"经济人"之间的失衡发展导致城市化困境,城市发展的前途也要通过这对矛盾的演化来观察。

毛泽东在《矛盾论》中这样说过:"任何事物的内部都有其新旧两个方面的矛盾,形成为一系列的曲折的斗争。斗争的结果,新的方面由小变大,上升为支配的东西;旧的方面则由大变小,变成逐步归于灭亡的东西。而当新的方面对于旧的方面取得支配地位的时候,旧事物的性质就变化为新事物的性质。"①

推动城市聚落发生演变的基本动力之一,体现在聚落心理中的社会需要,是自然人需要和"经济人"需要的冲突。城市人的心理主要是物缘心理,物缘心理当中既有自然人需要,又有"经济人"需要。在进入人的个体发展第二阶段以后,"经济人"需要占据主导地位,而自然人需要则处于被支配地位。能够满足"经济人"需要的聚落形式必然获得优先发展,这就是城市化过程为何能够迅猛推进的根本原因。

"经济人"需要就是享受需要。享受需要是在基本需要得到满足以后产生的需要,但享受需要与基本需要之间并不是完全相容的,在一定范围内,享受需要与基本需要不发生冲突,它可以使基本需要得到满足的程度提高,使基

①《毛泽东选集》第一卷,人民出版社1991年版,第323页。

本需要得到满足的过程优化，这就是技术力量正面效应的体现。但是这样一来也会使人产生一种错觉，认为人为力量可以优于天然力量，从而把享受需要推到极端，甚至人为地激发一些享受需要，然后千方百计地去争取得到满足。

之所以出现这种局面，与资本主义生产方式的内在要求密切相关。如前所述，城市化与资本主义工业化是同步发展的。资本生存就是要不间断地实现增殖，为了达到这个目标，人可以作出人间一切竭尽可能之事：从明火执仗的劫掠到卑躬屈膝的赚取都可能出现，但更多的是后者。于是，人的享受需要就被步步推向极端。

一般说来，基本需要上升到享受需要是自然发生的，但享受需要上升到发展需要是不可能自然上升的，这个过程只能在人对自身价值有深刻反思以后才能发生。在大众层面上，这个过程的自发产生相当艰难。如果享受性需要不能及时上升为发展需要，即如果不能纵向延伸，那么就可能横向拓展，产生奢侈性需要，甚至侵害性需要。奢侈性需要是对自然有害的需要，而侵害性需要是对自然和社会都有害的需要。这种危害有的是在生产满足需要的产品的过程中产生的，有的是在满足需要的过程中产生的。所以有的是显性的，而更多的是隐性的。

人对外界事物的关切程度，是以当前个体利益为基准的，愈近愈密，愈远愈疏。危害自然、危害社会的结果，最后归根结底都会反馈到个体自身。但由于这种反馈的周期可能较长，同时反馈时个体承担的危害密度较小，所以一般人并不会对享受需要产生的危害有所介意。另外，人对危害的承受还有一个阈值，在阈值范围内，只要当前利益大于当前危害，一般人就不会作出行为方式的改变。

但是，如果人们普遍保持这种心态，危害发生的频率就会日益加大。当为满足享受需要而采取的行动损害到基本需要的时候，物缘心理中自然人因素和"经济人"因素这一对矛盾双方的地位就会发生此消彼长的变化，自然人因素的地位会逐渐上升，向"经济人"因素的主导地位发出挑战。

2. 聚落复归的振荡过程

城市人心理变化的实质是价值观念的变化,价值观念的变化的基点又是对物的价值即对自然客体价值认识的变化,而对自然客体价值认识的变化归根结底是对人自身价值认识的变化。

"价值"这一概念在根本上表现的是主体的创造性本质。事物的属性只是价值表现的客观依据。人对自身价值的认识总是以某种主体形态作为基准的,主体形态包括个体形态、群体形态和社会形态。

文艺复兴运动倡导的价值观念以主体的个体形态为评价基准,从反对封建社会中泯灭人性的主体意识与价值观念角度来说,它的产生是一个重大进步。但这种以资本主义生产方式为基础的价值观念,又是把主体的存在直接等同于物质财富的,它引导人对自然无度索取,以妨碍大多数人的主体价值的实现来实现少数人的"价值",使人与自然的亲和关系和人与人的亲和关系都受到损害,最后自己的价值也无法真正实现。事态的发展在客观上要求人们对人生的意义进行再认识,把人的价值评价基准由个体形态移向群体形态和社会形态,把追求创造性作为人生价值的实现目标,以全社会的长远利益作为评价人的价值尺度。

但是,人的价值观念的变化过程是一个非常复杂的过程。它并不首先取决于单个人的认识和道德完善程度,而是取决于生产资料所有制和社会关系的性质。

在资本主义发达国家,先进的社会意识会随着生产力状况的变化而不断萌发和成长。但资本主义生产的性质又决定了这种社会只有不断激起人们的贪欲,扭曲人的需要才能得到维系。对人的本质力量的发挥、人的价值的真正实现来说,这是最严重的妨碍因素。

社会主义从根本性质上说,应该是有利于这种复归的实现的。但20世纪建立起来的社会主义国家,由于国际历史的特殊背景,无一例外地都没有经过资本主义高度发达的阶段。也就是说,虽然社会制度实现了历史的跨越,但人的个体发展还停留在第一阶段。经过几十年的实践,事实证明,马克思关于人的个体发展三阶段的论述是科学的真理。社会制度可以跨越,但以物的依赖为基础的发展阶段不可跨越。因此,必须遵循规律,通过市场经济的"峡谷"。这就给实现人的全面发展,留下了艰难的课题。

从个体认识来看,要在心理层面上作出权衡也是艰难的。按照辩证唯物主义的认识论,一个正确的认识,要经过从理论到实践,又从实践到理论的反复过程才能完成。如果说,在社会显性层面形成正确认识,都要经过反复曲折的道路才能实现的话,那么人的心理层面要发生变化,所要经历的曲折便不难理解了。进入城市聚落的人,虽然可能会对城市聚落的生活越来越不满意,但现实的乡村生活也不是令人满意的。对两种生活方式的优劣比较,没有一个反复思考、反复体验的漫长时期,不会有明显的结果。

在发达国家,反城市化运动推进以后,又出现了反城市化的逆向运动,不少迁入乡村的人,不久又重新回到城市。在日本的新务农者当中,相当部分只是间歇性地参与农业劳动,真正完全成为农业劳动者的城市人员并不是多数。这种情况的出现,并不能把它简单归结为反城市化运动的错误,而是说明复归过程是一个需要经历来回多次振荡才能完结的过程。

3. 对否定之否定规律的再认识

否定之否定规律,是从整体上揭示事物发展过程的运动规律。马克思把辩证的否定观看作唯物辩证法的本质特征;恩格斯则强调,当说自然、历史和思维"是否定的否定的时候,我是用这一个运动规律来概括所有这些过程。"[①]恩格斯认为,否定之否定规律是关于自然、社会和思维所有过程的运动规律,也可以称为整体性规律,就是说一个事物的发展过程是由许多个否定之否定

---

① 《马克思恩格斯选集》第3卷,人民出版社2012年版,第520页。

构成的上升过程。

否定之否定过程包括肯定、否定、否定之否定三个阶段,其间有两次否定。否定之否定规律不仅指事物发展的肯定——否定——否定之否定这样三个阶段、两次否定的一个周期,而且进一步指事物发展的整个过程,是由许多个首尾相连的近似"圆圈"的否定之否定构成的、螺旋式上升的成长过程。从事物发展的整个过程来看,"螺旋式上升"是否定之否定规律的整体性特征的概括表述。

如果说黑格尔是从对事物的认识过程的角度,阐述了否定之否定规律的螺旋式上升特征的话,那么,恩格斯则从事物本身发展过程的角度,阐述了这一特征。他在《反杜林论》中写道:"我们只要按照园艺家的技艺去处理种子和从种子长出的植物,那么我们得到的这个否定的否定的结果,不仅是更多的种子,而且是品质改良了的、能开出更美丽的花朵的种子,这个过程的每一次重复,每一次新的否定的否定都向前推进这种完善化。"①

否定之否定规律揭示了事物发展的基本特征。

首先,事物发展具有连续性。就是在事物发展的过程中,前后两次否定之否定的过程总是通过起点和终点形成一个发展的链条。这种连续性是否定之否定规律的整体性特征的重要基础,如果失去这种连续性,螺旋式上升就会中断,世界的辩证发展就不会实现。

其次,事物发展具有方向性。即事物的发展不是简单的重复,发展过程的循环上升,是指两次否定之否定过程之间的方向性。也就是说,后一个否定过程,是对前一个否定过程的重复和发展,以重复为基础,以发展为特征。循环上升性作为整体性特征,还表现为否定之否定过程的上升性,大多数情况下在循环上升中才能表现出来。

第三,事物发展具有周期性。事物发展的整个过程由许多个相互连接的

---

① 《马克思恩格斯选集》第3卷,人民出版社2012年版,第514—515页。

周期构成。否定之否定过程的周期是开放的,它的终点和开端不是完全重复的,而只是某些特征的重复、仿佛向出发点的回归。同时,周期性是螺旋式上升能够实现的必要条件。事物发展过程的螺旋式上升要能够实现,必须使各个否定之否定过程能够连接起来

20世纪70年代,生物学家艾根(Eigen,M.)提出了超循环理论。他认为,从生物大分子的水平来看,选择和进化的分子基础主要是代谢、自复制和突变,而这些都是靠超循环这种组织机制来保证的。超循环是在反映循环、催化循环基础上形成的高级循环,即高级功能的超循环,它是通过催化联系把自催化循环联系起来的循环,其中每一个元素既能自复制,又能对下一个元素提供催化支持。他以此说明生物的进化就是分子的自组织过程。超循环理论的建构与发展,形成超循环方法论。它不仅对自然科学发挥了有力的解释功能,而且在很多哲学和社会科学研究中得到应用。

超循环理论的提出,印证和发展了否定之否定规律。黑格尔在研究人类认识史时,曾经将人类思想发展比作一个大圆圈,把每一种思想比作大圆圈上的小圆圈。列宁在《谈谈辩证法》一文中认为,人的认识"无限地近似于一串圆圈。近似于螺旋的曲线。"①人类聚落的发展过程也是一个自组织过程,其中也有超循环机制。从城市到乡村的复归可能就是一个循环往复的小循环,这个小循环参与"分散—集中—再分散"这样一个更高一级的循环。

但是,有这样一个问题:在从集中到分散的第二次否定过程中,小循环可能比较显著。然而在从分散到集中的第一次否定当中,小循环分明就并不显著,甚至可以提出"第一次否定中是否存在小循环?"这样一个疑问。就是说,第二次否定是复归,属于高层次否定,所以它要经过往复振荡才能实现。而第一次否定仅仅是一种过渡,属于低层次否定,所以不一定出现小循环。这个问题的提出有助于马克思主义哲学原理的发展。

---

① ［苏］列宁:《哲学笔记》,黄楠森译,人民出版社1974年版,第411页。

三、对后城市化聚落的设想

1. 对未来学成果的评价

未来学学者托夫勒在《第三次浪潮》一书中提出了对未来社会发展趋势的基本设想。他指出,后工业化时期的人口流向是:"千百万城市居民向往乡村生活,城市发展研究所报道了相当可观的人口迁往农村。近年来,人们对自然食物,自然生育,母乳喂养,生物周期,体格锻炼的兴趣大大增长了。"①预言了后工业化聚落的发展必然是由集中走向分散的过程。

斯宾格勒在《西方的没落》一书中,从城市与乡村的道德、文明与文化的关系角度,提出了"都市人们的内在终结性"②,并在文中转引了卢梭在《回归自然本态》中提及的实践的理性主义,其中每一项都宣告了千年精神积淀的终结;每一项都向人类——仅仅是城市知识分子阶层——宣扬了真理。这些知识分子厌倦了城镇和后期文化,他们"纯粹"的理智渴望从中解脱出来,摆脱它们的权威形式和僵化硬化,摆脱在实际生活中已失去生命力的象征。③"文化与文明——精神的生命形体和精神的木乃伊形体……一方面,由内部发展而形成的边疆生活在其从未间断过的进化(从哥特初期到歌德和拿破仑)中具有充实性和肯定性;另一方面,是大都市中依照知识阶层的设计而形成的那种人造的、无根的垂幕生活。"④斯宾格勒从文化的角度,通过对于城市文化中自然因素的缺失预言了聚落的发展必将弥补自然要素。

---

① [美]托夫勒:《第三次浪潮》,朱志焱等译,生活·读书·新知三联书店 1984 年版,第 384 页。

② [德]施本格勒:《西方的没落》,花永年编译,浙江人民出版社 1989 年版,第 73 页。

③ [德]施本格勒:《西方的没落》,花永年编译,浙江人民出版社 1989 年版,第 72 页。

④ [德]施本格勒:《西方的没落》,花永年编译,浙江人民出版社 1989 年版,第 72 页。

池田大作和汤因比在两次对话中,提出了未来社会由城市转向农村的发展设想,这是在人类聚落发展问题上的一段著名预言:

池田:这种以人的劳力为主体的农业需要很多农业劳动者,对劳动力需求的增加在现阶段会引起一些困难的问题;但是城市中的工业自动化正在发展,可以预料工业劳动人口将会减少。这样,大概可以设想,以前由农业转向工业,由农村集中到城市的人口将会发生逆流现象。就是说,工业人口减少,农业人口重新占据多数,这个推测大概是可以成立的。

我想,如果工业的自动化可以保证物质丰富的话,刚才说到的逆转对人们的肉体和精神的健康,都将是理想的方向。当然,这样的转换或许会受到现代产业社会中最有发言权的化学工业企业的强烈反对。为了克服这个障碍,就必须变革广大民众的意识,开展社会运动。

总而言之,作为今后人类文化的潮流,恐怕不能只单方面地考虑农业社会转向工业社会这一个方向。可以考虑从工业社会向农业社会,或者至少是向工农业并立的社会转化的方向,而且我以为必须要这样考虑。

汤因比:你所说的转换,不仅对农业,对解决现在的城市人口问题也是很理想的。产业革命以后,在技术经济方面的所谓发达国家里,大部分人口都被从农村吞吸到了城市。这是一个社会灾难。因为在城市的工厂和公司工作,作为人的生活方式和谋生的手段,比起农村的农耕和畜牧来,在心理上满足感要少得多。城市化、工业化现在已构成了经济问题;因为随着自动化、电脑化的进展,以劳力为主体的体力劳动和事务性操作正在成为剩余的东西。

在城市化高度发达的地区,恐怕有必要使城市人口回归农村,这自然是一项棘手的工作。因为近200年来,城市人虽然没有找到使城市生活更幸福的方法和手段,但他们已经习惯了城市生活,如果快失业的工人从城市的贫民窟转到农村的贫民窟,在那里仍然得不到职业的话,那么他们一定会更加贫穷和不满。因此,只有当城市的劳动人口开始出现过剩时,恰好农村又正需要较多的劳动力,这才是求之不得的好事。

不过,尽管这么说,在所谓发达国家里,要把大多数人口重新由城市迁移到农村,仍然是一项困难、痛苦、长期性的工作。这些国家在完成脱离工业化这一"反革命"之前,恐怕必须经历漫长的危机时期。

幸好,这种高度的工业化社会、城市化社会,从整个人类来看,还只不过是小小的一部分。人类从新石器时代初期起,在逐渐形成的多数人的经济、社会制度下,过着以人力为中心的农耕畜牧式的农村生活。而现在人类的大多数的这种农村生活方式相差并不甚远。因此对这些所谓落后的多数来说,将来要进入整个人类都应进入的安定的"世界国家"时,大概比起那些"先进的少数"来困难要少。这暗示着各国的命运都要发生戏剧性的逆转。历来的发达国家大概都不得不长期地陷于逆境中。相反,历来的后进国家倒可能较少痛苦地,且较快地进入后工业化的"世界安定国家"。①

格里芬(Griffin,D.R.)在《后现代精神》一书中指出:"我们只有摒弃了现代世界观,才有可能克服目前的各种建立在这种世界观之上的、用于指导个人和社区生活的灾难性的方法。并且,只有当我们拥有了新的、看上去更可信的世界观,我们才可能放弃这种旧的观点。只有当后现代范式开始出现的时候,现代范式才会消亡。"②聚落模式也会在后工业化时期打破原有的范式,至少

---

① [英]汤因比等:《展望二十一世纪》,荀春生等译,国际文化出版社公司1985年版,第46—47页。

② [美]格里芬:《后现代精神》,王成兵译,中央编译出版社1998年版,第214页。

将聚落以地域划分转向以人的全面发展为标准的阶段上。

奥辛斯基(Osiatynshi,V.)在《未来启示录:苏美思想家空谈未来》一书中,摘录了卡普拉的一段话指出:"我谈现代科学世界观时,谈的是少数人的观点,是站在科学最前沿的人的观点——如伊利亚·普里戈津、戴维·博姆和其他一些同样的人物。我把这种现代观点称为生态世界观。在生态世界观中,始终贯穿着两个主题。一个主题是一切现象之间有一种基本的相互联系和相互依赖的关系……第二个主题,现实和宇宙在根本上是运动的,结构不再被看成是基本的东西,而是一种基本过程的表现形式。再则,结构和过程两者最终也是被看成是互补关系。这两个主题——相互联系和运动是科学理论和东方哲学一再被提起的概念。"[1]生态世界观把世界看成是相互联系的动态网络结构,超越了机械论的世界观而引向整体性、系统性、动态性的宇宙观,形成对人和自然相互作用的生态学原则的正确认识:"我们是自然界的一部分,而不是在自然之上,我们赖以进行交流的一切群众性机构以及生命本身,取决于我们和生物之间的明智的、毕恭毕敬的相互作用。忽视这个原则的任何政府或经济制度,最终都会导致人类的自杀。"[2]

欧阳志远在《最后的消费》一书中,通过对于日本、美国和欧洲各国的回归乡土热潮的总结与分析,从物质需要与精神需要平衡的角度,指出聚落发展由密集的城市走向分散的乡村是一种历史必然。

未来学者与生态哲学家都对未来聚落的走向进行了预测,基本观点就是未来聚落必然由集中走向分散。但由于学科的界限,在众多的观点中并没有从聚落发展困境以及聚落发展的目的层面出发进行分析。因此,他们只是预测未来,但并没有寻找、建构促使聚落转变的路径。

---

① [苏]奥辛斯基:《未来启示录:苏美思想空谈未来》,徐元译,上海译文出版社1988年版,第245—246页。

② [美]卡普拉等:《绿色的政治——全球的希望》,石音译,东方出版社1988年版,第57页。

2. 随缘心理与后城市化聚落

2.1 随缘心理的蕴涵

随缘心理是聚落心理在经过亲缘与物缘阶段之后,面对着旧的聚落模式不能解决的矛盾而产生的一种新的聚落心理。随缘心理的基点是克服亲缘心理中人与自然关系的束缚,以及物缘心理中人与人的关系束缚。随缘心理要求对自然规律顺从、服从,是一种理性的心理表现。它克服了亲缘心理对自然的盲从,以及物缘心理对自然的征服,在主体对于自然客体理性认识的前提下,在理性认识成果的指导下,与自然相随和融合。

"随缘"一词,引自《易经》上经的随卦,取其中跟随、顺从之意。随卦是六十四卦中的第十七卦,"随:元亨,利贞,无咎。"[①]它主要象征随从:至为亨通,利于坚守正道,没有过错,即提出随从的基本原则。其中"元亨"是指人的社会性决定了人们需要互相协作,互相赞同、顺从,需要讲究人与人之间互相随从的道理,这就是随卦的基本精神。在卦辞中还有"利贞"和"无咎"作为附加条件。就是说,随从必须以守正为前提,该随则随,不该随的不能乱随,这才是随而得其正,才能"元亨"而"无咎"。言下之意,如果不随正道而行,跟错了人,不仅无"元亨"可言,而且有咎,必然招致过错。

随缘心理的基本原则:第一,社会性原则。在卦辞中的解释为"随"设立原则,《象》曰:"随,刚来而下柔,动而悦,随。"其意为:随从,阳刚能前来居于阴柔之下,有所行动一定会使人悦服,乐于随从。从卦象上看,随卦为下震上兑。震为阳卦(长男),兑为阴卦(少女)。阳刚本应居上,现在却屈居阴柔之下,以刚下柔,以大下小,这是谦恭下士。这样的举动使人悦服,人们自然会来随从,这叫作:"动而悦,随。"心悦诚服的随从,而不是强迫人家随从你,这才是"随"的真义。你先要有尊重别人的态度,你先随人家,人家才来随你。而

[①] 周文王:《易经》,徐奇堂译注,广州出版社 2001 年版,第 174 页。

且上下随从并不是朋党相从、恣意妄为;也不是少数人结成关系网、共同作恶;而是要坚持正道而行,使得天下人都来随从,都沿着大亨通的正道相随而行。第二,时间性原则。《彖传》很重视"时"的概念。"时"在这里是灵活适时的意思,就是按照不同的时间、条件和情况而灵活处理事务。孟子说孔子是"圣之时者",也就是说孔子是个灵活适时的圣人。本爻《彖传》中"随时"二字,意为"适时地随从"。要因时而定,不能随便盲从。随得对,事业亨通;随错了,动辄得咎。所以《彖传》中强调:"随时之义大矣哉!"[1]适时地随从,事关重大啊![2]

随缘心理是天人合一思想的心理反映。在中国的乡村聚落产生之初,天人合一思想曾得到充分的发展。亲缘心理与人地关系的和谐,为天人合一思想提供了丰厚的土壤。这种乡村生产方式促成了天人合一思想。正如冯友兰先生所说,"农民的生活方式是顺乎自然的。他们赞美自然,谴责人为,于其纯朴天真之中,很容易满足。他们不想变化,也无从想变化。"[3]聚落主体完全被自然界所包容,人是自然的一部分,是自然的产物。随缘心理与"天人合一"思想的辩证统一,其一致性可以从三个角度来体现:

首先,在对人和自然关系的认识上,都明确地指出,人和自然界是统一的整体,人和自然的统一是有机的统一,人仅仅是大自然的一部分。人类对自然界的认识逐渐加深,人类的主体意识进一步觉醒,人与自然的关系成为主体和客体的关系,为此,人类就走向了有意识、有目的地改造自然界的道路。近代以来,人类凭借科学技术,一方面,从自然界获得了大量的物质生活资料,满足了自己的物质欲望;另一方面,导致了人和自然关系的不协调。因此,随缘心理正是聚落主体从需要出发,以随从自然规律为准则有意识有目的地规范自己的行为,将人放于自然界这一大的生态系统中全盘考虑,从而选择有利于

---

①　西西河:《随卦——论随从之道》,2006 年 2 月 14 日,见 http://www.cchere.com/tags。

②　西西河:《随卦——论随从之道》,2006 年 2 月 14 日,见 http://www.cchere.com/tags。

③　冯友兰:《中国哲学简史》,北京大学出版社 1985 年版,第 33 页。

主体生存与发展的聚落空间。

其次,都强调自然和人的相互作用、相互影响,强调自然界的各种生物都息息相关。在聚落建设的过程中,从强调物质产品的丰富性,转到注重聚落构成因素之间的关联性。这就有助于保持聚落发展的可持续性,以及聚落主体生存的可持续性。随缘心理同样也将道德关怀扩大到聚落以外的物种,让人认识到自己在自然界生存的权利,并将这种权利扩大到自然界的生命和生态系统,确认它们在自然状态下生存的权利,从而更清晰地认识聚落选择的生态合理性。

再次,随缘心理与天人合一思想同样强调自然和人是一种和谐有序的感应关系,人与自然处处融通一致,形成一个广大和谐的系统。聚落主体认识能力的提高与认识成果的丰富,也影响着主体对聚落模式的选择,和谐性的需要与认识就是最好的说明。从对立到和谐的认识转变,是聚落主体对人与自然关系认识的深化过程。在认识到自己和自然界息息相关的基础上,向人类指明,为了和自然和谐相处,应该世世代代让自己与自然界的物质、能量和信息交换始终处于动态平衡之中,人类社会发展应该是和谐的、有序的。和谐有序就是要求人们不仅要注重眼前,更重要的是着眼于将来。任何对现实利益的过分追求,都有可能破坏系统的和谐有序,有的破坏当时并不明显,但将来可能造成不可估量的损失,因此,既重视当时的和谐有序,又要考虑是否危害将来的系统平衡。这也就是我们现在所提倡的可持续发展。

随缘心理产生的时代背景。随缘心理的产生与后工业化时期的来临是相辅相成的。"后工业"一词最早出现于贝尔(Bell, D.)所著的《后工业社会的来临》一书:"后工业社会的概念是一个广泛的概念。如果从五个方面,或五个组成部分来说明这个术语,它的意义就比较容易理解:经济方面,从产品生产经济转变为服务性经济;职业分布:专业与技术人员阶级处于主导地位;中轴原理:理论知识处于中心地位,它是社会革新与制定政策的源泉;未来的方向:控制技术发展,对技术进行鉴定;制定政策:创造新的'智能技术'。"①

　　关于"后工业"一词引起了很大的争议,对于未来社会的发展,很多学者都进行了说明与界定。大多数西方学者认为"后工业"社会就是"信息化"社会,这是按照技术社会形态来划分发展阶段的基本思路,但是用"信息化"来界定未来的社会发展阶段是不正确的。欧阳志远在《生态化——第三次产业革命的实质与方向》一书中指出:"在'信息社会'论那里,人和自然之间的矛盾却突然消失,代之而起的是'人与人之间的矛盾'。他们忽视了一切人类生存的第一个前提,也是一切历史的第一个前提。"②

2.2　后城市化时期应有的聚落模式

　　聚落发展的新阶段,将打破原有的地域界限。后城市化的聚落是以随缘心理为基础的聚落模式。这种称谓只是从时间的角度来描述的,也就是说,它是城市聚落与乡村聚落之后的又一种聚落形态。后城市化聚落以多种文明共同发展的集合体为主要特征。

　　所谓后城市化聚落,简单地说就是社会、经济、自然整体协调而稳定有序状态的聚落。每一种聚落模式作为人类的一种聚居方式都为社会经济结构所制约,同时反映着价值取向的差异。在后城市化聚落中,满足聚落主体的生存需要与发展需要并重,物质财富的积累从目的转化为手段。

　　后城市化聚落有三层基本内涵:

　　第一,生态哲学内涵。

　　卡普拉(Capra,F.)在《转折点》一书中提出生态观是一种新的实在观,"这种新的实在观,在某种意义上是一种生态观,它远远超出了对环境保护的

---

　　①　[美]丹尼尔·贝尔:《后工业社会的来临:对社会预测的一种探索》,高铦译,商务印书馆1984年版,第20页。

　　②　欧阳志远:《生态化——第三次产业革命的实质与方向》,中国人民大学出版社1994年版,第216页。

直接关心。为了强调这种更深层的生态意义,哲学家们和科学家们已开始'浅层环境主义'和'深层生态学'之间的区别。浅层环境主义是为了'人'的利益,关心更有效地控制和管理自然环境;而深层生态运动却已看到,生态平衡要求我们对人在地球生态系统中的角色的认识,来一个深刻的变化。简言之,它将要求一种新的哲学和宗教基础。"①后城市化聚落是人类聚居的一种生态型模式,生态化的路径是必然的。实质上,后城市化聚落是生态世界观在聚落中的表达与实践。

生态世界观的实质是整体论,聚落中自始至终贯彻着整体论原则。整体决定部分,"部分的性质是由整体的动力学性质决定的,它依赖于整体。部分只是在整体中才获得它的意义,离开整体就会失去其存在。因而,首先是整体,它的动力学决定部分,部分作为整体的内容,它表现整体。它们两者是互补的,是不可分割的。我们强调事物的相互联系、相互作用和相互依赖的整体性。生态哲学是整体论的世界观"②,聚落不同的模式只是人与自然相处的不同平台,必须融入到自然中才能凸显其本来的功能。

城市聚落的建构体现着机械论的世界观。众所周知,机械世界观主要强调人与自然、主体与客体二元分离和对立,认为人独立于自然界,而不是自然界的一部分,强调对部分的认识,不承认自然界的价值,主张在人与自然对立的基础上,通过人对自然的改造确立人对自然的统治地位,这是一种人类统治自然的哲学。它以人类中心主义为主要原则,这是现代哲学占主导地位的思想。在这种哲学的指导下,发展了控制自然的技术和"反自然"的实践,成为工业文明时代的行动哲学,工业文明带来的种种危机的思想文化根源就是这种机械世界观。要改变现代社会的危机局面,就必须超越旧的世界观,而转向

---

① [美]卡普拉:《转折点——科学·社会·兴起中的新文化》,冯禹等编译,中国人民大学出版社1989年版,第309页。

② 余谋昌:《生态哲学:可持续发展的哲学诠释》,《中国人口·资源和环境》2001年第3期。

宇宙一体化的、生态学的世界观——生态世界观,并在这种新的世界观的指导下,去进行一场真正世界意义的文化革命。① 这种真正意义的革命映射于聚落主体的心理,形成对于物缘心理的消解,并催化随缘心理的发生。随缘聚落需要新的聚落模式,它是以新的自然观、价值观及伦理道理观来作出的最有利于人与自然系统协调发展的聚落模式。孤立地彰显人与自然的价值不能实现人的全面发展,需要新聚居平台提供实现人与自然系统的整体价值的最大化。

第二,文化内涵。

人居聚落作为人类聚居地,必然产生与之相符合的文化要素。不同的聚落模式都以空间的形式传承社会文化,以它所固有的时代价值、观念表达着历史。后城市化聚落是人与自然协调发展的文化,正如陈勇在《生态城市理论及规划设计方法》中提到的:"人类在自然价值的基础上创造文化价值,又可以在增加文化价值的同时,保护自然价值,实现两者的统一,而不是以损害自然价值的方式实现文化价值,不是以减少文化价值的方式保护自然价值,从而实现人与自然矛盾的消解,实现双赢模式发展。"

在后城市化聚落中,其文化观念将不断地向生态化发展。"从其文化观念意识的深处,崇尚健康、节约、控制、人道、平等、公正、民主、正义、协调、共存、精神追求与物质满足的协调、多种文化的互补与渗透等,而反对挥霍、浪费、放纵、自私、特权、侵略、征服、掠夺、急功近利、历史虚无主义、沙文主义、技术至上主义等。"②

后城市化聚落的文化实质是自然性。芒福德认为城市的功能应是"化力为形,化能量为文化,化死的东西为活的艺术形象和音标,化生物的繁衍为社会创造力。"③这种功能是独立于自然之外的,而后城市化聚落在文化层面除

---

① 灌耕:《现代物理学与东方神秘主义》,四川人民出版社 1984 年版,第 244—245 页。

② 陈敏豪:《生态文化与文明前景》,武汉出版社 1997 年版,第 336—337 页。

③ [美]刘易斯·芒福德:《城市发展史——起源、演变和前景》,宋俊岭、倪文彦译,中国建筑出版社 1989 年版,第 419 页。

此之外还应该是将文化融于自然,所有的文化的基础都应该出自自然,只有从自然出发才能使人的本性得到充分的发挥。所以后工业化聚落的文化内涵是与自然融合,超越了芒福德所讲的脱离了自然的文化。

后城市化聚落的文化空间在文化层次上以多元性为主要特征。保持传统文化精华的传承与动态发展的统一,同时,使文化在全球性语境下保存一种比较完整的具有民族、地域特色的聚落文化,其中文化个性和文化魅力是后城市化聚落的灵魂。

第三,经济内涵。

在后城市化聚落中期发展的经济模式应该从浪费型经济向节约型经济转变。在城市聚落,经济发展模式是以单纯的经济效益为原则,即"最少的花费、最快的速度、最短的周期谋取最多的利益",此种价值原则以"最少、最快、最短、最多"来追求经济无限增长,并且推导出经济增长、物质财富增加与社会进步和人们生活幸福之间的逻辑关系。"但这一观念却掩盖了经济增长测量手段本身的合理性、社会财富分配是否公正、人们生活质量是否真正的提高、人类是否因此而付出其他更大的代价等诸多问题的存在。"① 目前对各个经济发展水平和增长的速度的衡量主要依据就是 GDP(人均国内生产总值),其中忽视了环境与资源的价值,聚落主体并未获得应有的幸福感。只注重经济产值及其增长速度,会由于资源的匮乏导致经济"空心化"的现象。如果这种发展模式不改变,聚落必然会走向消亡。

后城市化聚落的经济原则是应该尊重自然并肯定自然资源的价值,走可持续发展的道路。可持续发展的关键问题就是资源的利用方式问题。过去对于资源的利用主要是快速的线性方式,其实质是对于资源的过度使用。后来,当"循环经济"提出以后,人们曾激动地认为,制约人们积累物质财富的限制消失了。从某种意义上可以说,"循环经济"只为了占有更多的资源,设计出

---

① 黄光宇等:《生态城市理论与城市规划设计方法》,科学出版社 2002 年版,第 53 页。

的掩耳盗铃的说法。"循环经济"的核心只是多层次利用资源的生产,应该说,这个设想的出发点是正确的,可是资源的有限性,特别是能源的不可重复利用性,决定了"循环经济"的实现是带有虚幻性的。

2004 年,欧阳志远率先提出新的经济模式——"节约型经济"。在《论节约型经济系统》一文中,他指出了节约型经济的实质和它实现的基本途径。他认为:通过能源技术的变革,推动物质材料最大限度地合理利用,这种经济可称为"节约型经济"。它含有生产的集约化即资源充分利用、再生利用的意义,同时还有适度、明智地消费的意义;它在一定程度上包含着资源循环,但又不完全等同于循环。① 它以节约为核心,将节约的宗旨贯彻到生产与消费的整个过程。也就是在生产过程实施对资源的尽可能的循环使用,在消费领域,以调整生活方式的变革来减少资源的浪费。

节约型经济的提出真正体现出资源利用方式的变革,这种原则是后城市化聚落区别于传统聚落模式的基本原则。

2.3　后城市化聚落的基本特征

后城市化聚落的出现是聚落发展的又一个阶段,它是聚落模式的辩证复归,其实质是对传统聚落模式的扬弃。它的出现不是对传统聚落的抛弃式的全盘否定,也不意味着传统聚落的要素完全消失,传统聚落的合理要素依然存在,而且功能还将得到更充分的发挥。后城市化聚落由于符合聚落主体的随缘心理,所以必然在聚落的建构上与在亲缘心理和物缘心理基础上形成的聚落模式有不同的特征,它们主要表现在以下几个方面。

自然和谐性。后城市化聚落是符合随缘心理需要而产生的。随缘心理是天人合一观念的心理反映和心理体验,所以后城市化聚落首先表现出与自然的和谐性。它反映在人与自然统一体的各种关系之中,如人与自然,人与其他

① 欧阳志远:《论节约型经济系统》,《中国人民大学学报》2004 年第 3 期。

物种,人与社会、社会各群体、人的精神等方面。聚落遵循着自然与人共生,人回归自然、接近自然的规则。在城市聚落中,尤其到了聚落城市化阶段,由于物欲的膨胀,在获得物质财富的过程中,人不断地努力运用技术使自身更多地主宰自然界,破坏了自身赖以生存的环境,也破坏了聚落的自然更新能力。同时可以看到,在城市聚落中,聚落主体的这些行为方式虽然获得了物质财富的增加,但并没有实现自身的同步发展。聚落本来就应该是使主体更优生存的条件,但从传统聚落的发展来看,已经本末倒置了。也就是说,聚落的发展成为抽象化的目标,忘却了满足主体需要这一聚落发展的根本。后城市化聚落将扭转现状,使聚落主体的需求与发展成为聚落发展的依据和原则。后城市化聚落的建造将以满足聚落主体生存和发展的环境需求为目的,以文化为主要特征,以人的自然本性和社会属性得到充分表现与发挥为原则。后城市化聚落的构建不是简单用自然绿色"点缀"的人居环境,而是富有生机与活力,关心人、陶冶人的"爱之器官"①,在这里自然与文化相互适应、共同进化,实现文化与自然的协调,使人"诗意地栖息在大地上"。这种与自然的和谐性是后城市化聚落的核心内容。

节约高效性。物质生产的节约高效性是后城市化聚落的又一重要特征。正如上文所述,后城市化聚落与传统聚落的本质差别是以人的全面发展为主旨,改变工业化城市中的"高投入""高消费""高污染"的经济运行机制。生产从主要依靠资源投入的"实体性"生产,转向主要依靠人的智力投入的"精神性"生产,从而减少对自然资源的消耗,使精神产品的生产成为经济的主要增长点。同时,在知识生产和基本物质生产中提高一切资源的利用效率,注重废弃物循环再生,达到物尽其用、地尽其利、人尽其才、各施其能、各得其所,最大限度地实现资源的闭路循环,减少对外部环境的依赖。这也是人居聚落可持续发展的必由之路。

---

① 陈勇:《生态城市:可持续发展的人居模式》,1999 年 1 月 4 日,见 http://www:wanfang-data:com:cn/qikan/periodical:Articles/xjz/xjz99/xjz9901/990104:htm。

整体系统性。后城市化聚落是时间与空间相统一的人类居住区,是由主体、客体及中介共同构成的整体。"各部分将从整体中获得它的意义。每一特定的部分都依赖于总体境况并由它确定。"①整体由部分构成,但是整体不是相同组成部分的简单相加,而是不同部分组成的相关系统。由于各个部分之间差异的多样性,以及各个部分的相互作用的多样性,造成整体大于部分之和。因此,后城市化聚落要兼顾社会、经济和环境三者的整体效益,协调社会关系,实现发展的公平性,满足代内与代际的需求。重视经济发展与生态环境协调,注重对人类生活质量的提高。将长期可持续性与短期利益最大限度地协调起来,保证聚落本身发展的健康有序,使发展具有更强的适应性,使聚落主体与自然系统在时空当中整体协调。

多样性。后城市化聚落改变了传统工业城市的单调化、专业化和人性化分割,进行多样性重组。它的多样性范围很广,不仅包括生物多样性,还包括精神生活多样性、景观多样性、人工自然多样性,以及行为方式多样性,等等。多样性还包括聚落主体社会交往方式的多样性,不同信仰、不同种族、不同阶层的人共同和谐地生活在一起。后城市化聚落不是单一发展模式,包括各地域自然、社会、历史特征的文化多样性,在后城市化聚落中将得到充分体现,以其多样化特征彰显聚落的个性发展。

总之,关于后城市化聚落模式的设想很多,主要集中于对城市聚落发展的思考上,也就是对于城市聚落如何完善、如何增加其功能、如何给聚落主体带来更多的福祉的思考上。但是,城市聚落仅仅是聚落发展的一种形态,它所面临的困境是它本身不能克服的,所以预测后城市化聚落模式的走向主要从根源上入手。

---

① [美]麦茜特:《自然之死:妇女、生态和科学革命》,吴国盛译,吉林人民出版社 1999 年版,第 324—325 页。

3. 关于三大差别消亡的理论探索

3.1 消灭三大差别的理论溯源

马克思主义关于三大差别的理论,是在深刻地揭示资本主义社会经济发展的规律和阶级斗争的规律的基础上,革命地改造了空想社会主义消灭三大差别的思想而建立起来的。恩格斯说:"德国的理论上的社会主义永远不会忘记,它是依靠圣西门、傅立叶和欧文这三位思想家而确立起来的。虽然这三位思想家的学说含有十分虚幻和空想的性质,但他们终究是属于一切时代最伟大的智士之列的,他们天才地预示了我们现在已经科学地证明了其正确性的无数真理。"①

空想社会主义是随着资本主义的产生而产生的。资本主义代替封建主义是历史发展的一个进步,但是,资本主义对劳动者的压迫剥削,必然要引起工人阶级的反抗,引起社会上先进思想家对于资本主义制度的批评。这种批评的最初形式就是空想社会主义。它是资本主义初期尚未发展的无产阶级同资产阶级的阶级斗争在理论上的表现。消灭三大差别是空想社会主义的光辉思想。

英国人托马斯·莫尔(Tomas, M.)是最早的空想社会主义者,他在《乌托邦》一书中,叙述了对于未来社会的理想。他描述道:"有五十四个城,无不宏大壮丽,它们的语言、风俗、制度、法律完全一样。它们的坐落相同,它们的形势在地区许可的情况下也相同,城与城之间相隔最近的是二十四里。反之,相隔最远的,彼此来往也不到一天的脚程。"②"各城市都没有扩张土地的企图,因为各城市人民都以耕种者自居,绝不认为自己是该区的主人。在平原上,到处都建有农舍,农舍地位优良,都装备着应有尽有的农业用具。城市居民轮流下乡。每个农村家庭男女合计总都在四十以人,每家还有两名从属的

---

① 《马克思恩格斯全集》第 18 卷,人民出版社 1964 年版,第 566 页。

② [英]莫尔:《乌托邦》,戴镏龄译,商务出版社 1959 年版,第 61 页。

杂勤人员。"①"各家每年都调二十个人（在乡下待了两年以后）返回城市,同时由城市调来二十人补缺。新来的人就向那些乡间已经住了一年因而已经懂得农业经营的人们学习耕种,这些新来的人等到下一年又教给其他人。采取这种措施就在于要避免全体耕种者都是毫无经验的生手,而造成粮荒现象。至于耕种者的互相调换,又是为了避免强迫任何人违反其意志从事长期的耕种艰苦工作。但是仍有许多人喜好农村生活,而争取长期住在乡间。"②可在莫尔的乌托邦理想中已经包含了消除三大差别的思想萌芽。

托马斯·康伯内拉（Campanella,T.）1602年写成了《太阳城》一书。他设想:在太阳城,人人都从事手工业,又自觉参加农业义务劳动。"在适当的时候,全体居民,除少数留在城市做必要的守卫以外,其余都武装起来,带着锣鼓和旗帜,齐赴农村耕地、播种、掘草、收割……每门课程有四位讲师讲授,分成四个组轮流学习他们的课程,以四个小时为限,一部分人在进行体育锻炼或者履行公职时,另外一部分人则认真地听课。接着大家开始研究比较抽象的科学:数学、医学和其他学术,并经常举行热烈的讨论或辩论。之后,大家在各个科学或手工业部门中得到职务,在那里,他们可以取得很大的成就,因为每个人都由自己首领式的领导人指导工作。有时也让他们到田野和畜牧场去观察和学习农业和畜牧业;凡是精通技艺和手艺的人,只要是能很熟练地应用它们的人就会最受人重视和尊敬。"③在太阳城中脑体差别已经消除了。

到了18世纪末19世纪初,资本主义工业革命开始后,资本主义社会的各种矛盾由于生产力的迅速提高而显得更加突出。消灭阶级的思想萌芽在空想社会主义者中产生,三个杰出的空想社会主义者:圣西门、傅立叶和欧文,从不

---

① ［德］考茨基:《莫尔及其乌托邦》,关其侗译,生活·读书·新知三联书店1963年版,第212页。

② ［德］考茨基:《莫尔及其乌托邦》,关其侗译,生活·读书·新知三联书店1963年版,第213页。

③ ［意］康伯内拉:《太阳城》,陈大维等译,商务印书馆1997年版,第10、12页。

同的角度论述了此观点。圣西门(Saint-Simon)最早产生了消灭阶级的思想萌芽,在他所设想的"实业社会"中,他主张"一切人都应当劳动,都把自己看成属于某一工场的工作者",要求实行普遍劳动的原则。傅立叶(Fourier,C.)主张消灭三大差别,在未来社会的基层单位"法郎吉"中,将脑力劳动与体力劳动搭配进行,以消灭脑体差别。欧文(Owen,R.)认识到,城乡对立、工农对立以及脑力和体力劳动对立,不仅影响人们劳动兴趣,对经济是损失,而且对劳动者精神甚至肉体也有害。所以欧文设想创办"协和新村",力图把城乡、工农、脑力劳动和体力劳动结合起来,并提出教育和生产劳动相结合的思想。马克思对欧文的设想给予极高的评价:"正如我们在罗伯特·欧文那里可以详细看到的那样,从工厂制度中萌发出了未来教育的幼芽,未来教育对所有已满一定年龄的儿童来说,就是生产劳动同智育和体育相结合,它不仅是提高社会生产的一种方法,而且是造就全面发展的人的唯一方法。"①

3.2 马克思主义关于三大差别的思想

空想社会主义者虽然有光辉的思想,但他们生活的时代正处于资本主义上升阶段,无产阶级和资产阶级的矛盾还未充分展开。他们批评了资本主义社会中城乡之间、工业与农业之间、脑力劳动和体力劳动之间的对立所造成的问题,提出了消灭三大差别的理想,但没有认清三大差别产生的根源,以为三大差别的产生,仅仅是人们违背理性要求的产物,因此,空想社会主义者只研究人的理想活动,而将三大差别的消灭寄希望于统治阶级身上。这显然是错误的。列宁说:"空想社会主义者没能指出实际的出路。它既不会阐明资本主义条件下雇佣奴隶制的实质,不会发现资本主义发展的规律,也不会找到能够成为新社会创造者的那种社会力量。"②这个艰巨的任务,只能由无产阶级

---

① 《马克思恩格斯全集》第23卷,人民出版社1972年版,第530页。
② 黎克明、张庆:《关于三大差别的产生和灭亡问题》,《华南师范大学学报》(社会科学版)1975年第4期。

完成。

马克思主义认为，任何事物都有一个发生、发展和灭亡的过程。三大差别也不例外，它是一种历史现象，在人类历史的一定阶段上产生，也必将在人类历史的一定阶段上消灭。

三大差别是原始社会末期社会生产力发展到一定阶段，在社会分工的基础上产生的，而在奴隶社会初期转化为对抗性矛盾。历史上的第一次社会大分工是农业和畜牧业的分工，第二次大分工是农牧业和手工业的分工。第二次社会大分工以后，由于手工业需要自己的生产基地以及商品交换形成自己的集散地，于是城市从乡村中分离出来，形成了工业和农业、城市和乡村的差别。而后，商业又从手工业中分离出来，形成第三次社会大分工。同生产力的这种发展水平相适应的是，原先不脱离生产的部落首领和负责原始宗教文化活动的祭司，逐步地摆脱体力劳动，把自己的主要精力放在管理社会事务上，于是脑力劳动从体力劳动中分离出来，形成了脑力劳动和体力劳动的差别。

三大差别的产生是历史的必然，标志着社会的进步。恩格斯在《反杜林论》中指出："当人的劳动生产率还非常低，除了必要生活资料只能提供很少的剩余的时候，生产力的提高、交往的扩大、国家和法的发展、艺术和科学的创立，都只有通过更大的分工才有可能，这种分工的基础是从事单纯体力劳动的群众同管理劳动、经营商业和掌管国事以及后来从事艺术和科学的少数特权分子之间的大分工。"①三大差别的产生尽管是历史上的一大进步，但这是一种在阶级对抗中，在多数人被少数人在经济上剥削、政治上压迫、精神上奴役的矛盾中的进步。恩格斯在《家庭、私有制和国家起源》一文中指出："由于文明时代的基础是一个阶级对另一个阶级的剥削，所以它的全部发展都是在经常的矛盾中进行的。生产的每一进步，同时也就是被压迫阶级即大多数人的生活状况的一个退步。对一些人是好事，对另一些人必然是坏事，一个阶级的

---

① 《马克思恩格斯选集》第 3 卷，人民出版社 2012 年版，第 561 页。

任何新的解放,必然是对另一个阶级的新的压迫。"①城乡对立、工业与农业对立、脑力劳动与体力劳动之间的对立,随着社会的发展日渐尖锐。到了资本主义社会,这种对立已经发展到顶点。

欧洲进入中世纪封建社会后,城市(工业)和乡村(农业)的对立表现出它的特殊性:从"城市在经济上统治乡村"变成了"乡村在经济上统治城市。"②"从中世纪的农奴中产生了初期城市的城关市民;从这个市民等级中发展出最初的资产阶级分子。"③"它在封建领主统治下是被压迫的等级,在公社里是武装的和自治的团体,在一些地方组成独立的城市共和国。"④所以,恩格斯说:"资产阶级反对封建贵族的斗争是城市反对乡村、工业反对地产、货币经济反对自然经济的斗争。"⑤

随着资产阶级战胜封建贵族,封建社会被资本主义社会所代替,城乡对立由于现代机器大工业的发展而达到了它的顶点。"资产阶级使农村屈服于城市的统治。它创立了巨大的城市,使城市人口比农村人口大大增加起来,因而使很大一部分居民脱离了农村生活的愚昧状态。"⑥在资本主义制度下,乡村是资本主义大工业的原料供应地和商品销售市场,资本家以他们自己所规定的高昂的工业品价格和低廉的农产品收购价格的"剪刀差"来剥削农民。资本家穷奢极欲纵情享乐的大城市和衰落破败的农村,形成了鲜明的对照。

脑力劳动和体力劳动的对立,发展到资本主义社会,具有新的特点,"资产阶级抹去了一切向来受人尊崇和令人敬畏的职业的神圣光环,它把医生、律师、教士、诗人和学者变成了它出钱招雇的雇佣劳动者。"⑦资产阶级高价雇佣

---

① 《马克思恩格斯选集》第4卷,人民出版社2012年版,第194页。
② 《马克思恩格斯选集》第4卷,人民出版社2012年版,第182页。
③ 《马克思恩格斯选集》第1卷,人民出版社2012年版,第401页。
④ 《马克思恩格斯选集》第1卷,人民出版社2012年版,第402页。
⑤ 《马克思恩格斯选集》第3卷,人民出版社2012年版,第544页。
⑥ 《马克思恩格斯选集》第1卷,人民出版社2012年版,第405页。
⑦ 《马克思恩格斯选集》第1卷,人民出版社2012年版,第403页。

这些人,以便利用他们统治和愚弄体力劳动者。脑力劳动和体力劳动的对立,在资本主义制度下,发展到了最尖锐的程度,体力劳动者下降成为机器的奴隶。资本主义的庞大的物质财富和精神财富,是以牺牲工人的肉体和精神、把工人变成畸形的人而积累起来的。

资本主义的发展,一方面使三大差别矛盾尖锐化,另一方面也为消灭三大差别创造了物质条件。社会生产力的发展,使得工业化生产有可能不受环境限制地尽可能平衡地分布于全国,使城乡差别的消灭成为可能。生产技术的发展,从根本上改造农业技术、促使农业实现高度集约化,把传统农业生产逐渐演变为工业化农业生产,可以有效地缩小工农差别。

3.3　三大差别消亡的历史漫长性

三大差别的消灭要依赖于生产力、生产关系的不断发展,生产力和生产关系的矛盾运动是引起社会革命的根本原因。消灭三大差别不是一蹴而就的。社会生产关系的变革依赖于政治变革,从资本主义社会到社会主义社会的转变,只能由无产阶级的政治革命来完成。只有通过社会变革和生产力的高度发展,使复杂的社会结构成为单一的社会结构,使由于强制性的社会分工被肢解了的局部的人,成为掌握了多种技能的、可以在各个领域从事活动的、其才能得到全面发展的自由人,三大差别问题才能最终得到解决。

马克思在《哥达纲领批判》一文中,首次提出未来共产主义社会的发展阶段问题,并且进行全面论述。

首先,马克思论述了未来共产主义社会的一般特征。他认为,未来共产主义社会是"一个集体的、以共同占有生产资料为基础的社会",除了个人的消费资料,没有任何东西能够成为个人的财产,消除了凭借生产资料的占有剥削他人劳动的条件,从而消除了剥削制度和剥削阶级,不存在阶级差别;个人的劳动直接作为社会总劳动的构成部分而存在。其次,马克思指出共产主义社会的发展阶段问题,按其成熟程度不同,共产主义社会的第一阶段或低级阶段,是指"经过长久的阵痛刚刚从资本主义社会里产生出来的"阶段,在这一阶段上,由于共产主义社会刚刚从旧社会中脱胎而来,"因此它在各个方面,在经济、道德和精神方面都还带着它脱胎出来的那个旧社会的痕迹。"①共产主义社会的第二阶段或高级阶段,是指在共产主义第一阶段的基础上发展起来的阶段,按照马克思的说法,"是在它自身基础上已经发展了的"共产主义社会。再次,马克思对社会发展阶段中的"过渡时期"的概念进行了论述,他指出:"在资本主义社会和共产主义社会之间,有一个从前者变为后者的革命转变时期。同这个时期相适应的也有一个政治上的过渡时期,这个时期的国家只能是无产阶级的革命专政。"②

从马克思在《哥达纲领批判》中的论述可以看出,从资本主义灭亡到共产主义高级阶段最终建成,要经过三个历史时期:第一个时期是过渡时期,即无产阶级夺取政权,建立无产阶级专政,把生产资料集中到国家手里,为建立以生产资料公有制为基础的共产主义社会创造条件;第二个时期是共产主义的低级阶段,即在共同占有生产资料的基础上大力发展社会生产力,为共产主义高级阶段创造条件;第三个时期是共产主义的高级阶段,即在生产力高度发展的基础上实现每个人的自由和全面发展。

由此可见,从资本主义过渡到共产主义要经过社会主义阶段,而且是个漫长的过程,因此,三大差别的消亡也要经历一个漫长的历史过程。

综上所述,生产方式的变革是聚落复归的根本条件,其目的是实现人的全面发展。聚落发展的规律是振荡复归过程,即聚落由集中走向分散,而资源利用方式的改变又为生产的分散从而聚落的分散提供了有利条件。人类的聚落由分散走向集中,又由集中走向分散,这是一个否定之否定的螺旋式上升过程。相应地,聚落心理将由"经济人"心理主导的物缘心理,演变为"经济人"心理与自然人心理平衡的随缘心理。

---

① 《马克思恩格斯全集》第 19 卷,人民出版社 1963 年版,第 21 页。
② 《马克思恩格斯全集》第 19 卷,人民出版社 1963 年版,第 31 页。

城乡差别、工农差别与脑体差别是相互交融的三大差别,其消亡不是一蹴而就的。从空想社会主义者到马克思主义经典作家,都曾极力寻找消灭三大差别的方法与途径,但只有马克思主义经典作家指出了一条科学的途径。三大差别的消灭不仅要依赖于生产力的高度发展,同时还要依赖于生产关系的调整,实现国际社会和国内社会的公正。只有这样,才能使由于强制性的社会分工被肢解了的人,成为掌握了多种技能的、可以在各个领域从事活动的、全面发展的自由人。

人类聚落的辩证复归是一个充满了心理冲突和社会冲突的复杂过程,预计这个过程不是一次可以完成的。按照现代自组织理论,复杂系统的进化过程是一个协同整合的超循环演变过程。尽管从集中走向分散是富有吸引力的发展方向,但实践中又会出现不断反复。所以这是充满振荡的超循环过程,是对否定之否定的哲学规律的发展。聚落发展的反复振荡特征,往往使得人们对未来的聚落复归难以置信。这个问题的解决,将会为关于城市发展前途的论证提供一个全新答案。

人类聚落的发展阶段与人的个体发展阶段是完全一致的,人的个体发展的第二阶段虽然是一个险象环生的阶段,但它又是人的个体发展中不可逾越的阶段,不如此就不能实现人的全面发展。相应地,城市化也是人类聚落发展过程中的一个必经过程,不如此就不能实现聚落的生态化。所以,我们既要积极推进人类聚落的集约化发展,同时又要对聚落发展的前景有清醒的认识,最大可能地减少城市化的代价,为聚落的辩证复归创造条件,这是漫长的历史阶段。

四、后城市化聚落的超循环实现路径

人类的聚落从产生之时就是一个自组织系统,它的形成与发展都与聚落主体的需求密切相关。聚落形式的复杂化呈现出超循环的状态,即从人类早期的聚落点到今天的高度城市化过程,都是由亘古不变的人类需求所推动并日臻完善的。目前,高度的城市化成为人居聚落发展的高端模式,但也带来了不可避免的城市问题。解决城市化困境成为学界共同面对的问题,研究焦点主要集中于城市对乡村的消解方式与途径,事实上,城市化问题的解决,仅仅在城市中去寻求方法是难以得到满意答案的。以超循环理论为基点,探寻人居聚落的走向问题,为摆脱城市与乡村之间的两难抉择,实现城市与乡村在城市化语境下共同发展提供了理论依据。

"城市是人类文明的典型产物,在这里展现了人类所有的成就和失败。公共建筑、纪念碑、档案馆以及公共机构就是我们的试金石,通过它们的检验,人类的文化遗产得以代代相传。我们塑造了城市,城市也塑造了我们。今天,地球上有将近一半的人口生活在城市,到 2030 年,这部分人口很可能达到三分之二。"①目前,中国的城市化也进入高速发展阶段,《2012 年社会蓝皮书》指出,2011 年中国城镇人口占总人口的比重,数千年来首次超过农业人口,达到 50%以上。这是中国城市化发展史上具有里程碑意义的一年,标志着我国开始进入以城市社会为主的新成长阶段。继工业化、市场化之后,城市化成为推动中国经济社会发展的巨大引擎。但城市化困境已经成为世界各国发展的瓶颈,因此城市化问题的解决成为学界研究的焦点。在城市化困境中以生态环境的破坏最为突出,但就在城市问题中解决困境,事实证明已经是不可能的,因此应该从人居聚落的角度来对待城市化困境问题,应该可以找到解决困境的有益方法。

1. 聚落系统发展过程的超循环分析

聚落系统是由聚落空间、聚落主体和反映聚落主体群体心理的聚落心理三部分构成的,承载着与之相适应的生产方式。"思想、观念、意识的生产最

---

① [美]约翰·里德:《城市》,郝笑丛译,清华大学出版社 2010 年版,第 1 页。

初是直接与人们的物质活动,与人们的物质交往,与现实生活的语言交织在一起的。人们的想象、思维、精神交往在这里还是人们物质行动的直接产物。"①聚落作为承载人类生存的空间载体,在稳定的基础上不断调整与主体需求之间的矛盾,对于聚落发展的振荡复归过程是超循环的演化过程。

在聚落空间中进行的社会物质生产通常的三种方式是:生命演化的方式不断地进行着自身的生产和他者的生产,成就了社会生活本身,物质资料的生产是人类的"第一个历史活动",也是永远要进行下去的活动,聚落承载了人类生产活动的一切形式,即为物质生产活动提供物质资源、实现人与自然交往以及提供精神生产的现实模本,因此聚落模式的差异也就打上了物质资料生产方式的标签,以物质资料生产方式的不同,区别为原始聚落、乡村聚落和城市聚落。"人的生产"即人口的繁衍和增殖,任何主体都是生活于聚落中的主体,不同的聚落主体有其不同的特征。从聚落的角度看,人口的繁衍与增殖就是聚落主体的自身生产过程。精神生活的生产主要是"思想、观念、意识的生产",它是聚落主体对聚落中的物质资料生产的能动反映,是聚落主体对聚落模式需求的反映,是由多个聚落中生存的主体心理聚合而成的,在聚落的产生、发展与演变中起着主导作用。聚落心理是聚落系统区别于一般生命系统的本质规定。聚落系统不仅包括聚落、主体与心理的纵向复制循环,而且也存在着横向的自催化循环。

从聚落主体的生产、聚落中物质生活资料生产到聚落心理的生产再到聚落主体这个循环来看,它们是自催化的超循环过程,在聚落发展的循环中是聚落主体贯之如一的需求。聚落的生产为物质生活资料的生产以及主体的自我生产提供存在空间。同时,聚落主体作为被动的存在物,从自然界不断摄取能量的需要,推动着人类的物质生活资料的生产;物质资料的生产为聚落心理的生产不断提出新的问题域,同时又为它提供所需要的物质条件;聚落心理的生

---

① 《马克思恩格斯选集》第1卷,人民出版社2012年版,第151页。

产对聚落主体的生产来说,是实现聚落主体向更高层次转化的机制。事实上,如果没有语言和文化对人的教化,聚落主体的生产就会成为一般动物的繁殖,而语言和文化正是精神生产的产物。在这个闭合的环中,每个因素不仅能够自我复制,而且对下一个因素起着促进的催化作用。从这个闭合环的反向循环来看,聚落主体的生产推动聚落心理,即广义地讲,"语言也和意识一样,只是由于需要,由于和他人交往的迫切需要才产生的。"①当然,语言和意识的存在也要受到主体自身自然因素的制约,并且随着人的交往的发展而发展。

以聚落心理为核心的精神生产,将自然物抽象为符号,形成以地域为标志的物质生产所必需的实践观念,使聚落主体的交往成为有意识、有目的的能动的实践活动。同时,以聚落心理为表征的精神对使人类的物质资料生产活动从自发的经验性的总结,逐渐发展为预见性的指导,促使人类的物质生产活动日益发展。特别是由于精神活动催化作用下的物质生产,总是呈现出多种多样的创造方式,转化为更多的社会能量,满足日益增长的人口的需要,实现了聚落主体的稳定性。从上述分析中我们看到,聚落系统中对人类活动本身的复制循环,是在循环中的复制和复制过程中的循环,这种复制循环中的自催化是社会系统进化的机制。具体过程如图1所示。

通过对聚落系统发展的规律性认识,每种聚落形式都是在保持自身稳定的前提下,衍生出新的聚落模式。由此可知,当现有聚落模式不能满足主体需要时,聚落模式就会出现分化。目前城市聚落,特别是高度集中的聚落城市化进程带来了不回避的生态问题,我们有理由相信人居聚落将由高度的集中走向适度的分散,而且此过程是一种历史必然。由于主体需求的复杂化,人居聚落的走向会呈现出不断往复的振荡过程。

---

① 《马克思恩格斯选集》第1卷,人民出版社2012年版,第161页。

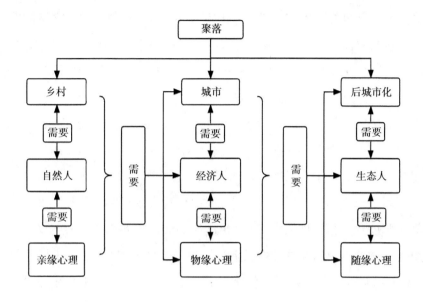

图1

2. 乡村与城市发展的超循环过程

　　乡村聚落的自复制循环是由乡村聚落的物质资料简单再生产方式、亲缘心理的生产方式到自然人的生产方式,再到乡村聚落物质资料简单再生产所构成的。在乡村聚落中家庭式的物质资料简单再生产的方式,以规模小、方式单一为特征。这种物质资料的生产方式限制了精神生产者的独立,强化了精神生产的依附性。因此,乡村聚落中的精神生产主要是亲缘心理,即以血缘为基础的社会心理。自然人的生产由于家庭式生产方式及其结果使得聚落主体对生存需求的满足只能维持在很初级的水平。而聚落主体数量的增加成为物质资料生产方式规模扩大的主要原因,但它在动力的来源上受到限制,只能在原有的方式上进行循环。聚落系统中的各要素均在自复制,同时对其他部分起着催化和巩固的作用,是典型自催化的超循环过程。从反向循环来看,聚落中物质资料的生产是以家庭为单位的,是在简单再生产水平上进行的,扩大生产与规模的前提是聚落主体的再生产,即乡村聚落中的自然人的再生产,形成了稳定的人口增长机制,也促进了乡村聚落的稳定。但随着乡村聚落的发展,人口数量的增长与自身质量偏差,仅以血缘关系为特征的精神生产,因内在需要缺乏而缺少发展的动力,很少关注生产过程中人与自然的关系和对自然规律的探索。只关注人文伦理的方向,却因此阻碍了精神生产范围的扩大,使得科学和文化教育事业发展速度始终较为缓慢。这种关注人文伦理领域的单一精神生产,不能为物质资料的生产提供更多的精神支持和对自然的认识成果,使得物质资料的再生产只能在原来的水平和规模上循环,使乡村聚落不断地按照同一形式把自己再生产出来,因此乡村聚落成为人类聚居史上最主要的聚落模式,而且也塑造出与之相适应的经济增长与人口增长方式。但是由于乡村聚落中的经济的增长促进了聚落主体的增长,正如韩非子所说:"大父未死而有二十五孙。"马尔萨斯指出:"人口若不受到抑制,会按几何比率增加。"①事实上,聚落主体的迅速增长也造成了聚落模式以及生态环境不同程度的受损,以至于产生了自然人的增长与乡村聚落生产方式的深刻矛盾。这正是在乡村聚落自循环过程中发生破缺,并逐渐形成新阶段的催化剂。

城市聚落的自复制循环。从城市聚落的物质资料再生产方式、物缘心理的生产方式到"经济人"的生产方式,再到城市聚落物质资料再生产循环来看,城市聚落的物质资料再生产方式是机器大工业模式,工厂式的物质资料生产的方式,以规模宏大、方式多样为特征。这种物质资料的生产方式促进了精神生产者的独立,凸显了精神生产的独立性。因此,城市聚落中的精神生产主要是物缘心理,即以"物"为基础的人与人的关系的主观反映。城市聚落中的主体则可称为"经济人","经济人"指的"是微观经济学理论得以建立的假设条件之一,被规定为经济活动中一般人的抽象;其本性是自利的,其行为是合乎'理性'的。即总是一定约束条件下寻求讨价还价,以追求效用最大化方式

---

① [英]马尔萨斯:《人口原理》,朱泱等译,商务印书馆1996年版,第10页。

行事,力图以最小的经济代价去追逐和获得自身的最大经济利益。"①"经济人"的生产是由机器大工业的生产方式决定的。在物质资料的生产过程中,可以对聚落主体的物质需要给予高水平的满足。"经济人"的生产则以生产资料的多少为主要标尺,特别是由所获得的劳动报酬来决定人口的增长率与增长速度。这三方面中的每个部分都是在完成着自身复制的同时,对其他部分起着催化和巩固的作用,按照超循环理论来看,这正是一种自催化的超循环过程。

通过对聚落系统的超循环过程的描述,可以看到无论是乡村聚落还是城市聚落都是稳定的。聚落系统是自创生系统,它在主体与心理以及物质空间的生产过程中通过系统自身的催化和各要素之间的交叉催化循环,产生新的能量流,实现系统的自我维持。拉兹洛在《进化——广义相对理论》一书中指出,"着眼于技术和社会这两个因素,我们就可以清楚地看到社会发展过程中的一系列动态相变。……游牧部落转变为定居的农耕—放牧社会;农耕—放牧社会推进灌溉、轮作以及其他技术,然后转变成农业社会;农业社会发展出手工业技术和简单的制造技术,然后得以转变成工业社会;工业社会受到以信息和定向通信技术为主的新技术的推动,进化到后工业社会。"②这正说明了聚落系统的超循环过程。

在聚落系统从无组织聚落到乡村聚落,从乡村聚落到城市聚落以及聚落城市化的进程中,乡村聚落与城市聚落是最稳定的聚落形式,特别是城市是人类社会文明史上的重要记录器,是人类物质生产的重要孵化器。但由于城市的高速扩张、聚落主体的高度集聚,所形成的生态困境的现实状况,使聚落主体的自然人需要受到压抑或损害,导致聚落主体对聚落的更高度集中态势产

---

① 周家超:《经济人理论:渊源、演进及启示》,《成都纺织高等专科学校学报》2005 年第 7 期。

② [美]E.拉兹洛:《进化——广义综合理论》,闵家胤译,社会科学文献出版社 1988 年版,第 98 页。

生了质疑。细究其原因,不难发现,聚落城市化困境的实质就是由于聚落主体及心理需要与聚落的物质条件之间的不匹配。按照超循环理论所揭示的社会发展规律则说明,此时分叉的出现说明城市与乡村的同一性与对立性,而分叉召示出由于聚落心理的变化会带来对聚落模式选择上的变化,即因为城市化的生态困境,使原有的稳定聚落模式不能保证生活于其中的主体的自然需要,也间接影响了聚落主体的物质需要,甚至威胁到聚落主体的自身生产与再生产,反过来必然促使聚落心理发生相应的改变,以至于引导聚落向新方向发展甚至向相反的方向发展。

3. 聚落发展的振荡复归过程

城市聚落与乡村聚落在人类发展的历程中以稳定的形式承载着人类社会进步,以分散和集中两种形式展开,但由于工业革命后,城市化甚至高度城市化进程,特别是高度集中所带来的城市化困境,促使聚落主体出现解构城市聚落的趋势,即从高度的集中走向适度分散的趋势。只是这个过程不是一蹴而就的,它的实现经由聚落心理的多次耦合逐渐聚合而成。这种由高度集中走向适度分散的多次往复过程,正如物理学中的振荡作用,即表现为围绕某一平衡位置上下摆动的过程统称为振荡,事实上,无论是自然界还是社会领域,振荡现象普遍存在,聚落发展也具有同样的特点。

振荡的过程不但存在于每一事物的任何发展阶段中,而且贯穿于事物发展进程的始终。事实上,所有的事物都处于矛盾之间,而且有矛盾必然要有斗争,有斗争就会产生反复的振荡。唯一的差别就是振幅的大小。在质变过程中振荡幅度大,在量变过程中也就是通常稳定的状态中,振荡幅度微小。所以相对的稳定总是暂时的,而发展的常态是以振荡呈现出来的动态模式。按照量子力学理论,通常在热力学中所谈到的绝对零度,物质往往也有微幅振荡,可以呈现出微小能量。因此,量子力学理论证明,振荡是运动物质存在形式中的一种。

聚落发展的动力是"经济人"与自然人的矛盾,有两个层面的特征,其一,在空间分布上表现为分散与集中的矛盾;其二,在精神领域表现为亲缘心理与物缘心理的矛盾。分散的聚落中有稳定的亲缘心理作为内部凝聚力,因此形成相对稳定的结构。同样,集中的聚落中由物缘心理作为其凝聚力,也会在寻求物欲满足的漫长过程中保持相对稳定的状态。

聚落模式与主体心理并非同步发展,聚落心理是缓慢的积累过程,它与聚落空间分布之间总是会出现从不适应到适应,再到新的不适应的过程。这样就会引起聚落模式的变化,以满足人们的心理需求。聚落心理的发展具有惯性,而且持续的时间很长,乡村聚落中的亲缘心理在城市聚落的吸引下,逐渐发生变化,当亲缘心理一旦离开以乡村为基础的平衡点后,就会受物缘心理的吸引,出现一个将它推向平衡点的反抗力,即聚落心理反弹力。

因此,聚落发展的一般规律就是,从聚落模式来看由分散到集中再到分散再集中的不断振荡的过程。而且在每种聚落模式中也存在微幅振荡,最终达到平衡点。在聚落模式内部该规律则表现为由平衡—振荡—平衡—振荡,往复发展无限发展的过程。

无论是发达国家还是发展中国家的城市化过程,都是由于物缘心理的不断发展直至异化的一种反映。目前在发展中国家又普遍出现了过度城市化与滞后城市化,都是典型的人居聚落发展的振荡现象。人居聚落通过聚落心理的不断反复振荡选择后,逐步地实现了稳定发展。同时又会出现新的聚落模式与旧的聚落心理之间的失衡发展,当各种聚落心理彼此抗衡而优劣比较最终形成一种合力,当聚合到一定程度时,新的聚落心理形成,此时对于聚落的选择又将会再次冲破已有的平衡状态,通过振荡运动,在更高、更新一级的聚落模式中实现新平衡并进行稳定发展。聚落发展的过程已经经过了前聚落—乡村聚落—城市聚落(城市化)—反城市化(逆城市化、郊区化以及新城市主义等),其空间的表现就是从分散到集中再到新分散的过程,如图2所示。

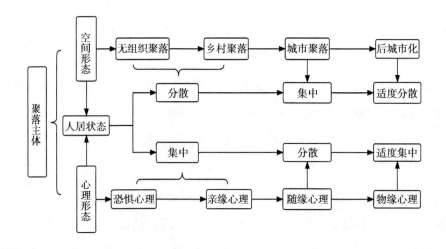

图 2　聚落发展过程

4. 适度分散的后城市化聚落

聚落发展的振荡过程,对否定之否定规律提出新问题。聚落发展是人口由集中到分散的过程,但由集中到分散不是一维的过程,而是在不断的选择中,所以由集中到分散不是一次完成的过程。社会心理是对主体需要的反映,主体需要与聚落选择是不断协调的过程。由于聚落与社会心理发展的不平衡性,所以对聚落的选择是多次磨合形成的。在过分集中的聚落中,内部压力过大,自然出现分散的趋势,比如在城市化中的反城市化运动、郊区化运动、逆城市化运动曾一度掀起热潮。这正是城市聚落中主体有远离城市的心理需要的体现,但当该需要被实现时,主体又有一种被城市边缘化的感觉。所以新城市运动再次兴起。最终适合主体需要的聚落形成是一个多次振荡反复的过程。

后城市化聚落是聚落模式多次复归中的一次,是实现对传统模式的扬弃过程。后城市化聚落必须保持原有传统聚落中的合理要素,不能完全否定,而且其中合理的部分还要更充分地发挥作用。从聚落系统分析,后城市化聚落中的社会心理则呈现出随缘心理的特征,即随缘心理的基点是克服亲缘心理中人与自然关系的束缚,以及物缘心理中人与人的关系束缚。随缘心理要求对自然规律顺从、服从,是一种理性的心理表现。① 由随缘心理的驱使,后城市化聚落必然呈现出自然性、高效性与多样性的特性。

---

① 计彤:《聚落演变与社会心理研究》,《自然辩证法研究》2008 年第 7 期。

第五章 生态文明与中国 聚落生态化进程

新时代以来,中国生态文明建设取得巨大成就,"我们坚持绿水青山就是金山银山的理念,坚持山水林田湖草沙一体化保护和系统治理,全方位、全地域、全过程加强生态环境保护,生态文明制度体系更加健全,污染防治攻坚向纵深推进,绿色、循环、低碳发展迈出坚实步伐,生态环境保护发生历史性、转折性、全局性变化,我们的祖国天更蓝、山更绿、水更清。"①生态文明建设从理论建设时期,转入实践深化期,人与自然和谐共生的现代化成为习近平生态文明思想的最新理论成果,成为新时代以来以习近平同志为主要代表的中国共产党人在深刻反思传统现代化弊端基础上对现代化的重新定位,是最为集中彰显出中国式现代化新道路和人类文明新形态的一个重大聚焦点、创新点和闪光点。党的二十大报告指出"人与自然和谐共生现代化"成为生态文明建设新的历史标的。

一、生态文明与中国式现代化路径选择

党的二十大报告指出中国式现代化是人与自然和谐共生的现代化。纵观

---

① 《习近平著作选读》第一卷,人民出版社 2023 年版,第 9—10 页。

工业文明的三百年历程,现代化成为其追求的目标,极大地推动了人类文明的进步,"资产阶级在它不到一百年的阶级统治中所创造的生产力,比过去一切世代创造的全部生产力还要多,还要大。"①但随着工业现代化的不断推进,逐渐暴露出其弊端,以生态环境问题最为显著,日益成为全球共同面对的发展瓶颈,因资本而细化分立的不同政体,又因环境的窘迫再次形成共识。世界各国积极探索突破环境与发展的困局,破解环境与发展两难抉择。先发工业化国家率先遇到环境灾害,从局部作出相应的回应,试图走生态与现代化叠加之路。

1. 工业现代化进程中的生态实践探索

"马克思已经形成了'现代'的科学概念"②,并进行了科学的划分,即工业革命后人类社会进入了现代社会,依据生产方式的差异进行划分,工业化带来了现代化,同时工业化大发展也带来了环境问题。

1.1　现代化进程中生态环境问题的滋生

工业革命离不开近代科学的理论支撑,近代科学认识世界的方式和方法不断渗透并融入人的价值观中,对人与自然之间的关系也产生新的认识。自然被看作是一个受支配的纯粹的客体,被视为满足人的需求的利用物。人类肆无忌惮地加深对自然的开发利用,忽视工业、生活污染问题,对生态环境的破坏越来越严重,出现了全球性的生态危机问题。

20 世纪 50 年代,发生了世界性的"八大公害事件",这里无须再进行赘述。当时的这些环境问题,已经成为严重危害当地居民生存和健康的巨大隐患,受到了人类社会的巨大关注,引发了大规模的环境保护运动,逐渐在社会领域中形成了自觉保护环境的意识。虽然,这些环境问题造成的危害十分严

---

①　《马克思恩格斯选集》第 1 卷,人民出版社 2012 年版,第 405 页。
②　罗荣渠:《现代化理论与历史研究》,《历史研究》1986 年第 3 期。

重,但在 80 年后的当下看来,这些问题实际上是属于局部的环境污染事件,无论从污染的范围还是从治理的能力范围上来看,还只是限定在这几个事发国家之内。

全球化时代的到来,环境问题也从局部性问题扩展为世界性的问题。一方面,全球化带动了工业现代化的世界蔓延,发展中国家也纷纷加入到工业化的大队伍中来。这使得由发展模式带来的生态危机成为每一个国家都会面临的问题。另一方面,资本主义国家意识到工业化的弊端后,相对于治理而言,转嫁污染物则成本低见效快,由此一边转运垃圾,一边将有污染的产业转移到发展中国家。以上两个原因都使得环境问题不再是先发工业化国家特有的,而逐渐演变为一个全球性问题。生态危机不仅仅是环境污染的问题,乔纳森·休斯在《生态与历史唯物主义》一书中,专门讨论了生态危机是什么,认为除了环境污染问题外,生态危机还包括资源的枯竭和自然生态系统的破坏。现实中,这两方面的生态危机问题也越来越突出。以上种种问题都在严重威胁世界各国的未来发展,因此世界各国纷纷开始反思现代化,对工业化进行生态转向。

1.2 现代化语境下的理论反思

相距 10 年,两部醒世作品问世,即蕾切尔·卡逊《寂静的春天》以及罗马俱乐部《增长的极限》,引发了人们对环境问题的担忧,敲响了西方发展与环境博弈的警钟。人们开始反思现代化的未来发展问题,世界各国对环境问题的认识产生了许多研究成果,也纷纷形成了多种理论流派。

最具代表性的就是"可持续发展"的全球效应。1987 年联合国世界环境与发展委员会发表了题为《我们共同的未来》的报告,首次提出了"可持续发展"①概念,一时间成为引领全球发展的理念。可持续发展理论要求我们的发

---

① 世界环境与发展委员会:《我们共同的未来》,吉林人民出版社 1997 年版。

展在满足当代发展需求的基础上,不能损害子孙后代满足其需要的发展。

生态学马克思主义的表态。面临生态危机,人们基于不同的理论,试图寻找危机的根源。生态学马克思主义用马克思主义立场和观点来看待资本主义的环境问题。在马克思本人是否有生态思想这个问题上,国外学者也产生了激烈的争论。但生态学马克思主义坚决认为马克思具有生态思想,而且马克思对生态危机本质的认识和对生态问题的分析具有现代意义和优势。主要的代表人物有威廉·莱斯、本·阿格尔、詹姆斯·奥康纳、约翰·贝拉米·福斯特等。他们坚持马克思的历史唯物主义立场,将环境问题的产生放在社会实践中,放在社会关系下,放在生产方式等层面来分析,从批判资本主义生产方式和制度出发,认为只有变革社会制度,才能从根本上解决生态危机。

可持续发展理论更多的是为我们提供一种发展的理念,体现出对美好愿景的追求,但是在一些关键问题上并没有给出进一步的具体说明,例如可持续应是怎样的,如何实现可持续,方式是什么,不同领域、不同阶层的人对可持续的理解也不一样,因此在行动上必然会产生分歧,因此有学者认为可持续发展是一种"理想愿景的碎片化。"①

生态学马克思主义为解决生态危机提供了大致的方向,认为解决生态危机问题,必须要废除资本主义制度,走向共产主义。但是在资本主义仍占据主导地位的西方国家,这种理论没有条件得到运用和实践,而且还招致理论界对马克思生态观的质疑和争论。

与此同时,西方产生了一种新的现代化理论,旨在解决环境和发展的矛盾问题,而且确实将理论转换为实践,并在西欧各个国家取得不错的成效,这种理论就是生态现代化。

---

① 朱林、刘爱莲:《工业化进程中我国生态文明建设的路径替代——基于可持续发展与生态现代化两种方案的考察》,《求实》2010 年第 7 期。

1.3　西方生态现代化理论的出场

西方生态现代化,产生于 20 世纪 80 年代的欧洲,有将近 40 年的历史。约瑟夫·胡伯(J.Huber)被公认为是生态现代化理论的提出者。他主张"通过技术创新实现和进步来推动生产转型"①的超工业理论。马丁·耶内克因受到中国"四个现代化"概念的启示,提出了"生态现代化"概念,"将生态现代化作为一种环境政治理论"②,提出了"预防性原则"③并将其和技术革新、市场机制、环境政策作为生态现代化的四个核心要素。阿瑟·摩尔(Arthur P.J. Mol)也是一位生态现代化理论的主要代表人物,其对不同时期生态现代化研究的主题内容进行了概括。这也被学者公认为是生态现代化研究的三大发展阶段。莫尔更多的是将生态现代化视为一种社会变革理论,试图通过市场和政府机制的调整来实现环境改革。克里斯托弗划分了"强生态现代化和弱生态现代化"两种类型。弱化的生态现代化,强调利用技术手段解决环境问题。还有一种是强化的生态现代化,意味着公众的生态意识不断提升并参与到环境政策制定的过程中,强化的生态现代化是克里斯托弗主张建立的。《世界范围内的生态现代化——论点和关键争论》④一书中,列举出西欧国家生态现代化的实践,并取得巨大实效的例子,向我们阐明了生态现代化的未来前景和趋势。但是在书中作者也对各个国家生态现代化的实践进行了理论反思,对生态现代化理论不断作出完善。

目前理论界并没有给出生态现代化的具体定义,对生态现代化的理解也

---

① 杜明娥等:《生态文明与生态现代化建设模式研究》,人民出版社 2013 年版,第 145 页。

② 马丁·耶内克、李慧明、李昕蕾:《生态现代化:全球环境革新竞争中的战略选择》,《鄱阳湖学刊》2010 年第 2 期。

③ 郇庆治、马丁·耶内克:《生态现代化理论:回顾与展望》,《马克思主义与现实》2010 年第 1 期。

④ [美]阿瑟·摩尔:《世界范围内的生态现代化——论点和关键争论》,商务印书馆 2011 年版,第 21—61 页。

可以从多个角度来进行,可以将其作为发展的手段,也可以作为现代化的未来指向和结果。虽然"生态现代化"概念没有统一的界定,但是其理论主旨很明确,即实现生态化和现代化的统一。看似简单的命题,但要使现代化和生态化之间的矛盾得到解决并不是简单的一件事。西方国家的生态现代化实践从机制到技术以及公众意识等方面作出了配套性的改革。

生态现代化理论在缓和环境和发展的矛盾方面确实取得很大进展,但是生长在西方现代化以及资本主义语境下的理论是否是适合我国,我们要从学理上进行反思。面对西方现代化的生态转向我们要探究其理论是否能从根源上真正解决生态危机,在不断反思和对话的过程中,逐渐汲取理论精华,实现我国生产方式的科学转变。

2. 中国现代化进程中的生态转向

近代以来,资本主义在全球的贸易活动,将世界范围内各个"地区先后裹挟进现代化的进程之中"①,我们就是其中之一。资本主义的工业现代化发展模式被我们作为模仿的对象,虽然提高了自己的现代化水平,但在生态环境上也带来相应的问题。面对中国在现代化进程中所产生的问题,我们要站在历史的角度上科学看待,不能把所有问题的原因都归结于现代化本身,从理论上阐释清楚,才能切实解决我国的实际问题,为我国未来的现代化之路提供发展的思路。

2.1　生态缺位制约着中国的工业现代化进程

时代的任务让我国在现代化的早期进程中只关注了发展的速度,而忽视了发展的质量,给我国的生态环境带来了巨大的挑战。

首先,能源资源的匮乏。我国的能源总量可观,但是人均资源的占有量却

---

① 胡承槐:《改革开放四十年的历史地位和意义》,《特区实践与理论》2018 年第 4 期。

很低,而且我国的资源分布也存在着地区差异,从南水北调工程中我们就可以发现这一点。随着经济的增长和国家发展的需要,我国能源使用持续增长是一个基本的客观事实,根据最新的数据统计,我国能源消耗总量在逐年上升,由于能源再生的周期过长,过度消耗带来的能源资源储量下降呈现出不可逆转的状态。能源的匮乏已经成为全球发展的重要制约因素。

其次,生态环境污染。在聚落发展进程中,水、空气成为影响聚落主体生产生活的主导性因素,城市人口流动也受聚落中自然要素的影响。聚落区域内的微观水环境,城市与乡村的工业化生产方式,破坏了自然水体的生态模式,水源性与水质性缺水状况严重。首先是地下水的污染,"2017 年原国土资源部门对全国 31 个省(区、市)223 个地市级行政区的 5100 个监测点(其中国家级监测点 1000 个)开展了地下水水质监测。评价结果显示:水质为优良级、良好级、较好级、较差级和极差级的监测点分别占 8.8%、23.1%、1.5%、51.8%和 14.8%"①,而水质性缺水的占比近乎半数以上。空气污染几乎成为工业化城市的典型特征,无论是先发展的工业城市英国伦敦、美国洛杉矶还是中国北京,都无一幸免,似乎空气质量已经成为城市工业化水平最显性的非量化标准。空气质量的好坏也日益受到城市人的普遍关注。以中国为例,2017年"全国 338 个地级及以上城市,有 99 个城市环境空气质量达标,占全部城市数的 29.3%;239 个城市环境空气质量超标(不符合空气质量划定标准),占70.7%"。338 个城市"发生重度污染 2311 天次、严重污染 802 天次,以PM2.5 为首要污染物的天数占重度及以上污染天数的 74.2%",其中"48 个城市重度及以上污染天数超过 20 天",以上数据足以表明,城市空气环境污染形势一度极为严峻,近年虽大为改观,但随着高科技的不断发展,物理、化学品的广泛应用,环境问题依然要引起全社会的高度重视。②

最后,土壤消失引发生态系统溃败。中国的工业化进程呈现出与先发工

---

① 中华人民共和国生态环境部:《2017 年中国生态环境状况公报》,第 20—40 页。
② 中华人民共和国生态环境部:《2017 年中国生态环境状况公报》,第 20—40 页。

业化国家不一样的路径。新时代以来,中国正处于工业化发展的高速时期,工业用地以及农业工业化生产用地,严重破坏了土壤的存量与质量,以过度开垦、植被破坏、土壤沙化为最突出的表现,"中国现有土壤侵蚀总面积294.9万平方千米,占普查范围总面积的31.1%"。土地沙漠化也非常严重,"中国是世界上沙漠化严重的国家之一,中国沙漠化形势十分严峻,根据全国沙漠、戈壁和沙化土地普查及荒漠化调研结果表明,中国荒漠化土地面积大致为262.2万平方公里,占国土面积的27.4%,近4亿人口受到荒漠化的影响"。植物的多样性不断减少,对全国34450种高等植物进行评估后发现,"受威胁的高等植物有3767种,约占评估物种总数的10.9%",动物多样性随着土地沙化减少。中国4357种已知脊椎动物(除海洋鱼类)受威胁状况如下:"受威胁的脊椎动物有932种,约占评估物种总数的21.4%。"①这还仅是濒危的动植物数量,还有大量的动植物处于危险状态。

除此之外,还有辐射污染、声污染、海洋污染等,这些方面的统计数据也可以表明我国的生态环境仍面临着巨大的挑战。

2.2　中西生态环境危机的本质反思

城市人对于工业化对环境的影响最直接、最强烈,反思亦由此开始。工业化是社会现代化进程的必经之路,但工业化将城市与乡村完全解构,城市中的市民是工业生产的劳动力,乡村成为没有农民与乡民的空置聚落。对工业化的反思存在悲观主义与乐观主义两种思考。悲观主义从现状出发,乐观主义则落脚于工业化的未来。但思考的结果涉及两个问题,其一,什么是工业化?其二,为什么只有工业化才能实现现代化?

马克思恩格斯对生态危机的本质认识是通过对资本主义的现实批判而形成的。虽然有学者否认马克思恩格斯具有生态思想,没有明确对生态问题进

---

① 中华人民共和国生态环境部:《2017年中国生态环境状况公报》,第30—49页。

行系统的论证,但其对资本主义的现实批判中蕴含了对于生态危机的本质认识,在马克思恩格斯对资本主义的生产方式和制度进行的批判中,蕴含了对于生态环境的观照。马克思恩格斯在其文本的相关论述中都有对环境问题的描述,也表明马克思恩格斯意识到了资本主义社会的生产会带来的环境问题。恩格斯说:"曼彻斯特周围的城市……这是一些纯粹的工业城市……到处都弥漫着煤烟"①,文明使"森林荒芜,使土壤不能产生其最初的产品,并使气候恶化。"②马克思在《资本论》中指出:"文明和产业的整个发展……对森林的护养和生产所起的作用则微乎其微。"③马克思对环境问题的关注不是毫无目的的,而是为了挖掘出环境问题背后的深层原因,找出危机的本质。

马克思对资本主义的批判关键就是资本的逻辑,同时关注资本主义发展中的负产品,即对生态环境的破坏,事实而言,资本主义制度下的生态转型是无法从根源上解决环境问题的。按照资本的逻辑,即资本要求的无限扩张性以及资本家唯利是图和贪得无厌的本性,资本的本性就是不断地追逐剩余价值,马克思说:"资本只有一种生活本能,这就是增值自身,创造剩余价值。"④资本家受到了资本的控制,围绕着资本增殖的目标,盲目进行生产,创造更多的剩余价值,在生产过程中,劳动者不仅仅被异化,就连自然也难逃魔爪,使得自然丧失其自身存在的价值,成为纯粹的生产资料,从属于资本家,从而导致了对环境肆无忌惮的破坏。将资源资本化是生态危机的根源,也就是资本家逐利、利益最大化,责权不清的自然资源的无度占有所引发的恶果。

资本主义生产方式不断榨取剩余价值,资本主义制度作为一种上层建筑其实是服务于这样的生产目的的。资本主义制度的变革是从根本上解决人与自然以及人与人矛盾关系的有利手段。因此,西方资本主义工业化国家,为了

---

① 《马克思恩格斯全集》第 2 卷,人民出版社 1957 年版,第 323 页。
② 《马克思恩格斯文集》第 10 卷,人民出版社 2009 年版,第 286 页。
③ 《马克思恩格斯文集》第 6 卷,人民出版社 2009 年版,第 272 页。
④ 《马克思恩格斯文集》第 5 卷,人民出版社 2009 年版,第 269 页。

应对生态环境问题,一直采取高科技环境治理手段,试图通过广泛开展的环境保护运动和工业的生态化转型缓解人与自然的矛盾,但结果就是,在资本主义制度背景下不可能从根源上真正解决环境与发展矛盾问题。西方生态现代化的理论前提是在不改变资本主义制度的前提下,资本主义社会可以实现生态现代化,生态学马克思主义者对此进行了强烈批判,他们认为不变革资本主义的制度,"不改变生产方式的情况下通过细枝末节的修补"①,是无法从根本上解决环境问题的。

新时代中国特色社会主义发展路径,与西方资本主义国家发展路径不同,但资本在社会发展中的作用仍然是客观存在的,以传统工业化支撑的现代化进程无法回避现实的生态环境问题。

2.3　中国生态现代化建设

当代中国进入高速发展的现代化进程中,从城市化开始,信息化与工业化叠加在现代化具体方式的选择上,我们早期为了求速度,而且技术水平低,因此选择了粗放型的工业化生产方式,这是引起我们生态环境问题的主要原因,所以我们要在转变发展方式上下功夫。

党的十八大将生态文明建设提升到"五位一体"总体布局的战略高度,党的十九大进一步提出"建设生态文明是中华民族永续发展的千年大计",党的二十大明确指出未来"中国式现代化是人与自然和谐共生的现代化",既要创造更多的物质、精神财富以满足人民日益增长的美好生活需要,也要提供更多优质生态产品以满足人民对优美生态环境的需要,最终建成富强民主文明和谐美丽的社会主义现代化强国。新时代的发展理念与发展模式必须以人与自然和谐共生的生态文明为底色,建设人类文明新形态,批判性地借鉴西方生态现代化的理论和实践,结合我国生态文明建设的目标指向和现实举措,对我国

---

① 申森:《福斯特生态马克思主义视域下的生态现代化理论批判》,《国外理论动态》2017年第10期。

的生态现代化道路进行新的探索,以中国式现代化建设的目标——人与自然和谐共生的美丽中国为建设的出发点。可以将生态文明建设的生态指向简单概括为以下几个方面:

生态文明建设的人民福祉。生态文明建设的最终目标是为了满足人们对美好生活的追求,满足人民的生态福祉。早在 2013 年的《中央城镇化工作会议》文件中已经提出:"要依托现有山水脉络等独特风光,让城市融入大自然,让居民望得见山、看得见水、记得住乡愁;要尽快把每个城市特别是特大城市开发边界划定,把城市放在大自然中,把绿水青山留给城市居民;要注意保留村庄原始风貌,慎砍树、不填湖、少拆房,尽可能在原有村庄形态上改善居民生活条件;要传承文化,发展有历史记忆、地域特色、民族特点的美丽城镇"。关注城市生态发展,让城市与乡村融合,自然生态维度,成为关注城市人与乡村人的重要视角,体现出对城市人自然需要的满足与对乡村人经济需要的关注。习近平总书记提到"良好生态环境是最公平的公共产品,是最普惠的民生福祉"①,我们的生态文明建设高度关注人民的生态需求。在 2018 年全国生态环境保护大会上,习近平总书记再一次强调:"大力推进生态文明建设,提供更多优质生态产品,不断满足人民日益增长的优美生态环境需要。"②环境问题的解决不再是一个技术问题、环境问题,而是一个民生领域的问题,深刻体现出生态文明建设为人民的主旨。

生态文明建设的绿色生态智慧。习近平总书记的两山论,体现出环境与发展的辩证法,又是坚定的唯物论,我们"既要绿水青山,也要金山银山"③,绿水青山就是金山银山的绿色发展理念,是中国共产党领导的生态文明建设对生态价值、生态资本的重新认识,认识到自然生产力的重要性、不可再生性与

---

① 《习近平关于社会主义生态文明建设论述摘编》,中央文献出版社 2017 年版,第 4 页。

② 《坚决打好污染防治攻坚战　推动生态文明建设迈上新台阶》,《人民日报》2018 年 5 月 20 日。

③ 《十八大以来重要文献选编》(上),中央文献出版社 2014 年版,第 463 页。

唯一性。自然生产力的提出,对于发展生态化产业,特别是在生态文明建设三期叠加时更具有重要意义,既力求实现经济上的满足,又可以确保对生态的保护。由此,对自然价值的肯定,以公有制为基础的资本逻辑具有相对性,生态价值则更为突出。

生态文明建设的生态系统思维。习近平总书记分别提出四个"共同体"概念,生命共同体、人与自然生命共同体、地球生命共同体和人类命运共同体,构成习近平生态文明共同体理论系统。人与自然构成生命共同体,人与自然共存于地球生命空间共同体,人类共同面对未来的命运共同体,共同体本身具有系统性,如"山水林田湖草沙是生命共同体"①,人与人、国家与国家之间构成命运共同体的关系。生态系统思维不仅被用在理解人与自然的关系之上,在解决环境问题的全球治理上也至关重要,最终要体现在环境的国家政策与国际制度上。

3. 新时代中国特色生态现代化的路径选择

中国式现代化以生态文明为基础实现生态化和现代化有机融合。中国式现代化视野中的生态文明建设试图实现二者的统一。西方生态现代化的实践逐渐受到世界的关注和追捧,从名称上标识出生态化与现代化的关联性,但该理论是否能为我们提供一些参考价值,还需要进行是非得失的反思性认识,结合我国生态文明建设的实际作出回答。

3.1 西方生态现代化的理论反思

立足于马克思主义理论视角,西方生态现代化所面临的理论困境,因其制度缺陷而无法从根源上解决生态环境危机。发达工业化国家,较早地面临环境危机,他们进行的实践探索比中国早,而且从客观效果上来看,西欧国家的

---

① 《建设人与自然和谐共生的美丽中国——以习近平同志为核心的党中央推进生态文明建设纪实》,《人民日报》2021 年 6 月 5 日。

确在环境方面得到了巨大的改善。因此,只有从理论上对生态现代化的是非得失进行评判,才能为中国生态文明建设提供可借鉴之处。

有学者认为生态现代化理论对我国环境治理有积极的借鉴意义,这种理论之所以会受到批评,是因为"人们在同一概念下使用的是不同层面的解释"①,正是由于存在对生态现代化的不同理解,所以对生态现代化的评价也褒贬不一。这里就只对其积极方面进行探讨。

第一,生态现代化和中国生态文明建设在价值取向上是相近的,都旨在追求生态化和现代化的统一,环境和发展的统一,而且树立了积极的理念,即经济发展和环境保护之间是相互依存、相互促进的关系理念。这种思维也是唯物辩证法的现实运用,经济发展是我们生存的物质基础,生态环境是我们生存的现实根基,对任何一方都不能抛弃,经济的发展要兼顾生态环境的保护,但也不能为了追求美好环境而放弃经济上的现代化追求。因此,生态现代化对悲观主义者进行了回应,主张保持技术乐观主义的态度,明确生态现代化就是要实现超工业化,摒弃工业化的弊端。

第二,生态现代化可操作性。在具体的操作层面落实性很强,因此生态现代化在手段措施的选择上具有重要的参考价值。西方生态现代化可以称为技术乐观主义,认为现有的环境问题可以通过技术层面的创新来解决。其早期代表人物的基本主张都是对工业化进行技术上的革新,在技术革新的基础上,发展循环经济,最终实现生态化的目标要求。科技虽然遭到了人们的质疑和批判,但无可置疑,科技仍然是这个时代生产力中重要的组成要素,成为解决环境问题的必要的手段。

第三,社会主义的制度优势。在环境政策的制定上,不能仅有政府公职人员的参与,企业、公众、学术专家甚至社会团体都要参与到讨论中来,发挥各自的功能和作用,彼此协商,共同配合。目前我国的环境治理方面政府发挥主导

① 朱芳芳:《生态现代化的多重解读》,《马克思主义与现实》2010 年第 3 期。

作用,其他社会主体参与的主动性不强。这一原则启示我们,应该鼓励多元主体的参与,并为其参与提供机会和条件,发挥人民群众的主体作用,既可以准确把握环境动态和人民的生态诉求,也潜移默化地提升了社会的生态环保意识。

第四,要积极培育公众生态意识。生态现代化在发达国家引起了巨大的社会反响,社会领域的环保活动也如火如荼地开展。生态现代化理论不仅为工业化的生态转向提供了具体措施,还为人的行为模式提出了建议,倡导绿色的生活和消费方式。观念指导人们的行为,因此对生态意识的培育在转变我们不合理的生产和生活方式上具有重要意义。全体社会成员的生态文明意识提升是"生态文明建设依靠人民"的核心要义之一,如何提升生态文明意识,更有效地为生态文明建设实践提供行动指南,已经成为国家与全社会关注的重点议题。2021 年 1 月 29 日,为引导全社会树立生态文明价值观念与行动准则,国家六部委(生态环境部、中央宣传部、中央文明办、教育部、共青团中央、全国妇联)联合编制了《"美丽中国,我是行动者"提升公民生态文明意识行动计划(2021—2025 年)》,提出的总体目标是在生态文明理论的学习与实践中,将对美好生态环境的追求转化为自觉的行动,促进生产、生活方式的绿色转向,凸显出生态文明意识的引领作用。

3.2　生态现代化对生态文明建设的借鉴意义

既然资本主义制度有其生态缺陷,那么在我国社会主义制度之下,在我国生态文明建设的框架下,参照生态现代化的具体实践,结合我国的现实条件和制度情况,进行调整和改善,从而推进我国的生态文明建设。

绿色科技的开发与应用。正确对待科技这把"双刃剑",科技会引人误入歧途,但科技也能造福人类。以往我们的科技研发仅仅关注提高产量这一方面,关注效率因素。新时代,我们要对科技进行生态转型,加大科技创新力度,发展绿色科技。绿色科技不再考虑经济单方面的要求,而是将生态环境的保护和治理作为一项考虑的因素,要求绿色科技不仅不能对生态环境造成破坏,还要在此基础上推动生态环境朝向更好方向发展。只有科技向好发展,我们的环境污染治理水平才能不断提升,产业结构的优化升级才能实现。没有科技作为依托,现代化的生态转型就如缘木求鱼,不会有任何本质上的改变,也不会取得任何实质上的进展。

多元主体参与制度的完善。政府的主导作用是我国的制度优势,但过度的权力集中也会成为阻碍。因此,在充分发挥政府主导作用的前提下,积极鼓励社会成员参与生态环境的实践。政府职能主要体现在顶层设计方面,建立完善的生态制度为我国生态文明建设保驾护航。党的十八届三中全会强调要用最严格的制度来保障我们的生态环境,基本确立了生态文明制度体系的"四梁八柱"。推动生态文明建设,离不开国家的领导和指挥。但是不光只有政府,企业、社会团体以及公民都是社会发展的主体,有责任有义务参与到环境治理中来。因此,在环境政策的制定以及实施的某些领域,要广泛吸收社会观点,加强社会主体的多元参与,提升社会组织及专家学者在政策制定中的地位,让他们在政策制定过程中发挥积极的作用,全社会形成伙伴关系,共同合作,推进生态文明建设。

绿色生活方式和消费方式的倡导。努力在全社会营造生态氛围,毕竟生态文明建设最终是由人来贯彻实行的,人民群众是生态文明建设的主体,因此,必须要营造有利于生态环境保护的社会氛围,鼓励人们采用绿色的生活和消费方式。加强环境保护和生态文明的宣传教育,将知识不断转化为道德规范和价值观念,进一步转化为行动指导。只有改变了人们的头脑,才能逐渐形成绿色的生活方式和消费方式,进一步加深对生态文明建设的认识,不断规范自身的行为。

3.3　中国生态现代化的现实选择

西方生态现代化理论为我们提供发展理念的西方模板,通过中国实践形成中国式的新发展模式,对其进行理性认识是有必要的。马克思恩格斯对生态危机有着深刻的认识,借助马克思恩格斯的观点和方法,我们对生态现代化进行了学理上的批判,并结合生态文明建设对我国的生态现代化提出了自己的看法,致力于构建人与自然和谐共生的中国式现代化。生态文明的建设需要通过具体的战略和措施来推进,而具有中国特色的生态现代化就是其可行的实现途径。中国特色的生态现代化对现代化有着科学正确的认识,我国的生态文明建设不能离开现代化建设,必须通过现代化来实现,但我国的生态现代化又不是传统的工业现代化,其中体现着生态文明建设的要求。注重生态价值,发挥生态优势,使我国未来的现代化朝着更美好的发展方向,最终真正实现人民福祉。美丽中国包括恢复天然自然之美与建设人工自然之美两个层面的含义。首先要恢复天然自然,注意绿色 GDP,还有就是我们的美丽中国是人与自然和谐共生的中国式现代化国家,现代化是其中的应有之义。因此,作为统筹生态化和现代化、环境和发展的生态现代化,可以成为我们未来现代化发展的一种具体选择。

二、单经济聚落向多元化聚落转化

无论是乡村聚落还是城市聚落,都具有稳定的经济功能。但它们都是多元的,不仅有经济功能,随着城市逐渐成为人类聚居的主要模式,以聚集为核心的功能,也越来越多元。除此之外,还具有政治功能、文化功能,而且文化功能与经济功能是同等重要的。但是聚落城市化以后,其功能出现了以经济功能为主,其他功能成为经济功能的附属物。

1. 城市聚落的经济一元化弊端

自然资源的有限性,导致经济行为的基础以争夺有限的资源而获得更大的利润为目标,成为人类战争的主要动机与终极目标,由此在人类历史的发展进程中,战争始终成为其中的组成部分。工业革命以后,城市聚落成为集聚财富的吸纳器,相对于农业生产而言,它可以使等量资源获得比在乡村聚落更多的利益回报。由此,有理由认为对于有限资源的过度掠夺引导人类走上不可折返之途。城市聚落及城市化进程成为农村与城市资源争夺战后的利益纷争的主要原因,耕地面积扩大、农业技术改良、人口的增长和城市数目的增加,几乎是同步进行的,而且呈现出互相关联的态势。工业革命以后,城市聚落以绝对的集聚效应获得极大发展优势,世界各国纷纷进入城市化发展阶段,从最初的吸引乡村人口进入城市,逐渐转为城市空间拥挤而进行城市空间的生产,从而城市与乡村的矛盾从最初的劳动力博弈,转向空间的争夺。正如全球城市化的一般特征,即城市数目、规模以及人口数量都呈现出加速扩展的态势。细究城市及特大城市的经济业态,却仍然呈现出以一元化经济模式为主的普遍特征,其他功能仍然不太集中。虽然目前新的特大城市有新的变化,但仍然是少数,如北京,在"十四五"规划中将城市的经济功能去除了。

20世纪的一百年间,曾经在40年内发生两次世界大战,消灭了大约六千万人,这种文化恢复使用了最野蛮的严刑拷打和大规模灭绝人群的手段。新百年征程中,人类面临新威胁,随着目前人口锐减,人类的未来受到严重的打击。城市聚落的强权文化本身蕴藏着暴破力,对人类可以利用的极为重要的资源进行估价,使它们不被科学技术的发明所滥用,特别是大都市经济的力量,对人类并不是益处,甚至是灾难。人类只有清醒地研究城市聚落发展文化力,对超越可控的力量进行控制,即把本应分散的功能和权力集中起来。正如芒福德先前提出的,城市从生长,扩散到崩溃瓦解这个周期常常重复着,其原因之一可能在于文化性质本身。我们已经看到,在许多情况下,城市趋向于把社区有机的多彩生活禁锢在僵化的、过分专门化的形式内,这个形式为了求得其自身的连续性,不去适应变化和进一步发展。城市本身的结构,如同石头容器一样,它控制着有吸引力的磁石,在过去也许在很大程度上是产生阻碍适应发展和变化的原因,最终使它崩溃和瓦解,成为打开城市新生大门的唯一途径。

如果突出城市文化力的作用,聚落主体是更有理由强化对城市空间的认知,改变城市对主体的观照,但实际上城市中对自然有机系统十分轻视甚至排斥。自然有机系统十分利于空间中有机物的复杂合作关系的生成,也是聚落生命特征的体现。生命特质也是城市聚落的特质之一,即便是最穷的市民不但可以有阳光和空气,还可以有机会去抚摸和种植大地;如果把邻近城市的乡村变成不毛之地,最终将把死亡带给城市。很多城市新市民只能生活和居住在没有阳光和良好环境的城市空间中。在未来城市里,把有活力的、能独立的、充分有感觉的生命降低到最低程度:只要能适合机器要求的一点点生命就行了。我们将看到,这样只能把现在特大城市中起作用的力量带往它的最终目标——人类消灭。①

2. 城市聚落畸形化发展趋势

城市化进程中,城市聚落的规模越来越大,同时数量和面积也相应地变化,使城市起了质的变化,而且扩大了城市的影响范围,把城市的商品货物、生活习惯、价值观念等带到迄今为止仍然独立自足的村庄里去——原先那些生活内容基本上与新石器时代相似的村庄。城市的建设与城市的增加改变了城市人口与农村人口之间的平衡。工业化以前,城市曾经像农村大海的一个个岛屿。但是现在,在地球上人口较多的地区,耕作的农田反而像绿色的孤岛,逐渐消失在一片柏油、水泥、砖石的海洋之中,或者把土壤全部遮盖住,或者把农田的价值降低为城市的辅助。通过一系列的代替和强迫发展,使机械的方法,从一个部门到另一个部门,排挤取代了有机的人工方法,最后总的结果是取代活的形式,并且只鼓励那样一种人类的需要和愿望,这种需要和愿望能有利可图,便依附于生产性的机械装置上,不论是为了利润和权力,像在早期冒

---

① ［美］刘易斯·芒福德:《城市发展史——起源、演变和前景》,宋俊岭、倪文彦等译,中国建筑工业出版社 2005 年版,第 387—389 页。

险资本主义时期一样;或是为了安全和奢华,像在福利资本主义社会一样;或是为了安全也是为了权力,像在某些国家的垄断国家资本一样。

无论在哪种情况下,最终结果都差不多。伴随这种变化而来的是距离资源供应地区愈来愈远了。城市化的进程,把现代的各部门都集中到同一个大的城市容器内,并在很大程度上打破了各统治集团和阶级之间的分散状态。土地、工业、金融、武装力量和官场这些力量在主要西方国家形成一个联盟,以谋取最大数量的经济剥削,并在最大程度上运用政治控制。政府权力的后台开始把国家利益导向为工业家和金融家服务,如塞西尔·罗兹(Cecil Rhodes)提出"扩张是一切"的口号。促进了城市化中大城市膨胀的特种力量以被推向同一方向的总趋势有所增强。工业家们放弃了放任自由企业的信条。在不断出现新发明的压力下,这两种经济都极度活跃:力量、速度、数量和新奇东西,这些都成了追求的目的,除了扩大生产和消费之外,不考虑人类的需要而去采取有效措施控制力量和数量。就这样一些大的城市把工业城市(镇)、商业城市(镇)以及王室和贵族城镇都集中在一个极大的综合体中,这些城市(镇)都各自激励别的城镇向其他城镇扩大影响。城市化后的城市,其中每一功能单位,都无目的地追求自身的无限扩大。在反对古代缺乏和稀少的状况时,城市走向另一个极端,有机体、质量和独立自主,等等,如果没有被各部门忘掉,也已经下降到从属地位。

城市的畸形发展不仅是技术进步的结果,也是经济驱动力的作用。它是无定型的发展,是膨胀扩张的结果。聚落中的主体唯一的观念就是加大数量,力求楼再高些,马路更宽些,也建构很多辅助设施如桥梁、公路,使进出城市更加方便,但是他们限制城市内可以利用的土地作别的用途,只供交通设施之用。这种无原则的城市规模扩大,一个以营利为目的而不是以满足人民生活需要为目的的扩张中的经济,必定创造出一个新的城市形象。就是一个永无止境日益扩大的无底洞形象,它消费掉扩大出口的工业和农业产品,以响应连续不断的宣传和广告的号召力。所以,城市聚落一旦走上经济扩张的道路,这个手段就会迅速转变为目的,使运转成为目标。同样,城市本身也变成了可消费的,城市作为容器必须与它所盛的内容发生同样的变化。城市内容破坏了城市作为人类延续的机构这一主要功能。城市空间过度生产,并不能真正改变城市生态的状况。过于极端地将小城市扩大,结果导致城市集聚效应大大降低、能耗大增、土地利用效益下降、基础设施成本成倍增加。

3. 聚落发展的多样化原则

多元化聚落是针对聚落经济一元化而提出的。城市聚落不仅完成集聚的经济功能,满足城市人的多元需要,还是城市可以持续的重要因素,由此多元化聚落应该以满足人的需要为依据。

首先,以人的全面发展为原则。

人的全面发展是马克思主义创始人的社会发展理论的出发点与归宿,"以人为本"是发展的基本原则。从《1844 年经济学哲学手稿》到《共产党宣言》,把人的发展视为每个个体的自由发展,是一切人的自由发展的条件。无论是马克思的《资本论》还是恩格斯的《共产主义信条草案》都提出人的全面而自由的发展,认为每个人的全面而自由的发展是共产主义的基本原则。

强调重"人"轻"物",物质财富的追求形成了三种经济形态,都以核心生产力为标志,农业经济、工业经济以及知识经济。在物质匮乏的社会形态中,发展以物的生产为尺度,更关注"实物"形态的生产要素,如土地、原物料、机器设备、产销方法或技术以及资金等,主体性完全被消解。在以科学技术为核心生产力要求的时期,人的智力成为生产力的主体,人的主体地位再次被重塑。物质有限性与需要的无限性的矛盾,一直以来被认为是物质资源的获得等同于财富。随着无形资源的主导性地位的凸显,人的智力要素可以认知更多不被纳入生产过程的要素被挖掘为生产要素。聚落是物质财富的空间形式,当聚落不能满足人的主体性需要,不能实现人的全面发展时,将被解构或是重构。就流通性而言,知识资本更易于流通。就创造性而言,传统经济依赖于资源,以物质资料为主,成本高,收益相对低;而以知识为主要资源的产品是高附加值的,在知识经济中对资源的占有并不是最重要的,更重要的是对知识资源的创造性利用。就商品的交易性而言,实物形态的商品可以与主体分离而独立存在,其价格及所属权均较易实现,而智力型的商品则难以独立于主体,其价格与价值之间的关系也很难一一确定。

强调对人性的"理解"和"尊重"。西方资本主义对城市主体使用资本式的管理,却忽视了主体的独立性,理解与被尊重的缺失,造成主体的人性扭曲,人只是被视为高速运转着的机器的一个齿轮或零部件而已,特别是整个"物"的生产过程中最廉价与微不足道的一个部分,泰勒制完全体现出人的能动作用被无视的状态。心理学家的实验研究表明,张扬人的主体性,可以更多地激励劳动者的主观能动性。马斯洛的需求理论也指出,对人本性的关注更具有劳动价值。比如,重视非理性因素对人的行为的作用,而改变了过去单纯认为是理性因素决定了人的行为方式的观点。人们越来越注意到非理性因素对人的行为的决定意义。再有,作为独立意义的人已经有了社会角色,因此人应当使自己的行为和社会要求相协调,而不是以个体排斥社会,以自我排斥他人,并应努力培养自己的社会角色。然而客观地说,这个时期对人性的认识和张扬是有限度的,因为人更多地被置放在"刺激—反应"模式中,人更多地被视为可调教的"小白鼠"的异化品。

强调的是"弥合"与"无限"。以人为本是聚落实现可持续发展的基石。无论是网络化、虚拟世界以及 AI 的广泛开发与使用,都带给主体极大的能力提高,同时对人的主体性交往提出挑战。交流的无障碍却因空间的屏蔽产生了隔阂感,因此技术媒介手段在带给人们极大便利的同时,也对沟通提出了全新的挑战。"沟通无极限""沟通从心开始"绝不只是一两句虚张声势的宣传口号。而对"人"的高度重视和对人性张扬的强调,也时刻提醒着人们要不断地抛弃狭隘的本位主义、尊卑意识和自我中心倾向,只有这样才能达到所谓的"天人合一""人企合一"境界。

其次，"以人为本"是聚落文化的人本原则。

"以人为本"是聚落可持续发展的原则。聚落特别是城市聚落从承载人类社会生活的隐性要素转为显性要素，主要因其高度集聚的功能使城市聚落呈现出可持续发展的态势。生产力、社会细化分工以及生产结构关系的变革都影响着聚落的发展。所有的聚落都被烙印了经济范式的基本样貌。城市聚落是一定区域内的政治、经济和文化教育吸纳中心，集中了先进的社会要素，包括先进的社会文化在内，同时具有强大的辐射功能。在区域经济社会发展中居于主导地位。按照世界城市化报告，全球已经有一半的人口生活于城市中，预示着城市是未来的主体聚落，城市承载着人类的未来。当城市的世界来临之时，城市病与生态困境也呈现出边缘中心化的特征，表现为人口膨胀、资源短缺、结构失衡、环境退化、空气污染、交通拥挤、住房短缺、治安恶化、失业增多、贫富分化不可持续的发展状态。反思城市聚落的危机的起源，大卫·哈维认为，"资源是技术和社会的双重产物，城市不可持续性来源于城市服务于富权势力。"①人们在享受物质文明所带来的便利与舒适的同时，饱尝了由于人口激增、资源锐减、环境恶化以及各种自然灾害和人为灾害带来的恶果，甚至包括城市发展本身带来的意想不到的矛盾和问题，城市不可持续发展的问题日益凸显。

再次，聚落文化的多元化特征。

聚落文化没有高低之分，都是文化家庭中的一员。文化正是由于它的多样性才具有永恒的魅力。聚落文化由于聚落形态的多样性，即"绝非传统文化的简单汇集，而是社会内部动力在进行不断探求创造的体现……经过共存、改造，再走向融合。"②

聚落文化中人与自然关系的体现。聚落的建立应该体现天人合一的思

---

①　[英]大卫·哈维：《世界的逻辑——如何让我们生活的世界更理性、更可控》，周大昕译，中信出版集团2017年版，第18页。

②　李植斌、梁萍：《城市文化形象继承与创新》，《同济大学学报》2001年第1期。

想。中国传统聚落的生态观与自然观渗透于聚落营建的各个方面。基本上体现出,与自然、地形、气候的结合,然后因地制宜。在建造聚落过程中,通常秉承着珍惜土地资源、重视水系脉络、广泛地植被,传统聚落通常尽量少占地,建筑密度高,街巷只适用于人通行。聚落选址及位置的确立,一般依赖于水系,对于地表与地下水的利用更以善用为原则。在聚落内部的布局上,更多地体现出人与天地、人与自然的通达关系,表现出聚居与自然、建筑与人的融合。中国民居传统以院落式的布局为主的居住生活中心,如福建的围楼、山西大院、北京四合院,都是建筑为实体,院落为虚空,体现出虚实结合的生态理念。在聚落的建筑技术上体现朴实的自然生态观。以榫卯结构为代表,各地各民族的民居风格各异,但都是以崇尚自然、借鉴与发挥自然力为基本原则。传统民居建筑多采用以木、竹为主的仿生柔性结构,木竹就好比人的骨骼;而榫卯节点就类似于人体的关节,它们使建筑增加了柔性与韧性,也似人体关节样灵活,当环境突变时,通过灵活转换结构应力,转换传导并释放压力,使建筑安然。传统民居建筑植被都是就地取材,有益于健康更适应当地气候,与环境整合一体。在聚落的文化特色上保持着人文气息。无论是广义的聚落还是狭义的聚落中,人文气息都成为聚落精神文化中的核心内容。地域、环境等差异,呈现出各异的文化特征。聚落中的人文气息决定了聚落中建筑的使用原则,聚落空间建筑群体是按照一定秩序组织进行的,成为各城市聚落的特色与差异。中国传统聚落的构建上贯穿了"天下观与守中"的思想,所以聚落、城镇、建筑布局多为轴对称的手法;对于趋势、纳气的重视,使城市、聚落选址的自然环境择优性为首要因素;对于天伦、淡泊的喜好,使院落成为中国聚落与人居环境中重要的组成部分,最终发展出了中国的古典园林。

三、聚落心理由经济一维向自然多维转化

聚落城市化以来,社会分工更加细致,城市主体以及新市民保持对经济的

发展,社会分工越来越细致。聚落心理的经济一维性特别强烈。一切问题的解决与行为标尺均由经济的发达程度来决定。笔者认为聚落心理的经济一维取向会最终使聚落走向灭亡。聚落心理的一维性,在高度分子式的聚落中使人越来越感到孤独。

1. 经济一维聚落心理使人更孤独

首先,人是生而孤独的。人类在工业革命后,实现物质财富的相对丰富,城市人在逐利的过程中,虽然有物质收益,但精神上却感受到孤独无依、无家可归。正如克尔凯郭尔的存在主义哲学体系的主题就是人的孤独,揭示出现代人并未因高密度生活而解决孤独无助感,产生进退失据的生存困境。城市是西方文明的发源地,工业革命后,城市中集中了更多的人,但由于城市空间生产的速度远远低于人口集聚的速度,所以城市人口中的新市民为能使自己生活下去,几乎将自己的生存空间浓缩等身大小。进而在三百年的工业化进程中,空间的不足,使得城市价值观以拥有城市空间的多寡作为占有财富多少的尺度。虽然城市中人与人之间几乎是"零"距离生存,但城市人的感觉却是更加孤独。人类存在状态本身固有的深刻矛盾非但没有因为城市或城市化的发展得到缓解和克服,反而愈演愈烈。经验与先验、现实与理想、自由与必然、有限与无限的对立,最后都集中到人的"生活世界"与文明的冲突上来。对于二者的失衡,更多的文化学者认为是人与自然的关系的断裂,以及人性与物性的异化所导致的。

城市为城市人所带来的物质财富背后的生态环境与发展困境,凸显了人类的物质生产与精神需要之间的矛盾。左派学者甚至犹疑城市是否是人类存在的终极聚落形态,并且积极猜测后城市聚落的形态与特征。有理由相信,考察聚落形态与社会心理中的孤独问题,对于人类后城市时代聚落形态的理解是多有裨益的。聚落是人与自然、人与人共存的物质空间,它由人、自然界以及人类文化(特别是聚落主体的精神物质)构成。从矛盾出发,规避矛盾的形态,至少需要实现人与自然及其精神的和谐共融。无论是城市还是超大城市目前仍然只是在实现物质财富量的方面有积极的作用,但对于聚落主体的生态需要与精神需求还没有改变。即人需要的空间与实存的空间载体之间有巨大差异,聚落最初就是以抚慰人的精神为目标产生的。工业革命后,分工细化与集聚力的增加,使得城市人越来越密集,但却也更加孤独。可以把城市人之间的状态理解为目前人类所发现的最小微粒的存在状态,渐近自由,即离得近时,产生排斥力,而远离时,则产生强大的吸引力。

　　按照马克思恩格斯的空间思想,城市一直是经典作家所关注的重要内容。马克思与恩格斯共同创立的历史唯物主义理论是以城市构成其立论的空间载体。恩格斯在《德意志意识形态》中明确指出:"城市已经表明了人口、生产工具、资本、享受和需求的集中这个事实。"①恩格斯以资本主义生产关系作为考察基点,通过城市人(新市民—无产阶级)、空间(新兴工业化城市)以及资本(机器大工业生产)的三足鼎立,架构了历史唯物主义城市观的基本框架。正如列斐伏尔(Henri Lefebvre)所说,历史唯物主义"第一个真正坚定可靠的观点……是关于城市的总体主张。"②历史唯物主义将人类社会分为三个发展阶段,即人的依赖关系的阶段,生产只能在狭小与孤立地点发生发展;物的依赖阶段,实现普遍的社会物质交换;个人全面发展基础上的自由个性发展阶段,第二阶段为第三阶段创造条件。③ 聚落对人的物质需要满足是通过聚落的外在空间,即人地关系来表达的。而精神需求的满足则是由聚落的内在空间来完成的,即聚落主体的心理感受。聚落的自然条件与心理因素的平衡,体现着聚落主体对空间的意愿,二者的张力对人居聚落的演化提供了动力根源。从城市化的发展进程看,聚落的共性问题都集中于物质财富的多样性和精神财富的单一性(趋同性)上,可以说,相对于乡村人,城市人都可以称为"富有的

① 《马克思恩格斯文集》第 1 卷,人民出版社 2009 年版,第 556 页。
② Henri Lefebvre,*La Pensee Marxiste et La Ville*,Tournai and Paris:Casterman,1972.
③ 《马克思恩格斯全集》第 46 卷(上册),人民出版社 1979 年版,第 104 页。

280

孤独异化者"。

其次,"聚为本"力求缓解孤独感。原始聚落是为解决人的孤独感,抚慰人的精神需要而诞生的。从人有自我意识以来,"人是存在者存在的尺度,是不存在者不存在的尺度",进而说明,对象性的世界是人类孤独的存在者。心理需要以及物质生产都要求人必须以相互协作的形式存在,原始聚落正是满足人类的物质与生存的双重需要而产生的。"聚"成为人类社会初始的主旨,为了摆脱在自然界中孤独存在的境况,无论是聚落的形态还是聚落成员的群体心理都体现着聚的特征与功能。通过考古可知,原始人类最初是以游移不定的方式生存着,以胆怯的心态表现着宽泛的人地关系,为了抵御外物的侵袭,原始人开始居住在岩洞中或定期去探访岩洞。在永久性居住地出现前,岩洞使原始人类体会到了封闭空间强大的威慑力和感召力,产生了原始人的空间概念,从而使古人类开始寻找固定的聚集生活地,形成了早期聚落。人类处于分散孤立状态,生产力水平低下,不能面对残酷的自然环境,封闭聚居的状态是对自身保护的最优选择,最初形成的聚落普遍形态均为一个中心场所,外部为民居,既可以抗击外侵,同时有了共有空间,同时社会心理学家也证明了聚落的产生源于孤立的人的聚集。

再次,主体价值追求使自身陷入孤独。在聚落的层次性认识中,通常城市被认为是高于乡村聚落的聚落形态,而且城市以乡村为基础,有时也与乡村聚落互补。城市聚落拥有与乡村聚落不同的功能,丰富了人的物质生活和精神世界,但并未摆脱孤独的困扰。城市聚落中表现为"集"的心理特征,"集"在心理层面表现为集聚性与开放性。集聚性是指城市聚落的产生与发展、社会分工新的变化所引起的生产要素的集聚,劳动力(人口)成为集聚的最活跃的部分。自然科学的发展引起了生产方式的改变,产生了机器大工业时代。过分的劳动分工使得人的生命力萎缩。自然之于人类的母性特征,宽容地对待子民与严厉的惩罚叛逆,当生态困境转化为生存困境时,人类过度生产时,都将主体陷入生态困境,人类在物的享受与环境痛苦之间博弈。工业时代最大的悖论在城市中发生,表现为人工自然对大自然的伟大胜利,城市聚落的现代化程度与各种产业要素的聚集和分化有关。特别是片面强调工具或功利的价值只能走向人性的反面。向工业主义的过渡动摇了几千年来已经确立的秩序和道德的某些基础。从心理与道德的观点来看,决定性的事实乃是我们不能对无机的自然界采取一种伦理姿态;向外性是指在城市空间的有限性基础上,城市人的开放心理。与传统聚落不同的是,城市人的社会心理从趋向集中转向向外性。建立于集中基础上的向外性,成为启蒙时代的历史性标签,形成根深蒂固的文化倾向,特别是确定性的认知成为核心视角,如启蒙运动中为人类幸福而辩护的思想,奠定了工业社会消费观的基础,将生活需要异化为消费需要。城市的向外性,以集聚为前提,吸引更多的资本、技术,特别是劳动力,反映出城市主体的开放性心理特征,而且表现为对物质获取的单一维度,也可以理解为集聚效应的发生过程。由于城市的集中性与向外性的特征,使得大量人口集聚于狭小地域中,外在表现为大量人口集中造成人口密度高,内心需要独处,甚至渴望孤独,进而如果条件允许则激进地选择孤独的生活方式。此时,孤独凸显人的独立性的多元特征,即人对自然的独立性、人对人的独立性和人的精神的独立性。比如,大多数较有创造性的人,在他人的眼中是孤独的。人类虽然是社会动物,而且确实需要社会性协作才得以生存,但事实而言,在人的精神世界中人与他人之间的关系却呈现出多维层次。在物质需要十分匮乏时,为了满足生存需要,其他层次被认为是不必要的。由于城市聚落的产生,使得物质需要得到相对满足时,人多层次的精神需要也被尽可能地实现出来。心理学家马斯洛在描述人的"自我实现"时,"孤独"就是其诸多品质之一。可见,独处能力是人类的一种宝贵资源,它可以促进学习、思考与创新,使人能够顺应变化,能够保持与内在想象世界的接触,正如在城市聚落中建立在闹市基础上的孤独,才是人类创新、反思以及获得幸福的有效途径之一。

还有,聚落城市化进程中孤独心理的异化。

无论选取何种聚落模式,其目的是实现人的可持续性发展以及获得多层次的自由。城市化道路是机器工业化和生产社会化的必然选择,在物质财富生产的极速扩展中,城市聚落成为最优的空间载体。近百年的高速城市化发展的实践证明,人类通过城市化发展收获了物质财富,但得到更多的自由还未成为现实。在极度追求财富占有和过度消费的过程中,聚落心理呈现出一种异化的状态,即聚落心理的物质一维化及对资源占有的极度化。首先,聚落心理的异化原因。聚落心理异化的原因可以从两个方面考量,其一,就是物质追求的一维化。正如马尔库塞所说,追求物质享受并不是人的本质特征,在人的各种原始欲求中,也不是人的重要欲求。物质追求以满足人的生存为目标,抑或以满足人的享受为目标,但肯定不是人发展的终极目标,特别要指出,物质需要的满足是短暂的,幸福与自由与之并无完全的逻辑关联性。其二,就是对资源占有的极度化。资源成为生产力的重要组成部分,占有资源就等于占有物质财富,对资源的无度占有成为影响聚落心理的重要原因。城市化困境与发展的张力,究其原因都在于资源滥用与无度占有所造成的灾害或次生灾害,进而阻止了人类社会发展的可持续性。其次,聚落心理异化的表现。其一,是聚落成员炫耀的心理,在城市化发展过程中,消费以满足心理需求为目标,从人的生存性需要发展为人的享受性需要,享受性需要延伸为炫耀性心理的满足,以炫耀心理为主的享受性需要是无度的,对资源造成极大的不必要消耗。资源的占有与使用不是目标,而炫耀成为终极目标。资源有限性的事实以及心理需求的结构性匮乏导致聚落心理呈现出异化态势。发达工业社会的物质消费就呈现出过度使用的状态,而且这种过度消耗性消费状态愈演愈烈,在全球面对环境危机与气候恶化时也并未呈现出收敛的迹象。其二,是聚落成员群体意识形态的整合。在发达工业社会中消费"取决于"消费水平,消费水平使消费"合法化",如果消费水平下降的话,这个社会就将丧失凝聚力和稳定性。聚落成员已经习惯于把增长视为自我保持,认为无须付出额外劳动,而提高工资是社会应得的权益。聚落成员的消费水平,取决于拥有货币的多少,"平等"只需要以货币量的占有为标准。由此城市中的消费观形成一种意识形态,起着维护社会、巩固统治的作用,使人们失去了批判性、否定性的向度,成为只对现存社会持肯定态度的"单向度的人"。

聚落城市化进程中人口的集中并未减少人的孤独感,孤独的存在方式本身也发生了异化。城市化在使物质财富得到了极大丰富的同时,社会分工越来越细,人与人的交往似乎越来越紧密,但它是建立在对物质利益的追求之上,而完全疏忽于人还有精神的需求。虽然人的孤独是与生俱来的,但聚落的形成与发展正是以减少人的孤独感为目标。但聚落城市化以来,大城市、超大城市,成功地集聚大量人口,却没有消解人类的孤独感,有理由相信聚落的城市化使聚落主体的心理发生了异化。人完全生活在人造物的世界中,城市剥离了人与自然的母子关系,形成人与自然对抗的态势,"丧失了亲密无间的情调以及浑然一体的和谐感",自然工具化以资源的形态成为人与人争夺的对象。以人造环境取代了天然自然生态环境。缺失了母系的滋养,人的孤独心理再次侵袭,似乎是个历史必然,即"人们对外部世界的物质占有愈多,对自己的内心世界、自己的灵明、自己的归宿就知道得愈少。"[①]与自然的剥离,人成为自然系统中的孤儿,同时由于生存目标以财富的占有为标尺,由此人与人之间没有协同,只有为获取最大利益的竞争。此时,人的孤独心理也发生了异化,离开人的关切与情感的存在,使人更孤独地存在于自然中。

2. 随缘心理的生态化实质是人的全面发展

人与自然的关系是人类生存最基本的关系,聚落主体的心理状态就是要从经济单一追求向自然回归的过程。

人居环境的自然取向。工业化以来,城市建设的形象认识为钢筋水泥的丛林,因人对自然的渴望,引发城市建设的自然回归热潮,即在人造物的建筑中掀起自然主义理念,主张"轻柔地抚摸地球",环境友好型建设等,如日本新

---

① 张松建:《无家的宿命——里尔克的文明批判》,《河南大学学报》(哲学社会科学版)1997年第4期。

首都建设中就提出避免高层建筑集中加剧"热岛效应",主张通过绿地和建筑群的合理布置,形成"冷岛效应";德国柏林的新议会大厦也采取了所谓"绿色建筑"设计。中国的大连、深圳在提高城市人居环境上也有相应的举措。在环境治理上,城市和地区都倾注了极大的人力物力,取得了卓著的成效,北京取得最显著的成就,PM2.5可吸入颗粒物消除成果显著,还蓝天给首都人民。

人居环境的人本取向。人造物关注人的需要,关注人的生活和发展的需要。成功的人居环境建设都关注那些很细小但却与人的工作、生活关系密切的小的城市环境设计。深圳市率先停止住房实物分配,实现了住房分配的货币化。政府只投资兴建社会保障性的安居房,其余由市场解决。要关注人的交流需求。人类交流的开放与半开放空间、对交流起着关键作用的交通系统受到重视。对交流空间的渴望,导致了开放化的"广场空间"和"复合空间"的流行。要关注人的发展。人居环境建设的一个重要新动向就是对人的发展的关注。一些对新经济触角敏锐的城市和地区开始有意识地提升教育、打造创业支持系统,力争为人的成长和发展提供最佳环境。如杭州市通过优化、美化人居硬环境、调整政策环境吸引人才,大连的人居环境建设则极为重视社区教育系统,努力使住宅区成为社会教育的有关补充。

人居环境的文化取向。人造物不仅具有工具性,本身也承载着文化价值与精神蕴含。人对居住地要求有归属感,有适合自身背景的文化特色,有自己追求和向往的文化理想,有唯美的、艺术的、幸福的文化氛围。建筑界的诺贝尔奖——1998年度普利茨克奖获奖作品就是位于西班牙的一个用高技术手段体现当地建筑传统特色的新建筑。要注重文化精神。地区的社会文化氛围对人的创业和发展有巨大的影响。硅谷的崛起,靠的是一种文化精神,是经济体制的创新。深圳"特区精神"使深圳在我国改革开放初期建立新的经济秩序过程中,成了当之无愧的开路先锋。[1]

---

[1] 侯爱敏、袁中金、居易:《城市人居环境建设的发展趋势》,《苏州科技大学学报》2003年第2期。

　　人居环境的独特性取向。没有文化独特性的城市,造成千城一面的效应,失去其精神意义,仅仅成为容器。城市聚落的个性逐渐被消解,公共生活的空间的特点也逐渐消失,聚落主体越来越期望回到原有的交往模式。交往空间可分为户外、户内以及中介空间。传统聚落中增加人与人交往的空间特性,独具生机的传统聚落街巷空间。人们在户外停留时间的长短意味着居住环境和城市环境的活跃程度。通常传统聚落建设传统的步行交通和人在户外的停留空间,尊重人的步行局限。传统聚落的巷道,由民居聚合而成,体现了主体的需要,是一种空间感,特别是一种表达了人性的空间感。在空间中产生人的心灵体验,实现了人的交往需求,它就是以人的交往为目的的。

　　聚落心理对自然的向往。聚落心理中有着与大自然相统一的内在需要,面临自然环境受到破坏的惩罚,生态环境治理,对城市生态环境的重构,寻找到新的生态平衡点。生态城市与城市生态景观都显化了聚落心理对优美自然环境的向往与回归。"把田园的宽裕带给城市,把城市的活力带给田园。"①聚落发展的关键是努力创造自然与人文环境和谐共存、协调发展的新型聚落。在城市化进程的快速发展过程中,城市郊区化、郊区城镇化形成了新型的城市农业景观系统,形成了一种与城市社会、经济、文化发展紧密相关的以生态为基本诉求的城乡共同体形态,表达着主体的聚落心理的自然旨归。

　　生态城乡共同体构建不仅体现于物质功能方面,还存在于人类的基本精神需求中,它呈现出对于人的世界观、价值观、传统文化、哲学思想的反映。在对景观艺术的评价中,经常出现的词汇是诸如"天性""道法自然"等和中国哲学有关的概念。这种评价代表了根植于传统文化的"集体品位"。对于"品位"的哲学探讨,有助于我们从更深层次的文化角度去评价城市农业景观的重要性。"人法地,地法天,天法道,道法自然。"②这是老子对于人与自然之间关系的逻辑解释。农田有着内在的秩序,是一个对思考有益并能唤起崇高道

---

① 李芸:《都市计划与都市发展》,东南大学出版社 2002 年版,第 15 页。
② 老子:《道德经》,黑龙江人民出版社 2003 年版,第 38 页。

德观念的地方,人们置身其中寻找"感觉的归宿"。在道法自然这一思想的指导下,聚落形态建构的最高目标就是将个人的情感以恰当的方式找到寄托,从而最终获得精神上的解放,在超越世俗的水平上享受生命之美。

3. 幸福感受是聚落心理的最终目标

幸福是一种主体性的个体感受,个人的幸福体验因个体存在表现出其独特特征。长期以来,不同学科分别从不同角度对幸福进行了阐释[1],无论是哲学、社会学、心理学、经济学、伦理学的研究都形成了各自不同的理论和观点。

第一,心理学视野中的幸福研究。幸福是人类个体认识到自身需要得到满足以及理想得到实现时产生的一种情绪状态,是由需要(包括动机、欲望、兴趣)、认知、情感等心理因素与外部诱因的交互作用形成的一种复杂的、多层次的心理状态。幸福是深刻而复杂的多元概念,是人类重大需要、欲望、目的的肯定方面得到实现和否定方面得以避免的心理体现。[2] 社会学中蕴含了丰富的幸福思想,社会学对于幸福的理解不同于其他学科,与一般意义上将幸福作为某种纯粹个人现象或者心理现象不同,社会学家更倾向于将幸福看作一种社会产物,将个人的幸福状态置于一定的社会背景中进行研究。社会学的幸福思想在不同程度上已经被有关幸福的大量现代经验研究所证明[3],实证主义者的乐观主义态度同样也影响了人们对幸福的认识和追求,即一旦克服了当前的困难和危机,乐观主义者将视未来为"幸福年代"。

第二,影响主体幸福感受的主要因素。影响主体幸福感受的因素,包括社会失范、个人主义、科学技术以及城市化对主体幸福感受的影响。迪尔凯姆认为社会失范是现代社会中不和谐现象的统称,大幅度降低了社会成员的幸福感

---

① Strack M.Argyle N.Schwarz,*Subjective Well Being:An Inter Disciplinary Perspective*,New York:Pergamon Happiness is Frequency,1999,pp.119-139.

② 孙英:《幸福论》,人民出版社2004年版,第3页。

③ 周长城等:《社会发展与生活质量》,社会科学文献出版社2001年版,第116—120页。

受。而且特别强调社会成员的流动会增加不和谐的因素,同时激进的社会变革也会降低社会成员的幸福感受。其中特别指出非现代和反现代都将增加幸福感。调查数据表明,处于现代化进程中的城市人的幸福指数会更高,最发达与最现代的国家中社会成员的幸福感最强。随着现代化指数与发达程度的提高,幸福感指数呈正向增长。只是在城市化伴随着工业化与现代化的进程中,因城市空间短期高速扩张而造成的城市化困境明显出现时,才出现幸福指数的下降。

第三,城市中科技对幸福感的影响。在生活便利层面上,城市往往是高科技成果最早使用的场域,科技成果生活化为城市聚落主体幸福感提升有很大的助力作用。从交通工具到生活用具无处不在的高科技、智能化技术使城市人的生活便利度有了极大的提升,肢体的舒缓使得幸福感受有所提升。在解放劳动力的层面上,社会成员的幸福感受也有极大的提升。科学技术越发达的社会中,社会成员的需求满足度越高,相应地社会幸福感受整体而言也越来越高。技术进步的双面效应并没有影响社会成员对技术进步的乐观主义态度。智能技术手段的使用,使悲观主义者恐慌于机器人代替人,特别是Chat GPT 的出现,更使人类从伦理上反思技术的应用,相应地,聚落成员对技术的笃信度有所下降,但整体上科技的发展仍会更多地影响主体的幸福感受。

第四,城市成为城市人幸福的源泉。在西方社会,城市是文明的同义语,城市人与其他聚落人相比较,天然具有优越感,城市以文明载体的状态存在。斯宾塞在《社会静力学》中提出,幸福是一种社会构成,"最大幸福"源自社会本身,幸福的标准也是一种动态的发展过程,将因时代、民族以及阶级的不同而变化。个人的幸福既意味着尽可能地享受当前生活中的快乐,也包括对未来美好生活的预期,并取决于当时所处的社会环境。① 社会成员的幸福最大

---

① [英]赫伯特·斯宾塞:《社会静力学》,张雄武译,商务印书馆 1996 年版,第 5 页。

化取决于社会成员获得幸福感受的比例。如前所述,城市化承载了工业化和现代化进程,努力为推动人类社会财富的迅速增长与极大丰富提供空间条件。城市化中的社会成员从城市物质与文化的层面得到了幸福感受,也因城市病与生态问题大幅降低了幸福感受,适度城市化的幸福感受最高。随着城市化程度的提高,市民的幸福感提升,但过大的城市,特别是在特大城市中由于生活成本的提高,空间消解了时间,社会成员的幸福感受随之下降,适度城市化是人口与空间的匹配。社会成员的幸福程度,不再与经济产量和消费的增长成正比。随着两者差距的拉大,这几乎成为一种新的社会问题。

四、聚落生态文明与美丽中国

1. 中国新城镇化建设的生态意蕴①

新中国的工业化进程,将传统工业化模式以重演方式全部呈现出来,有丰硕的成果也有困境与挑战。新型工业化道路是在反思传统工业化的经验教训基础上,试图解决环境与发展的矛盾、实现中国特色的生态现代化而进行的理论与实践探索。

首先,中国工业化实践的独特性。

按照《中国现代化报告 2015》中对世界 131 个国家近四十年的工业现代化的定量研究,数据表明中国的工业现代化以发展时间短、发展速度快为特征,目前已成为世界瞩目的工业大国。

传统计划经济。中国的工业化进程是在生产资料公有制为主体、多种所有制并存的经济模式基础上开始的。社会主义工业化发展道路是从新民主主义时期开始,以实现从落后的农业国向工业国的转变,正确处理工业与农业的

---

① 计彤:《新型工业化的生态原则初探》,《自然辩证法研究》2019 年第 4 期。

关系,促进农业与工业的协调发展为目标,通过以工农互补的双轨模式,将农业剩余劳动力转为工业人力资源,再依赖机械化实现农业效率的提升,开启中国特色社会主义工业化的开端。

借鉴苏联模式。经过了新民主主义革命,国内急需工业化发展来解决人民的物质需要;国际关系与国家安全,更需要工业、重工业来加强国防建设。历史境遇使新中国只能借鉴苏联的工业化模式,在得到苏联的相应支持下,别无选择地走上了苏联模式。社会主义制度的保障、高度集中的资源配置、充足的资金和劳动力,重工业在新中国初期得到大发展,工业化体系相对完整,工业化水平显著提高。遗憾的是,从1958年到1978年,中国工业化道路经历了"左"的错误思潮的影响,极端优先发展重工业,资源配置和产业结构出现严重失衡。

改革开放后,中国社会的物质匮乏仍然严重,面对现实状况,中国工业化道路逐渐走上均衡发展模式。首先,工农业协调互补。将农业中过剩劳动力合理释放,为工业化发展提供了充足的劳动力。工业化发展以实现农业机械化、自动化以及促进农业现代化作为重要目标。农业现代化既是满足人民日益增长的物质文化需要中最重要的部分,也是工业化发展的动力与基础。农业劳动力与生产资源相对丰富,但农业技术水平还很原始,农业生产以粗放式为主,急需工业化发展反哺农业来解决。其次,轻重工业结构调整。从国情出发以及对苏联重工业发展道路的反思,调整轻重工业并重发展。"中国的GDP以年均10%的速度发展……人民生活水平由温饱不足上升到总体小康,中国的经济总量、人均国民收入都得到了巨大提升,产业结构日趋合理。"①轻工业以生产满足物质需要的消费资料为主,实现重工业发展环境的优化;重工业为轻工业提供机器、设备及原料。最后,社会主义的市场机制为工业化道路提供更多发展机遇。集体工业和个体工业的比重不断上升,国有工业比重适

① 牛文元:《中国新型工业化之路研究报告》,科学出版社2014年版,第3页。

度调整,工业化结构多样化增强了工业化发展的活力。从 20 世纪 90 年代,中国的工业化道路进入快速发展时期,以代工形式融入世界工业化体系中,解决了过剩劳动力的问题,以"中国制造"闻名于世。

中国的工业化道路用 50 年走完西方传统工业化国家用 200 年才走完的路,成就与困境并存。在工业发展中注意生态红线的警示作用日益成为共识。国际碳环境屡遭非议,生态环境以问题出场,形成环境倒逼的窘境,在环境与发展中思索中国的工业化道路成为研究的焦点。

其次,中国新型工业化道路中城镇化的理性认知。

现实的发展境遇要求中国既要走工业化的道路,又要规避生态问题。只有工业化才能现代化,但西方的工业化并不是成功的范本,"去工业化"路径与"反工业化"趋势都不适合中国的现代化发展。新型工业化道路是在对传统工业化高速发展所带来的环境问题进行审视与反思的基础上,兼顾工业化发展与生态环境优化的双重诉求而提出的,是从顶层设计到基层实践的理性认知过程,呈现出从"两化"相遇到"四化"深入融合的探索进路。

"新型工业化道路"的概念是在中国共产党第十六次全国代表大会的工作报告中首次提出的,"以信息化带动工业化,以工业化促进信息化,走出一条科技含量高、经济效益好、资源消耗低、环境污染少、人力资源优势得到充分发挥的新型工业化路子。"[1]从"两化"相遇、"四化"融合,经过十五年实践,在中国共产党第十九次全国代表大会的工作报告中进一步提出深化"四化融合",形成新型工业化道路的理论成果与实践指南。

"新型工业化道路"的理论探索经历了四个阶段。第一,提出"新型工业化道路"概念,以信息化、科技人才、环境保护为核心,标识新型工业化道路是以信息化为特征的,实现工业信息化与信息工业化的发展模式,发展绿色经济,优化产业结构,到 2020 年全面建成小康社会,基本完成工业化。其次,从

① 《江泽民文选》第三卷,人民出版社 2006 年版,第 545 页。

"两化融合"向"四化同步"转变。随着对新型工业化道路认识的深化,党的十八大报告中首次将新型工业化道路拓展为"四化同步",提出"坚持走中国特色新型工业化、信息化、城镇化和农业现代化道路,推动信息化和工业化深度融合、工业化和城镇化良性互动、城镇化和农业现代化相互协调,促进工业化、信息化、城镇化和农业现代化同步发展"①。由此新型工业化道路的基本思路展现出来了。第三,提出新型工业化道路的发展理念。党的十八届五中全会提出"五大发展理念"指引新型工业化道路发展,应对中国与世界发展环境的新变化,到 2020 年实现全面建成小康社会的目标。第四,党的十九大报告中再次重申深化"四化融合",在"五大发展理念"指引下,实现中国的现代化建设。

中国的新型工业化道路是将西方传统工业化的"四化""串联式"转为"四化"叠加的"并联式"发展,通过充分发挥科技创新,特别凸显信息技术的创新与融合,最大效能地规避资源环境困境,实现对传统工业化的历史超越。

再次,新型工业化道路与中国式现代化。

新型工业化道路是传统工业化的生态转型,以"五大发展理念"为指导,遵循新时代社会主义生态观基本要义,是实现中国特色生态现代化的基本手段。

聚落生态化是实现"非实体化"现代化。工业化与信息化相结合,在生产过程中减少实体性资源的消耗,降低经济和社会的物质密度与能源消耗。从"两化相遇"的工业信息化与信息工业化,到促进工业化与信息化的深入融合过程,是使信息技术成为工业化核心,实现非物化生产的最大化,推动现代化的生态转向。

中国式现代化是实现绿色低碳的现代化。《中国制造 2025》战略的指导思想中绿色发展为基本方针之一,以坚持可持续发展为着力点。传统工业化

---

① 《胡锦涛文选》第三卷,人民出版社 2016 年版,第 628 页。

高消耗资源,当发展速度超过环境自净能力时,就会造成生态环境恶化的态势,逐渐发展为掣肘现代化进程的态势。"随着信息化与全球化的相互交融,西方国家利用技术信息化来解决能源与环境矛盾"①的实践为我国工业化提供了可借鉴的范本,信息化成为工业化的核心,构建了绿色的制造体系、可循环的资源使用系统,新型工业化是中国绿色现代化的关键环节。

新型工业化是实现人与自然和谐共生的现代化。生态现代化。西方生态现代化理论是传统工业化进程受到环境考量时的应激性回应,企图在不偏离现代化道路的基础上进行生态重建和社会重建。综合各家学说,"它既是一种社会发展理论,也是一种环境政策规划,指的是在不触及资本主义制度框架的基础上,通过进一步的现代化(超工业化)……进而实现现代化与生态化双赢的一种有关环境变革进程的社会发展理论。"②但由于资本逻辑与生活逻辑之间的矛盾,使西方生态现代化只能存在于理论中。中国的新型工业化道路是将工业化与信息化相结合,实现资源利用由粗放型转向集约型,使用技术手段提高资源的利用率,合理循环利用,最大化地消解工业化进程中资源的外部性与需求的内在性的矛盾,兼顾环境与发展,实现从工业大国转变为工业强国的目标。新型工业化的"工业化与信息化、城镇化、农业现代化的四化融合"是在以信息化与生态化为核心的创新基础上进行的,构成中国特色生态现代化的内生要素。

2. 聚落生态文明的发展原则

新型工业化道路中聚落生态文明建设的基本原则内含着发展的生态诉求,是破解生态困境的手段,也是实现现代化的有效途径。中国特色的生态现

---

① 沈裕谋:《两化融合与中国工业绿色革命的理论与实证》,博士学位论文,湖南大学,2014年。

② 周鑫:《西方生态现代化理论与当代中国生态文明建设》,光明日报出版社2012年版,第10页。

代化是人与自然和谐共生,自然环境良好、社会公正和谐、人的全面自由发展的生态社会,超越、克服工业社会的生态危机、贫富分化以至于人性异化的新型生态现代化,实现望得见山、看得见水、记得住乡愁的美丽中国。

第一,建立"生态化"发展原则。

中国新型工业化发展道路的首要原则就是"生态化"发展原则,主要包括绿色发展、循环发展、低碳发展。在世界各国的现代化建设过程中,实现工业化道路的生态化转型,正如胡贝尔所说,"肮脏而丑陋的工业毛毛虫蜕变为生态蝴蝶。"①生态化是中国新型工业化发展的首要原则,从发展思路到发展方式、手段,全面实现生态化转向。

绿色发展原则。工业化发展是在环境可持续前提下的发展,工业化发展必须依赖自然资源与生态环境。新型工业化道路是工业化叠加信息化的互动模式,"推进产业结构、空间结构、能源结构、消费方式的绿色转型。"②信息技术渗透于工业化进程的各要素,实现资源利用的精确化,生产环节的精细化,废物回用的精准化。

节约循环发展原则。如果说绿色发展是新型工业化道路的出发点和归宿,那么节约循环发展就是新型工业化道路实现生态化的实践举措。以节约能源资源为出发点,实现能源资源最大限度上的循环再生利用,反对从产品到废物的线性发展模式,提倡从资源到(再生)资源的循环发展模式。以提高资源的使用效能,以最低的资源消耗实现相对丰富的物质生产,保护不可再生资源的存有量。

低碳发展原则。碳排放量成为全球性问题的量化指标,从国家经济发展的子问题上升为国际政治问题,成为传统工业化国家政治博弈与国力角逐的重要量化指标。新型工业化道路的低碳发展原则,是相对于传统工业化发展的最大优势。通过信息化融入工业化、农业现代化、城镇化的每个环节,降低

① Huber Josehp, *The Rainbow Society:Ecology and Social Policy*,Frandfurt:Fisher,1985,p.334.
② 《习近平新时代中国特色社会主义思想三十讲》,学习出版社 2018 年版,第 247 页。

非核心生产环节的能耗与物耗,提高资源利用率,在绿色与循环的基础上,最大限度地减少碳量排放,在争取发展权利的同时主动承担世界责任,体现社会主义大国对于人类共同体所作出的贡献。

第二,满足"生态人"发展原则。

"人的需要可以分为由低到高的三个层次:基本需要—享受需要—发展需要。"①在人与自然的生命共同体中,人的自然需要是基本需要,当人的享受需要得到满足后,就会进一步上升为发展需要。人对自然的需要既是人的基本需要也是发展需要。当生态环境恶化,全球性问题成为发展瓶颈时,人的生存需要与发展需要就统一转化成为生态需要,即满足"生态人"的需求。

满足"人的生态需要"原则。传统工业化伴随着科学技术的高度发展,物质产品的极大丰富,生态环境的日益恶化,人的自然属性被逐渐消解,形成自然人的缺失态势。传统工业化发展立足于实现人的生存性需要,但由于生态环境的恶化,使人的生存性需要与享受性需要都不能得到充分发展,就更谈不上人的全面发展了。新型工业化发展目标就是要实现人的生态需要,不断增加绿色投入,创造绿色资本,积累绿色财富,日益提升满足人民群众日益增长的优美生态环境需要的条件和能力,满足主体的生态需求,即"推进生态文明建设,提供更多优质生态产品,不断满足人民群众日益增长的优美生态环境需要。"②

实现"人的生态平等"原则。生态平等原则是发展中国家的共同要求,发展境遇既没有三百年前宽裕的环境资源供给,也没有相对宽松的经济发展空间。改革开放后期,中国进入了发展的快车道,解决了全世界最大数量人口的生存问题,也不可避免地产生了严重的生态危机,再次应验了恩格斯的话:

---

① 计彤:《聚落演变中的社会心理研究》,《自然辩证法研究》2008 年第 7 期。
② 《坚决打好污染防治攻坚战　推动生态文明建设迈上新台阶》,《人民日报》2018 年 5 月 20 日。

"对于每一次这样的胜利,自然界都对我们进行报复。"①事实上,新中国工业化高速发展所面临的环境问题,并不是发展道路问题,而是传统工业化高投入—高消耗—高污染("三高")的发展方式的内生问题。生存权要求中国不能放弃工业化,生态危机要求中国不能再按传统方式发展工业化,强压之下,新型工业化道路成为缓解生态困境、兼顾生存与发展需要,体现代内平等与代际平等的有效手段。

保证"人的生态福祉"原则。"良好生态环境是最普惠的民生福祉……环境就是民生,青山就是美丽,蓝天也是幸福。"②新型工业化发展道路着力于信息化,尽最大可能消除环境破坏,寻求环境与发展的平衡,兼顾人与自然的共同权利,尊重自然、保护自然、捍卫自然,减少污染,实现对人与自然健康福祉的观照,"我国资源约束趋紧、环境污染严重、生态系统退化的问题十分严峻,人民群众对清新空气、干净饮水、安全食品、优美环境的要求越来越强烈。"③保持生存与生态的张力,满足人的生态福祉,实现资本逻辑与生活逻辑的和谐统一。

第三,依靠"生态技术"发展原则。

"生态技术"保证新型工业化道路以环境保护为优先,"技术与人关键性地卷在一起",生态技术……"能够维系生物本有的存在状态及其与存在环境始源性关系的技术,也是从自然到自然的一种技术应用,既(天性)自然到(人—技术—社会)到(人性)自然。"④传统工业技术的异化特征,造成工业技术对生态世界的遮蔽、对人的异化以及对自然的祛魅,传统工业化发展中人的"享受性需要"被无度放大,需要无限性与资源有限性的矛盾造成全球性生态问题。新型工业化道路以技术生态化与生态技术化为核心的技术系统,使环境与发展双赢成为可能。

---

① 《马克思恩格斯选集》第3卷,人民出版社2012年版,第998页。
② 习近平:《推动我国生态文明建设迈上新台阶》,《求是》2019年第3期。
③ 《习近平谈治国理政》第二卷,外文出版社2017年版,第198—199页。
④ 吴国林、李君亮:《生态技术的哲学分析》,《科学技术哲学研究》2014年第2期。

技术生态化可以降低环境保护的成本,实现生产的生态化以及产品的生态化。工业化进程从粗放式的高投入高消耗高污染转变为集约型的三低模式,技术生态化是非资源型、弱资源型实体的基本技术内核,目前最典型的就是循环经济和低碳经济的发展。技术生态化是科学技术转化为生产力的最重要方式,从技术源头实现环境保护与生态利用,有利于消解工业化的"三高"困境,促进工业生态化建设。技术生态化可以弥补传统工业技术的不足,渗入生态技术不能弥合的部分,尽最大可能实现经济与生态发展的平衡,生态技术创新成为新型工业化发展中的重要变量。

生态技术化凸显新型工业化道路的生态属性。生态技术化是在人与自然生命共同体之间建立共生共荣的整体化关系,而形成的技术生态化的技术系统。从生态价值观出发,要求新型工业化道路以生态法则为生存与发展的基础和准则。生态技术化保证新型工业化发展不再片面追求经济利益,而是全面地观照整个生命共同体的整体利益,确立工业技术发展的"生态范式",最大可能地将工业生产活动控制在自然承载范围之内。从工业化到新型工业化的理论与实践发展过程中,生态技术化的发展主要以生态自然为模本,以共生、平衡与重组为基本原则。将生态因素融入新型工业化的全部环节,实现工业化的生态化发展。

3. 美丽中国建设的城市化进程

2013 年,习近平总书记在《关于〈中共中央关于全面深化改革若干重大问题的决定〉的说明》中第一次提出:"我们要认识到,山水林田湖是一个生命共同体"①。2017 年 10 月,在党的十九大报告中,习近平总书记对生态文明建设的重要性进行了新的阐述,创造性地将"人"也纳入到"生命共同体"的范围内,提出"人与自然是'生命共同体'",进而指出"人类必须尊重自然、顺应自

① 《关于〈中共中央关于全面深化改革若干重大问题的决定〉的说明》,《人民日报》2013年 11 月 16 日。

然、保护自然",“我们要建设的现代化是人与自然和谐共生的现代化"。① 至此,习近平总书记的"生命共同体"思想正式形成并在发展中逐渐完善。

首先,“生命共同体"概念的历史源流。"生命共同体"概念摆脱了"主客二分"的思维模式,以人与自然的和谐为最高的价值追求。它发源于中国古代"天人合一"的道家思想,但不否认"人"在自然面前的"有为性"。在西方,它继承和发展于利奥波德的大地伦理学,但是区别于利氏的万物平权抹杀了人的主体性,它指出,人的主观能动性在生命共同体内部的主导作用,决定着共同体的稳定和有序。实际上,生命共同体是一种崇尚"民胞物与"人与自然和谐共生的关系,是一种充分尊重自然系统性,并主动将整个自然纳入到人的关怀视野之中,把自然的稳定作为人类生产发展红线的"主客一体"的思维方式。

其次,生命共同体的时空统一性。生命共同体的第一重维度是把除人以外的整个大自然包括无机物和有机生命看作一个生命共同体,强调大自然各个部分的联系,一方受损,另一方也必受影响,即山水林田湖草的生命共同体,“人的命脉在田,田的命脉在水,水的命脉在山,山的命脉在土,土的命脉在树。"②这实际上是辩证法的科学内核,认为自然是普遍联系和不断发展的,将自然生态看作是一个由无数个相互联系、相互影响的子系统所构成的不可分割的统一整体。恩格斯指出:“在自然界中任何事物都不是孤立发生的,每个事物都作用于别的事物,反之亦然。"③自然界处于一个无时不在发展变化的联系网中,正如云贵高原上雪山融水的增加会给下游带来一场洪水,而洪水退却留下的肥沃淤泥又会进一步促进当地植被的生长,自然链条中任何一环的变化都会带来整个链条的连锁反应。生命共同体理论继承了恩格斯联系发展

---

① 习近平:《决胜全面建成小康社会　夺取新时代中国特色社会主义伟大胜利——在中国共产党第十九次全国代表大会上的报告》,人民出版社2017年版,第50页。
② 《习近平总书记系列重要讲话读本(2016年版)》,学习出版社、人民出版社2016年版,第236页。
③ 〔德〕恩格斯:《自然辩证法》,人民出版社2015年版,第311页。

的辩证思维,看到了以"山水林田湖草"为代表的自然界的内在的联系性,秉持着一种有机哲学的视角来审视整个自然生态系统。生命共同体的第二重维度是人类社会中人与人之间结成的共同体即人类命运共同体。人类命运共同体指认地球的生态环境对于地球上人类的独一性和不可复制性,确认维护地球自然生态系统的稳定符合所有人类的根本利益,论证了人类携手面对生态恶化挑战的正当性和可能性。所以,从逻辑上看,人类命运共同体是生命共同体的存在前提,生命共同体是人类命运共同体发展和达成的最终归宿。生命共同体得以生成的根基在于人与自然根本利益的统一性,而先有人类命运共同体中人类内部根本利益的统一,才会有生命共同体中整个人类与自然之间根本利益的一致,而为了长久地维护整个人类社会内部利益的统一性,就必须对人的行为进行限制,保证自然系统的稳定,因此要达成人与自然的和解必定要先达成人与人之间的和解,实现人类社会内部的和谐。从人类命运共同体向人与自然生命共同体的跃迁是合规律性与合目的性的统一。

最后,生态聚落中人与空间是生命共同体。生命共同体是历史性、生成性的存在物,是在建设生态文明的历史条件下必然出现且与生态文明相适应的共同体形式。在原始文明和农业文明中,人类结成的是一种以血缘和地缘为纽带,以生存和生产为主要目的的共同体形式。这一时期中,人类对自然内部运行规律了解不多,自然环境的变动在人类的生产生活中占据主导地位,人与自然的关系更多的表现为人对自然的依附和神秘主义的崇拜。工业文明时期,人的认识能力、实践能力有了大幅度提高,形成了人类中心主义。此时的共同体形式表现为以产缘和资本为纽带,以创造剩余价值和追求财富为最终目的的利益共同体。这一时期,人与自然的关系中,"人"的价值得到彰显,人类可以凭借技术来随心所欲地改造自然,自然的价值体现为一种工具价值,自然成了人类予取予求的资源库和垃圾场。但是正如恩格斯所说,"我们不要过分陶醉于我们人类对自然界的胜利。对于每一次这样的胜利,自然界都对我们进行报复。每一次胜利,起初确实取得了我们预期的成果,但是往后和再往后却发生完全不同的、出乎预料的影响,常常把最初的结果又消除了。"①对自然内部联系性的忽视造成了一系列生态灾难,地球环境的恶化成为全人类的巨大威胁,人与自然相对立的发展模式必然会随着工业文明发展的瓶颈而走到尽头。在对工业文明发展方式反思的基础上,人类最终走向与自然和解之路,并催生出一种新的文明形态即生态文明。生态文明迥异于工业文明在于,人类社会的发展之于自然不是一种"破坏性建设",而是一种相和相生的和谐共存;技术的进步也不再是让人类凌驾于自然之上、驭使自然之马的"皮鞭"和"缰绳",而是人类观察自然把握自然规律的"听诊器"和促进人类社会的发展同自然环境的稳定之间取得平衡的支点。在生态文明的时代条件下,人与自然共同利益的统一、人类对于自然母亲回望和对其价值的再发现,为生命共同体的构建提供了切实的可能,人类也终将从农业文明的"自然之下",到工业文明的"自然之上",最终走向生态文明的"自然之中"。综上所述,从应然的角度对生命共同体演变过程的历史溯源,可以发现,生命共同体在生态文明建设中的出现是合逻辑性与合历史性的统一。

---

① 《马克思恩格斯文集》第9卷,人民出版社2009年版,第559—560页。

主要参考文献

著作

1. 王亚南:《政治经济学史大纲》,中华书局 1949 年版。

2. 灌耕:《现代物理学与东方神秘主义》,四川人民出版社 1984 年版。

3. 宋家春等编著:《城市总体规划》,商务印书馆 1985 年版。

4. 冯友兰:《中国哲学简史》,北京大学出版社 1985 年版。

5. 沙莲香:《社会心理学》,人民大学出版社 1987 年版。

6. 王建民:《城市管理学》,上海人民出版社 1987 年版。

7. 江美球、刘荣芳、蔡渝平等编著:《城市学》,科学普及出版社 1988 年版。

8. 商鞅:《画策》,《商君书》,上海古籍出版社 1989 年版。

9. 蔡孝箴主编:《城市经济学》,南开大学出版社 1990 年版。

10. 王星、孙慧民、田克勤:《人类文化的空间组合》,上海人民出版社 1990 年版。

11. 余谋昌:《生态学哲学》,云南人民出版社 1991 年版。

12. 顾朝林:《中国城镇体系历史·现状·展望》,商务印书馆 1992 年版。

13. 金其铭、杨山、杨雷:《人地关系论》,江苏教育出版社 1993 年版。

14. 沈小峰:《混沌初开——自组织理论的哲学探索》,北京师范大学出版社 1993 年版。

15. 欧阳志远:《生态化——第三次产业革命的实质与方向》,中国人民大学出版社 1994 年版。

16. 陈凡:《技术社会化引论》,中国人民大学出版社 1995 年版。

17. 国家环境保护局编:《中国环境保护 21 世纪议程》,中国环境科学出版社 1995

年版。

18. 李秀林等:《辩证唯物主义和历史唯物主义原理》,中国人民大学出版社 1995 年版。

19. 贺业钜:《中国古代城市规划史》,中国建筑工业出版社 1996 年版。

20. 吴彤:《生长的旋律:自组织演化的科学》,山东教育出版社 1996 年版。

21. 谢文蕙、邓卫:《城市经济学》,清华大学出版社 1996 年版。

22. 曾国屏:《自组织的自然观》,北京大学出版社 1996 年版。

23. 陈敏豪:《生态文化与文明前景》,武汉出版社 1997 年版。

24. 丁俊清:《中国居住文化》,同济大学出版社 1997 年版。

25. 刘沛林:《古村落:和谐的人聚空间》,上海三联书店 1997 年版。

26. 刘宗超:《生态文明观与中国可持续发展走向》,中国科学技术出版社 1997 年版。

27. 苗东升:《系统科学辩证法》,山东教育出版社 1998 年版。

28. 王颖:《动态平衡论》,中国青年出版社 1998 年版。

29. 俞孔坚:《理想景观探源——风水的文化意义》,商务印书馆 1998 年版。

30. 梁言顺:《低代价经济增长论》,人民出版社 1999 年版。

31. 程贵铭、朱启臻主编:《当代中国农民社会心理研究》,首都师范大学出版社 2000 年版。

32. 顾春明:《现代科技与社会心理》,世界知识出版社 2000 年版。

33. 郭熙保:《经济发展:理论与政策》,中国社会科学出版社 2000 年版。

34. 李书有:《儒学源流》(上),中国青年出版社 2000 年版。

35. 欧阳志远:《最后的消费——文明的自毁与补救》,人民出版社 2000 年版。

36. 张鸿雁:《侵入与接替——城市社会结构变迁新论》,东南大学出版社 2000 年版。

37. 吴彤:《自组织研究方法》,清华大学出版社 2001 年版。

38. 周文王:《易经》,徐奇堂译注,广州出版社 2001 年版。

39. 丁立平:《人格与社会》,中国铁道出版社 2002 年版。

40. 纪晓岚:《论城市本质》,中国社会科学出版社 2002 年版。

41. 黄光宇、陈勇:《生态城市理论与城市规划设计方法》,科学出版社 2002 年版。

42. 宋豫秦等:《中国文明起源的人地关系简论》,科学出版社 2002 年版。

43. 许英编著:《城市社会学》,齐鲁书社 2002 年版。

44. 任晓春:《环境哲学新论》,江西人民出版社 2003 年版。

45.周一星:《城市地理学》,商务印书馆 2003 年版。

46.严正主编:《中国城市发展问题报告》,中国发展出版社 2004 年版。

47.丹明子:《易经的真理》,甘肃文化出版社 2005 年版。

48.梁书民:《城镇化背景下我国耕地的中长期预测》,中国农业科学院农业经济与发展研究所研究简报,2005 年。

49.周文王:《易经:系辞上传》,丹明子编著,《易经的真理》,甘肃文化出版社 2005 年版。

50.《马克思恩格斯全集》第 2 卷,人民出版社 1957 年版。

51.《马克思恩格斯全集》第 42 卷,人民出版社 1959 年版。

52.《马克思恩格斯选集》第 1 卷,人民出版社 1972 年版。

53.《马克思恩格斯全集》第 46 卷(上册),人民出版社 1979 年版。

54.《马克思恩格斯选集》第 4 卷,人民出版社 1995 年版。

55.[俄]普列汉诺夫:《马克思主义的基本问题》,张仲实、叶文雄译,人民出版社 1957 年版。

56.[俄]普列汉诺夫:《论唯物主义的历史观》,晏成书译,人民出版社 1957 年版。

57.[俄]普列汉诺夫:《从唯心主义到唯物主义》,江文若、潘文学译,生活·读书·新知三联书店 1958 年版。

58.[苏]马·彼·巴斯金:《费尔巴哈的哲学》,涂纪亮译,上海人民出版社 1959 年版。

59.[德]马克思、恩格斯:《德意志意识形态》,中共中央马克思恩格斯列宁斯大林著作编译局译,人民出版社 1961 年版。

60.[德]费尔巴哈:《费尔巴哈哲学著作选集》上卷,荣震华、王太庆、刘磊译,生活·读书·新知三联书店 1962 年版。

61.[德]费尔巴哈:《费尔巴哈哲学著作选集》下卷,荣震华、王太庆、刘磊译,生活·读书·新知三联书店 1962 年版。

62.[意]康伯内拉:《太阳城》,陈大维、黎思复、黎延弼译,商务印书馆 1963 年版。

63.[德]恩格斯:《自然辩证法》,中共中央马克思恩格斯列宁斯大林著作编译局译,人民出版社 1975 年版。

64.[德]马克思:《资本论》第 1 卷,中共中央马克思恩格斯列宁斯大林著作编译局译,人民出版社 1975 年版。

65.[美]爱因斯坦:《爱因斯坦文集》第三卷,许良英译,商务印书馆 1979 年版。

66.[苏]А.И.乌约莫夫:《系统方法与一般系统论》,闵家胤译,吉林出版社 1983

年版。

67. [英]K.J.巴顿:《城市经济学理论与政策》,上海社会科学院部门经济研究所城市经济研究室译,商务印书馆1984年版。

68. [美]丹尼尔·贝尔:《后工业社会的来临——对社会预测的一种探索》,商务印书馆1984年版。

69. [美]约翰·奈斯比特:《大趋势——改变我们生活的十个新方向》,梅艳、姚琮译,中国社会科学出版社1984年版。

70. [英]E.F.舒马赫:《小的是美好的》,虞鸿钧、郑关林译,商务印书馆1984年版。

71. [比]亨利·皮雷纳:《中世纪的城市》,陈国樑译,商务印书馆1985年版。

72. [美]罗伯特·金·默顿:《十七世纪英国的科学技术与社会》,四川人民出版社1986年版。

73. [美]伊利尔·沙里宁:《城市——它的发展、衰败与后工业化》,顾启源译,中国建筑工业出版社1986年版。

74. [奥]L.贝塔朗菲:《一般系统论基础发展和应用》,林康义、魏宏森译,清华大学出版社1987年版。

75. [美]露丝·本尼迪克特:《文化模式》,何锡章、黄欢译,华夏出版社1987年版。

76. [美]弗·卡特、汤姆·戴尔:《表土与人类文明》,庄凌、鱼珊玲译,中国环境科学出版社1987年版。

77. [苏]E.C.库兹明、A.Л.斯文齐茨基:《工业社会心理学》,曹静等译,南开大学出版社1987年版。

78. [英]马林诺夫斯基:《文化论》,费孝通译,中国民间文艺出版社1987年版。

79. [美]亚伯拉罕·马斯洛:《动机与人格》,许金声等译,华夏出版社1987年版。

80. [美]亚伯拉罕·马斯洛:《人的潜能和价值》,林方编译,华夏出版社1987年版。

81. [德]马克斯·韦伯:《经济与社会·上册》,林荣远译,商务印书馆1987年版。

82. [德]马克斯·韦伯:《新教伦理与资本主义精神》,于晓、陈维纲译,生活·读书·新知三联书店1987年版。

83. [苏]维克多·奥辛斯基:《未来启示录:苏美思想空谈未来》,徐元译,上海译文出版社1988年版。

84. [美]E.哈奇:《人与文化的理论》,黄应贵、郑美能编译,黑龙江教育出版社1988年版。

85. [美]弗·卡普拉、查·斯普雷纳克:《绿色的政治——全球的希望》,石音译,东方出版社 1988 年版。

86.［美］E.拉兹洛:《进化——广义相对理论》,闵家胤译,社会科学文献出版社 1988 年版。

87.［美］赫伯特·马尔库塞:《单向度的人》,刘继译,重庆出版社 1988 年版。

88.［英］杰拉尔德·M.迈耶:《发展经济学的先驱理论》,谭崇台译,经济科学出版社 1988 年版。

89.［苏］伊万·季莫费耶维奇:《人的前景》,王思斌、潘信之译,中国社会科学出版社 1989 年版。

90.［美］弗·卡普拉:《转折点——科学·社会·兴起中的新文化》,冯禹、向世陵、黎云编译,中国人民大学出版社 1989 年版。

91.［美］刘易斯·芒福德:《城市发展史——起源、演变和前景》,宋俊岭、倪文彦译,中国建筑工业出版社 1989 年版。

92.［德］O.施本格勒:《西方的没落》,花永年编译,浙江人民出版社 1989 年版。

93.［德］舒斯特尔:《超循环论》,曾国屏、沈小峰译,上海译文出版社 1990 年版。

94.［美］罗伯特·路威:《文明与野蛮》,吕叔湘译,上海三联书店 1992 年版。

95.［苏］B.A.阿努钦:《地理学的理论问题》,李德美、包森铭译,商务印书馆 1994 年版。

96.［荷］E.舒尔曼:《科技时代与人类未来》,李小兵译,东方出版社 1995 年版。

97.［美］约瑟夫·熊彼特:《经济发展理论》,何畏译,商务印书馆 1995 年版。

98.［美］阿尔文·托夫勒:《第三次浪潮》,朱志焱、潘琪、张焱译,新华出版社 1996 年版。

99.［日］池田大作、［英］阿·汤因比:《展望 21 世纪——汤因比与池田大作对话录》,荀春生等译,国际文化出版公司 1997 年版。

100.［英］亚当·斯密:《国民财富的性质和原因的研究·上卷》,郭大力、王亚男译,商务印书馆 1997 年版。

101.［美］E.P.霍兰德:《社会心理学原理和方法》,冯文侣、李伟民等译,广东高等教育出版社 1998 年版。

102.［美］大卫·雷·格里芬:《后现代精神》,王成兵译,中央编译出版社 1998 年版。

103.［德］黑格尔:《历史哲学》,王造时译,上海书店出版社 1999 年版。

104.［美］卡洛琳·麦茜特:《自然之死:妇女、生态和科学革命》,吴国盛译,吉林人民出版社 1999 年版。

105. [美]丹尼斯·米都斯:《增长的极限——罗马俱乐部关于人类困境的报告》,李宝恒译,吉林人民出版社 1999 年版。

106. [法]维克多·埃尔:《文化概念》,康新文、晓文译,上海人民出版社 2000年版。

107. [美]詹姆斯·特拉菲尔:《未来城:述说城市的奥秘》,赖慈芸译,中国社会科学出版社 2000 年版。

108. [法]埃米尔·涂尔干:《社会分工论》,渠东译,生活·读书·新知三联书店2000 年版。

109. [美]库尔特·考夫卡:《格式塔心理学原理》,黎炜译,浙江教育出版社 2001年版。

110. [印]阿马蒂亚·森:《以自由看待发展》,任赜、于真译,中国人民大学出版社2002 年版。

111. [美]莱斯特·R.布朗:《生态经济》,林自新、戢守志等译,东方出版社 2002年版。

112. [法]让-雅克·卢梭:《论人类不平等的起源和基础》,高煜译,广西师范大学出版社 2002 年版。

113. [美]莱斯特·R.布朗:《B 模式》,林自新、暴永宁等译,东方出版社 2003年版。

114. [德]阿诺德·盖伦:《技术时代的人类心灵》,何兆武、何冰译,上海科技教育出版社 2003 年版。

115. [英]安东尼·吉登斯:《社会学》,赵旭东译,北京大学出版社 2004 年版。

116. [德]马克斯·韦伯:《非正当性的支配——城市的类型学》,康乐、简惠美译,广西师范大学出版社 2005 年版。

117. [美]刘易斯·芒福德:《城市文化》,宋俊岭、李翔宁、周鸣浩译,中国建筑工业出版社 2009 年版。

118. [美]布赖恩·贝利:《比较城市化》,顾朝林、汪侠、俞金国、赵玉宗等译,商务印书馆 2010 年版。

119. [法]皮埃尔·雅克、拉金德拉·帕乔里、劳伦斯·图比娅娜:《城市:改变发展轨迹》,潘革平译,社会科学文献出版社 2010 年版。

120. [英]约翰·里德:《城市》,郝笑丛译,清华大学出版社 2011 年版。

论文

1. 黎克明、张庆:《关于三大差别的产生和灭亡问题》,《华南师范大学学报》(社会科学版)1975 年第 4 期。

2. 王永江、刘牧雨:《城市工业化向乡村扩散的作用与意义》,《前线》1985 年第 5 期。

3. 解光云:《前工业化时期英国的城乡关系》,《安庆师院社会科学学报》1998 年第 3 期。

4. 杨桂华:《论社会系统的稳态机制》,《理论与现代化》1998 年第 5 期。

5. 颜建军:《二元结构与需求空间》,《经济学家》1999 年第 6 期。

6. 吴映梅:《区域聚落发展研究——以云南省石林县集镇研究为例》,云南师范大学硕士学位论文,2000 年。

7. 朱正举、于学文:《两难困境下的城市化进程及其对策》,《城市发展研究》2000 年第 6 期。

8. 何卫东、赵彬:《关于城市化问题的几点思考》,《山东社会科学》2002 年第 1 期。

9. 包庆德、王志宏:《走出与走进之间:人类中心主义研究述评》,《科学技术与辩证法》2003 年第 2 期。

10. 景普秋、张复明:《城乡一体化研究的进展与动态》,《城市规划》2003 年第 6 期。

11. 兰喜阳、郭红霞:《现代城市的本质与特征》,《中国城市化》(期刊杂志电子版)2003 年第 6 期。

12. 李培祥、李诚固:《论城乡互动:解决"三农"问题的机制与对策》,《地理科学》2003 年第 4 期。

13. 刘啸霆:《未来的复杂性》,《自然辩证法研究》2004 年第 6 期。

14. 欧阳志远:《论节约型经济系统》,《中国人民大学学报》2004 年第 3 期。

15. 潘允良:《城市化与"反城市主义"》,《福建论坛》(人文社会科学版)2004 年第 6 期。

16. 阮红新:《中国新型工业化道路研究》,武汉大学博士学位论文,2004 年。

17. 周毅:《城市化释义》,《嘉兴学院学报》2004 年第 1 期。

18. 温铁军:《三农问题的本土化思路》,《凤凰周刊》2005 年第 9 期。

19. 任英:《日本农业发展经验借鉴》,《当代农村财经》2005 年第 3 期。

20. 现代乡镇编辑部:《缩小"三大差别"是建设社会主义新农村的首要任务》,《现代乡镇》2006 年第 1 期。

21. 陈磊、曲文俏、李文:《解读日本的造村运动》,《当代亚太》2006 年第 6 期。

22. 郭艳君:《论马克思对费尔巴哈"自然人"的继承与超越》,《学术交流》2006 年第 7 期。

23. 中共中央国务院:《关于推进社会主义新农村建设的若干意见》,《光明日报》2006 年 2 月 22 日。

24. 秦晖:《论地权的真问题——评"无地则反"说》,《农民地权六论》,载《社会科学论坛(学术评论卷)》2007 年第 5 期。

25. 刘新圆:《社区总体营造政策应重新检讨》,见 https://www.npf.org.tw/1/11735。

26. [苏]M.C.柯马洛夫、П.Э.萨德林娜:《城市化的社会心理后果——评资产阶级城市社会学的观点》,陈光庭译,《城市问题》1983 年第三期。

27. [美]惠特莫尔·戴明:《未来学家托夫勒谈未来》,戴明译,《国外社会科学文摘》1999 年第 12 期。

后　记

本书是在国家社会科学基金一般项目"生态文明视野中聚落走向问题研究"的结题报告的基础上形成的。我关于人居聚落问题的思考,可以追溯到攻读博士期间,大约从 2003 年开始的。最初从城市化困境入手,思考如何从哲学层面上找到摆脱城市化困境的一般方法,研究主题聚焦于城市,但经过两年时间的研究发现城市的发展与乡村的存在与发展紧密相连,仅仅在城市问题内部去寻求突破几乎是不可能的,因此将研究视角扩大于城市与乡村的共性,即聚落问题上。

经过长时间的思考,思路渐渐清晰起来。人居聚落是将流动的人(类)集聚于某一固定的空间的过程,由于人的独特的"经济人"特性决定了人类一定以某种聚集的方式生存。但这种聚集也并非呈现一维的演进过程,因为人的自然人属性决定人类必须生活于自然之中,而且要符合自然法则。在"经济人"与自然人的博弈中,生态环境的危机,引起群体性心理的变化,最终将促使人类再次由集中走向适度分散的人居聚落形式,即得出了后城市化聚落发展趋势的结论。

生态危机成为全球性发展困境,生态化成为现代化的代名词,基于生态文明视野再次深化人居聚落发展趋势的探索,在"末世论"的背景下,寻找"第二开端"的聚落形态,更具有理论与现实的启蒙意义,由此构成后续研究的主题与思路。

这个思考过程异常艰难,虽然集成文本,但其中不足之处也显而易见。对于这个宏大的问题,诸如生态心理、生态幸福等也只是触及了一点点皮毛而已。同时,由于学科的深度、视野的宽度对于研究有待深入的问题,常有力不从心之感。然而值得欣慰的是,总归是抛出了一块引玉之砖,盼各界同仁不吝赐教。

回顾思考人居聚落发展与城市哲学问题的近二十年,有许许多多指导、帮助与友爱贯穿于研究进程中。感谢求学路上多位恩师的指路引航。在北京工业大学工作多年,依然能够在原有的研究方向上研究与耕耘,最要感谢的就是马克思主义学院的领导高峰教授、丁云教授,他们不仅在学问上给予启迪,而且给予出版经费支持。使得本研究可以出版成书。感谢我的学生们为本书的校对付出的辛勤劳动。

特别感谢编辑汪逸老师的辛苦付出,使得本书得以出版。

感谢北京市习近平新时代中国特色社会主义思想研究中心的资助。

还要感谢我的父母对我的理解与支持。特别要感谢我的丈夫,他是生态环境治理方面的专家,为我提供思索的实践维度,不仅是生活中的伴侣,更是科研路上的指南。照顾家庭与研究工作并行,更让我懂得了生活的意义、生命的责任,也获得了前进的动力。

计　彤

2023 年 5 月 17 日

北京清泽园

责任编辑：汪　逸
封面设计：石笑梦
版式设计：胡欣欣

图书在版编目（CIP）数据

生态文明视野中聚落走向问题研究/计彤 著. —北京:人民出版社,2023.12
ISBN 978－7－01－024234－7

Ⅰ.①生…　Ⅱ.①计…　Ⅲ.①村落-可持续性发展-研究-中国　Ⅳ.①K928.5

中国版本图书馆 CIP 数据核字（2021）第 256819 号

生态文明视野中聚落走向问题研究
SHENGTAI WENMING SHIYE ZHONG JULUO ZOUXIANG WENTI YANJIU

计 彤 著

人民出版社 出版发行
（100706　北京市东城区隆福寺街99号）

北京九州迅驰传媒文化有限公司印刷　新华书店经销

2023 年 12 月第 1 版　2023 年 12 月北京第 1 次印刷
开本:710 毫米×1000 毫米 1/16　印张:19.75
字数:280 千字

ISBN 978－7－01－024234－7　定价:79.00 元

邮购地址 100706　北京市东城区隆福寺街 99 号
人民东方图书销售中心　电话（010)65250042　65289539